미니탭 문제 중심으로

완성 ✓
6시그마 골든벨

유종관 지음

kpc 한국생산성본부
KOREA PRODUCTIVITY CENTER

반복과 연습, 완성의 시작이다

6시그마의 완성에 어떻게 도달할 수 있는가? 6시그마의 완성을 판단하는 기준은 크게 두 가지로 강의능력과 프로젝트 수행능력이 있다. 먼저 강의능력은 벨트 후보자를 대상으로 교육 훈련을 통하여 6시그마를 이해시키고 현업에 적용할 수 있도록 만드는 능력이다. 다음으로 프로젝트 수행능력은 현업의 실제적인 문제를 해결하는 과정에서 직면하는 여러 가지 상황을 극복하고 프로젝트를 성공시키는 능력이다. 그리고 이러한 능력을 제3자에 의한 객관적이고 공정하게 평가하는 방법으로 시험이 있다.

6시그마를 도입하고 있는 대부분의 기업에서는 벨트 자격시험이라는 이름으로 시험제도를 운영하고 있다. 기업에서 운영하고 있는 기출문제를 분석해 보면 동일한 자격이라도 문제의 깊이와 난이도에서 그 차이를 확연히 구별할 수 있을 만큼 기업마다 또는 시험마다 편차가 심하다. 벨트 자격시험을 준비하는 후보 입장에서도 이렇게 들쭉날쭉한 시험이라면 본인의 실력보다는 요행에 의해 당락이 결정될 것이다. 그래서 이러한 문제점을 극복하고 벨트 후보자별로 최소한으로 갖추어야 할 수준을 제시함으로써 시험의 가이드라인과 문제은행의 역할을 수행하고자 이 책을 기획하게 되었다.

필자는 이 책을 준비하는 과정에서 지난 10여 년간 국내에서 6시그마를 수행해 왔던 기업들의 시험문제를 분석하고, 그동안 수집해 놓은 자료를 체계적으로 분류하고 정리했다. 또한 미니탭의 기능분석을 통하여 다양한 미니탭 문제를 발굴하고, GB, BB,

preface

MBB와 집단토론 및 6시그마 전문가 집단의 자문 등을 거쳤다. 이렇게 해서 개발된 시험문제는 강의능력과 프로젝트 수행능력의 핵심인 미니탭을 활용한 통계분석 문제를 중심축으로 구성했다. 6시그마란 데이터에 의한 통계적 분석이 핵심적인 내용인데, 이것은 미니탭을 통해서 이루어지고 있다. 따라서 미니탭 문제의 반복과 연습으로 미니탭의 활용능력을 높이는 것이 6시그마의 완성과 통계분석의 전문가로 가는 지름길이라고 할 수 있다.

이 책은 총 4개의 부문으로 구성되어 있다. 1부 주관식 문제와 2부 객관식 문제를 연계하여 상호 보완이 되도록 했으며, 3부 미니탭 문제는 미니탭을 활용한 통계분석을 다양한 각도에서 다루고 있다. 마지막으로 4부 모의고사는 벨트 자격시험을 위한 수험서로 준비했다.

1부는 도입으로 6시그마에 대한 이해의 수준을 평가할 수 있도록 주관식 문제 250문항을 배치했다. 자기 진단을 통해 6시그마의 각 단계별 자신의 현재 수준을 측정하여 부족한 부분을 파악할 수 있도록 했다. 그리고 이 책을 모두 학습한 이후 자기진단을 한번 더 수행하여 6시그마 수준이 얼마나 향상되었는지 비교할 수 있도록 구성했다. 1부 주관식 문제의 정답이나 해설은 2부 객관식 문제 또는 필자의 다른 책 「6시그마 핸드북, 2009년」을 참고하면 된다.

preface

2부는 1부 주관식 문제의 해설 개념으로 객관식 문제 500문항을 설명하고 있다. 문제의 형식은 3가지로 간단하게 맞고 틀린 것을 선택하는 OX형 문제, 설명에 적합한 용어를 선택하는 단답형 문제 그리고 4개의 보기 중에서 하나를 선택하는 4지 선다형 문제 등으로 구성했다. 난이도를 조절하여 단순히 암기하는 수준을 넘어서 1부 주관식 문제와 2부 객관식 문제를 상호 연계시켜 놓았다. 그래서 문제에서 이루어지는 설명을 통해 6시그마 지식을 확장할 수 있도록 했다. 독자는 1, 2부를 통해 6시그마의 이론적인 지식을 축적하고, 논리적인 토대를 마련할 수 있을 것이다.

3부 미니탭 문제는 미니탭을 활용하여 풀이할 수 있는 통계자료 분석 및 해석 문제 1,330문항을 개발했다. 이들 문제풀이를 통해 6시그마의 핵심적인 내용인 통계분석 도구 즉, 미니탭에 익숙해질 수 있도록 했다. 문제의 유형은 4가지로 미니탭을 활용하는 모든 경우의 수를 다루고 있다. 즉, 데이터가 주어지는 경우 미니탭을 실행하여 답을 찾는 미니탭 실행문제가 핵심을 이룬다. 그리고 미니탭 실행을 위한 메뉴 선택 및 활용 문제, 미니탭 실행으로 나온 결과에 대한 해석 문제로 그래프 해석과 세션창 해석 문제 등으로 구성되어 있다.

미니탭 관련 문제의 주요한 특징은 미니탭 관련 문제들이 모두 상호 유기적으로 연결되어 있어 별도의 지면을 할애하여 문제풀이를 제공하지 않아도 답을 알 수 있도록 했다는 것이다. 즉, 미니탭 실행문제의 해답은 미니탭 메뉴, 그래프 해석 및 세션창 해석문제와 연결하여 문제풀이 과정과 정답을 제시하는 식으로 구성했다. 또한

preface

동일한 문제라도 다양한 상황별로 분류하여 문제를 제시함으로써 실제적인 문제에 대한 이해도를 높이고자 했다. 따라서 미니탭 실행능력을 향상시키기 위해서는 다양한 유형의 문제와 수준별 문제에 대한 반복연습이 필요하다. 미니탭 실행문제는 미니탭에서 기본으로 제공하는 데이터를 그대로 활용하여 자료의 접근성을 높였다.

4부 모의고사는 GB, BB 또는 MBB 자격시험을 앞둔 수험생이 문제 유형을 파악하고, 스스로의 실력을 점검하기 위해 개발되었다. 모의고사의 채점결과 합격 범위에 들지 못하면, 틀린 문제 유형에 대한 집중학습으로 실전능력이 향상될 것이다. 모의고사의 문제는 1부, 2부, 3부에서 다룬 2,080문항의 문제은행에서 랜덤 추출하여 벨트의 수준에 맞게 구성했다. 이것은 향후 추진 사무국에서 벨트 후보자의 자격시험을 위한 출제기준으로 활용해도 손색이 없을 것이다.

필자는 그동안 2권의 6시그마 책을 출간했다. 첫 번째 책「굿모닝! 6시그마」는 6시그마의 도입준비부터 프로젝트 실행 중심으로 다루어 프로젝트 수행능력을 향상시킬 수 있다. 두 번째 책「6시그마 핸드북」은 교육 중심으로 다루어 6시그마의 전반적인 내용을 정리하고 궁금증을 해소할 수 있도록 했다. 이번 책은 벨트 교육을 수료하고 프로젝트 추진 경험이 있는 벨트 후보자를 대상으로 벨트 자격시험을 준비하기 위한 수험서의 성격을 가지고 있다. 벨트 후보자는 문제풀이를 통해 자신의 실력을 점검하고 능력을 향상시킬 수 있을 것이다. 독자는 이 책이 안내하는 2,080문항을 풀어봄으로써 6시그마의 완성에 한걸음 더 가까이 다가갈 수 있다.

preface

이 책은 6시그마를 염두에 두고 쓰여졌지만, 서두에서 언급한 바와 같이 통계 프로그램인 미니탭을 활용한 통계자료 분석이 핵심적인 내용으로 구성되어 있다. 즉, 각종 그래프 분석, 추정과 검정, 상관과 회귀분석, 시계열 분석, 관리도, 공정능력 분석, 측정시스템 분석, 분산분석, 실험계획법, 비모수 검정 등 통계분석 전반을 다루고 있다. 따라서 6시그마 벨트 후보자뿐만 아니라 통계자료 분석이 필수적인 품질관리 담당자, 연구 개발자 및 기타 통계자료 분석이 필요한 모든 사람에게 이 책은 유용하게 활용될 수 있을 것이다. 1부 주관식 문제를 제외한 모든 문제의 정답은 이 책의 마지막에 실었다.

책의 활용

벨트 후보자는 처음부터 끝까지 순서대로 읽으면 6시그마의 핵심 개념을 파악하고, 시험대비용 수험서로 활용할 수 있을 것이다. 추진 사무국은 4부 모의고사를 시험 출제기준으로 활용하고, 1부, 2부, 3부의 문제는 시험출제를 위한 문제은행으로 활용하면 된다. 품질관리 담당자 등 통계자료 분석이 필요한 사람은 3부 미니탭 문제를 현장의 데이터 분석에 응용할 수 있을 것이다.

구분	부문	활용 방안
벨트 후보자 추진사무국 품질관리 담당자	1부 주관식 문제	6시그마 수준진단
	2부 객관식 문제	6시그마 해설
	3부 미니탭 문제	통계자료 분석능력
	4부 모의고사	문제유형 파악

문제의 구성

이 책의 모든 문제는 6시그마 능력을 배양하고 미니탭 활용 통계자료의 분석능력을 높이기 위해 개발된 것이다. 도입으로 주관식 문제 250문항, 객관식 문제 500문항, 미니탭 문제 1,330문항 등 총 2,080문항으로 구성되어 있다. 6시그마의 개념 정리를 위해서는 객관식 부문을 참고하고, 미니탭 활용능력을 높이기 위해서는 미니탭 부문을 참고하기 바란다.

	문제유형		문제 수	1문제당 문항 수	전체 문항 수	합계
1	도입	주관식	250	1	250	250
2	객관식	O, X형	16	8	128	500
3		단답형	25	5	125	
4		선다형	247	1	247	
5	미니탭	미니탭 실행	100	4~6	500	1,330
6		미니탭 메뉴	70	3~4	240	
7		그래프 해석	90	3~4	330	
8		세션창 해석	70	3~4	260	
	합계		868	-	2,080	2,080

Contents

1부 주관식 문제 013

    1장 개요 부문   017
    2장 정의 단계   019
    3장 측정 단계   021
    4장 분석 단계   024
    5장 개선 단계   027
    6장 관리 단계   030

2부 객관식 문제 033

    1장 OX형   036
    2장 단답형   053
    3장 선다형   067

3부 미니탭 문제 127

    1장 미니탭 실행   130
    2장 미니탭 메뉴   186
    3장 그래프 해석   222
    4장 세션창 해석   268

4부 모의고사 305

    1장 GB용 모의고사   308
    2장 BB용 모의고사   318
    3장 MBB용 모의고사   331

5부 정답 343

SIX SIGMA

MINITAB

1부
주관식 문제

1장 개요 부문	34문항
2장 정의 단계	32문항
3장 측정 단계	50문항
4장 분석 단계	50문항
5장 개선 단계	50문항
6장 관리 단계	34문항

1부 주관식 문제

제1부는 독자들이 스스로 자신의 6시그마 능력을 자기 진단할 수 있도록 구성했다. 각 단계별로 30여 문항에서 50문항까지 총 250문항으로 구성하여 6시그마의 주요 내용을 어느 정도 이해하고 있는지를 평가한다. 평가방법은 5점 척도로 실시하여 본인의 능력을 객관적으로 파악할 수 있도록 했다. 이 책을 읽기 전에 미리 평가를 한번 수행하여 현재수준을 확인하고, 모두 읽은 후에 또 한 번 평가를 실시하여 본인의 능력이 어느 정도 향상되었는지 비교할 수 있을 것이다.

평가기준은 5점 척도로 하여 다음과 같이 평가하면 된다. 즉, 질문 문항에 대하여 무슨 말인지 모르면 1수준을 선택하고, 들어 본 적이 있으면 2수준을 선택하면 된다. 질문항목을 들어보았고 무슨 의미인지 이해하고 있으면 3수준을 선택한다. 4수준은 3수준에 더하여 질문 문항을 프로젝트 수행에 활용할 수 있는 경우이며, 추가적으로 상대방을 가르칠 수 있는 강의까지 가능하면 5수준을 선택한다.

수준	판단기준
5	문항을 이해하고, 프로젝트에 활용 및 강의가 가능하다.
4	문항을 이해하고, 프로젝트에 활용할 수 있다.
3	문항에 대해 잘 이해하고 있다.
2	문항에 대해 들어 보았다.
1	문항에 대해 잘 모른다. 또는 들어보지 못했다.

6시그마의 수준평가를 위해 먼저, 각 장의 순서대로 질문 문항에 대하여 위에서 정의한 5점 척도로 평가를 실시한다. 그리고 각 부문별 즉, 개요, 정의, 측정, 분석, 개선, 관리 등 6개 부문의 평균을 계산하여 다음의 레이더 차트에 점으로 표시한다. 마지막으로 6개의 점들을 모두 선으로 연결하여 다각형을 만든다. 레이더 차트에서 다각형의 면적의 크기가 본인의 현재수준이라고 보면 된다.

이후 이 책을 모두 학습한 후에 동일한 방법으로 한번 더 진단을 실시하여 레이더 차트에 다각형을 겹쳐서 그려본다. 점수가 높게 나오는 부분은 수준이 향상된 것으로 볼 수 있으며, 다각형의 면적이 커진 것만큼 본인의 6시그마 수준이 향상된 것으로 판단할 수 있다.

1부 주관식 문제의 정답 또는 해설은 2부 객관식 문제와 필자의 다른 책 「6시그마 핸드북」을 참고하기 바란다.

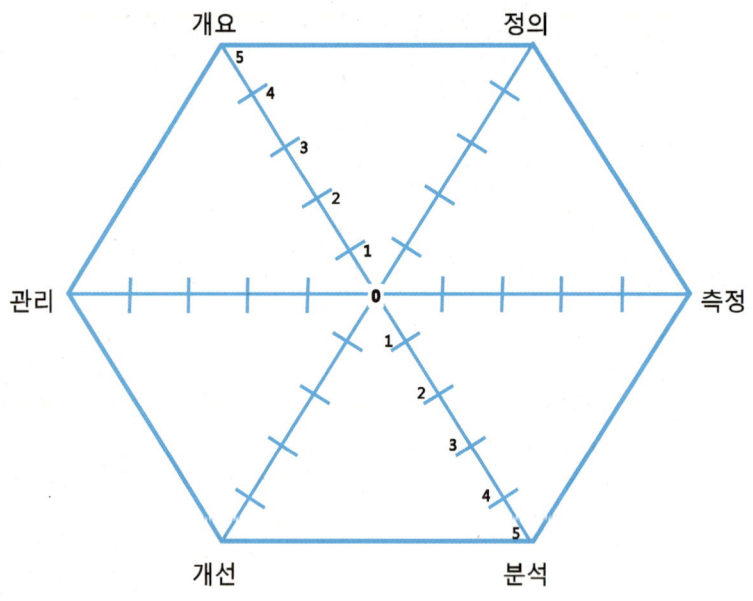

점선(········) : 학습 이전, 현재 수준(1차 평가)
실선(──) : 학습 이후, 개선 수준(2차 평가)

1장 개요 부문(1)

순번	주관식 문제 (5점 척도 평가)	1차 평가	2차 평가
1	6시그마 유래	☐	☐
2	6시그마 목적	☐	☐
3	6시그마 경영의 정의	☐	☐
4	6시그마 경영의 영역	☐	☐
5	1.5 shift	☐	☐
6	숨겨진 공장(Hidden Factory)	☐	☐
7	품질비용(COPQ)	☐	☐
8	누적수율(RTY)	☐	☐
9	문제의 종류	☐	☐
10	20:80 법칙(Pareto 법칙)	☐	☐
11	DMAIC vs. DFSS	☐	☐
12	6시그마 인프라	☐	☐
13	6시그마 벨트구조	☐	☐
14	BB/GB 선발기준	☐	☐
15	6시그마 보상방법	☐	☐
16	GB/BB/MBB의 일반적 자격요건	☐	☐
17	6시그마 공감대 형성방법	☐	☐
18	6시그마 개선활동 방법	☐	☐
19	6시그마 프로세스 세부 추진 Step	☐	☐
20	6시그마에서의 산포의 의미	☐	☐

1장 개요 부문(2)

순번	주관식 문제 (5점 척도 평가)	1차 평가	2차 평가
21	불량과 Z-value의 관계	☐	☐
22	시그마수준에 따른 의미	☐	☐
23	산포, 수율, 시그마수준의 관계	☐	☐
24	프로젝트의 목록을 만드는 방법	☐	☐
25	혁신목표 설정방법	☐	☐
26	효과성과 효율성 지표	☐	☐
27	서류점검과 현장지도	☐	☐
28	집단지도와 개별지도	☐	☐
29	프로젝트의 진도관리	☐	☐
30	6시그마 추진의 성공조건	☐	☐
31	혁신활동과 변화관리	☐	☐
32	실패한 프로젝트의 처리방법	☐	☐
33	데이터 분석결과의 정리방법	☐	☐
34	프로젝트 발표 시 핵심사항	☐	☐
	평균	☐	☐

2장 정의 단계(1)

순번	주관식 문제 (5점 척도 평가)	1차 평가	2차 평가
1	고객의 정의	☐	☐
2	고객세분화의 필요성	☐	☐
3	SIPOC	☐	☐
4	고객의 소리(VOC) 형태	☐	☐
5	고객의 소리(VOC) 수집방법	☐	☐
6	브레인스토밍 4원칙	☐	☐
7	NGT 5단계	☐	☐
8	고객의견조사	☐	☐
9	고객 설문작성의 유의사항	☐	☐
10	Logic Tree의 MECE 개념	☐	☐
11	SWOT 분석	☐	☐
12	KANO 분석	☐	☐
13	FMEA	☐	☐
14	QFD 실행	☐	☐
15	파레토 차트	☐	☐
16	고객 Needs의 효과적인 파악방법	☐	☐
17	6시그마 과제선정 방법	☐	☐
18	Big Y 전개방법	☐	☐
19	CTQ 도출방법	☐	☐
20	CTQ의 정의	☐	☐

2장 정의 단계(2)

순번	주관식 문제 (5점 척도 평가)	1차 평가	2차 평가
21	Right Project	☐	☐
22	프로젝트 선정기준	☐	☐
23	프로젝트 추진계획서	☐	☐
24	프로젝트 명칭	☐	☐
25	프로젝트 추진의 선정배경	☐	☐
26	측정지표 vs. 평가지표	☐	☐
27	프로젝트 목표설정	☐	☐
28	투자금액의 처리방법	☐	☐
29	개발제품의 효과금액 산정	☐	☐
30	시제품과 양산품의 품질수준 차이	☐	☐
31	SMART 평가기준	☐	☐
32	정의(Define)단계 Check Point	☐	☐
	평균	☐	☐

3장 측정 단계(1)

순번	주관식 문제 (5점 척도 평가)	1차 평가	2차 평가
1	모집단과 표본	☐	☐
2	데이터의 종류 : 계량치, 계수치	☐	☐
3	결함(결점) vs. 불량률	☐	☐
4	표본추출을 하는 이유	☐	☐
5	샘플링 기법의 종류	☐	☐
6	정규분포	☐	☐
7	분포의 상호관계	☐	☐
8	평균과 산포의 의미	☐	☐
9	모수의 추정과 신뢰구간	☐	☐
10	시그마수준과 확률	☐	☐
11	시그마와 시그마수준	☐	☐
12	정규분포와 Z-value	☐	☐
13	데이터 수집 시 유의사항	☐	☐
14	프로세스의 복잡성과 누적수율	☐	☐
15	수율의 종류	☐	☐
16	측정시스템 분석	☐	☐
17	측정데이터 변동의 구성	☐	☐
18	잘못된 측정시스템의 영향	☐	☐
19	측정시스템의 반복성과 재현성	☐	☐
20	%Contribution vs. %Tolerance	☐	☐

3장 측정 단계(2)

순번	주관식 문제 (5점 척도 평가)	1차 평가	2차 평가
21	게이지 검정의 부품(샘플) 선택 방법	☐	☐
22	게이지가 불합격인 경우 대책	☐	☐
23	게이지 검정의 필요성	☐	☐
24	측정자가 1명인 경우 게이지 검정	☐	☐
25	계수치 자료의 게이지 검증	☐	☐
26	자동선별 검사기의 게이지 검정	☐	☐
27	한쪽 규격의 게이지 검정	☐	☐
28	선형성과 편의의 판단절차 및 기준	☐	☐
29	판단지표 간에 충돌 시 최종 판정방법	☐	☐
30	규격한계의 정의 및 설정방법	☐	☐
31	공정능력의 정의	☐	☐
32	합리적인 부분군	☐	☐
33	군내변동 vs. 군간변동	☐	☐
34	Cp vs. Cpk	☐	☐
35	계량치 자료의 공정능력	☐	☐
36	비정규분포의 공정능력	☐	☐
37	계수치 자료의 공정능력	☐	☐
38	장기능력 vs. 단기능력	☐	☐
39	DPMO의 시그마수준 계산	☐	☐
40	DPMO에서 기회(Opps)를 고려하는 이유	☐	☐

3장 측정 단계(3)

순번	주관식 문제 (5점 척도 평가)	1차 평가	2차 평가
41	공정능력분석을 위한 표본추출방법	☐	☐
42	공정능력지수가 음수(-)인 경우	☐	☐
43	$Z_{LT} > Z_{ST}$의 발생 이유	☐	☐
44	Cp, Cpk, Zbench의 관계	☐	☐
45	비대칭 허용공차의 공정능력 산정	☐	☐
46	금액으로 시그마수준 계산	☐	☐
47	규격의 한쪽에서 절벽이 발생	☐	☐
48	Z-value & 4-Block Diagram	☐	☐
49	벤치마킹의 종류	☐	☐
50	측정(Measure)단계 Check Point	☐	☐
	평균	☐	☐

4장 분석 단계(1)

순번	주관식 문제 (5점 척도 평가)	1차 평가	2차 평가
1	잠재원인의 도출	☐	☐
2	근본원인 분석을 위한 5 Why	☐	☐
3	특성요인도의 용도	☐	☐
4	CNX 분류	☐	☐
5	XY Matrix 평가	☐	☐
6	Quick action	☐	☐
7	핵심인자의 검정 프로세스	☐	☐
8	그래프 분석의 목적	☐	☐
9	그래프 분석과 통계적 분석의 관계	☐	☐
10	히스토그램과 정규성 검정	☐	☐
11	상자그림과 산포차이 및 평균차이 검정	☐	☐
12	Box Plot 작성 및 해석방법	☐	☐
13	런(Run) 차트의 의미 및 해석	☐	☐
14	산점도와 상관분석 및 회귀분석	☐	☐
15	통계적 추정	☐	☐
16	95% 신뢰수준	☐	☐
17	95% 신뢰수준, ±3.5% 오차한계	☐	☐
18	가설검정의 의미	☐	☐
19	가설검정의 종류	☐	☐
20	양측검정 vs. 단측검정	☐	☐

4장 분석 단계(2)

순번	주관식 문제 (5점 척도 평가)	1차 평가	2차 평가
21	제1종 오류와 제2종 오류	☐	☐
22	귀무가설 vs. 대립가설	☐	☐
23	가설검정의 가정	☐	☐
24	유의수준의 결정	☐	☐
25	통계적 유의도 vs. 실질적 유의도	☐	☐
26	가설검정에서 P-Value의 의미	☐	☐
27	가설검정에서 Sample Size 결정방법	☐	☐
28	검정력을 크게 하는 방법	☐	☐
29	정규성 검정의 귀무가설	☐	☐
30	데이터의 개수와 정규분포의 관계	☐	☐
31	중심극한 정리	☐	☐
32	평균치(1-sample t) 검정	☐	☐
33	평균차이 검정순서	☐	☐
34	2-Sample t vs. Paired t	☐	☐
35	자유도(Degree of Freedom)	☐	☐
36	분산분석(ANOVA)의 개념	☐	☐
37	ANOVA vs. 2-Sample t	☐	☐
38	검정통계량과 P-Value의 관계	☐	☐
39	상관분석 결과 해석방법	☐	☐
40	상관관계와 인과관계	☐	☐

4장 분석 단계(3)

순번	주관식 문제 (5점 척도 평가)	1차 평가	2차 평가
41	회귀분석의 R-sq vs. P-Value	☐	☐
42	다중 선형회귀에서의 변수선택	☐	☐
43	회귀분석의 변수선택 시 평가기준	☐	☐
44	2차 항이 있는 다중선형회귀	☐	☐
45	Lack of Fit Test	☐	☐
46	R-sq vs. R-sq(adj)	☐	☐
47	2 Proportions vs. Chi-square	☐	☐
48	카이제곱 검정의 동일성과 독립성	☐	☐
49	Vital Few 선정	☐	☐
50	분석(Analyze)단계 Check Point	☐	☐
	평균	☐	☐

5장 개선 단계(1)

순번	주관식 문제 (5점 척도 평가)	1차 평가	2차 평가
1	개선의 방향설정	☐	☐
2	개선단계의 도구	☐	☐
3	Vital Few 특성에 따른 인자 분류	☐	☐
4	개선안 도출시 유의사항	☐	☐
5	창조적 아이디어 도출기법	☐	☐
6	6 Thinking Hats	☐	☐
7	브레인 라이팅(Brain Writing)	☐	☐
8	개선의 원칙 : SCAMPER	☐	☐
9	우선순위 선정방법	☐	☐
10	AHP 기법	☐	☐
11	AHP 적용 시 주의사항	☐	☐
12	Pugh Matrix	☐	☐
13	Kepner-Tregoe	☐	☐
14	Pay-Off Matrix	☐	☐
15	시범적용의 필요성	☐	☐
16	부가가치의 정의	☐	☐
17	프로세스 분석 : As-Is vs. To-Be	☐	☐
18	현재의 프로세스가 생각보다 복잡한 이유	☐	☐
19	프로세스 개선의 평가지표	☐	☐
20	최적화된 프로세스의 특징	☐	☐

5장 개선 단계(2)

순번	주관식 문제 (5점 척도 평가)	1차 평가	2차 평가
21	실험계획(DOE)의 개념	☐	☐
22	실험의 원리	☐	☐
23	반복 vs. 재현	☐	☐
24	실험의 유형	☐	☐
25	실험계획의 방법	☐	☐
26	실험계획에서 중요인자의 수준설정	☐	☐
27	일반적인 실험의 진행과정	☐	☐
28	주효과 vs. 교호효과	☐	☐
29	교호작용 그래프의 해석	☐	☐
30	교호작용의 존재유무에 따른 차이	☐	☐
31	부분요인실험과 해상도	☐	☐
32	오차항의 추정	☐	☐
33	풀링(Pooling)의 정의	☐	☐
34	풀링하는 방법(풀링에 포함되는 인자)	☐	☐
35	실험에서의 잔차 검토	☐	☐
36	잔차의 종류	☐	☐
37	최적조건에서의 확인실험	☐	☐
38	기존실험을 새로운 실험으로 재정의	☐	☐
39	완전모형 → 축소모형	☐	☐
40	요인배치실험에서 반응표면분석으로 연결	☐	☐

5장 개선 단계(3)

순번	주관식 문제 (5점 척도 평가)	1차 평가	2차 평가
41	중심합성계획 vs. Box-Behnken	☐	☐
42	2인자 이상에서 고차의 방정식 구하기	☐	☐
43	Plackett-Burman 설계	☐	☐
44	Blocking 설계	☐	☐
45	블록(Block)이 유의할 경우	☐	☐
46	중심점이 유의할 경우	☐	☐
47	전통적 DOE vs. 다구찌 기법	☐	☐
48	방정식의 복잡성과 프로젝트의 영향	☐	☐
49	DOE, ANOVA, 회귀분석의 관계	☐	☐
50	개선(Improve)단계 Check Point	☐	☐
	평균	☐	☐

6장 관리 단계(1)

순번	주관식 문제 (5점 척도 평가)	1차 평가	2차 평가
1	관리와 혁신	☐	☐
2	프로세스 관리 도구의 종류	☐	☐
3	관리계획서	☐	☐
4	관리계획서에 포함할 내용	☐	☐
5	공정관리 방법 또는 수준	☐	☐
6	중요원인에 대한 관리방법	☐	☐
7	관리단계의 게이지 검정	☐	☐
8	FMEA에서 RPN의 계산방법	☐	☐
9	Fool-Proof의 정의	☐	☐
10	실수방지 기법의 종류	☐	☐
11	실수방지 : 실수 vs. 결함	☐	☐
12	실수에 대한 대처방법	☐	☐
13	7대 낭비의 정의	☐	☐
14	눈으로 보는 관리	☐	☐
15	RAEW의 정의 및 분석 추진단계	☐	☐
16	SPC의 정의 및 특징	☐	☐
17	관리도를 통한 공정관리 절차	☐	☐
18	관리도의 종류	☐	☐
19	관리도 : 불량 vs. 결함	☐	☐
20	관리도에서 변동의 종류	☐	☐

6장 관리 단계(2)

순번	주관식 문제 (5점 척도 평가)	1차 평가	2차 평가
21	관리한계선	☐	☐
22	관리한계 vs. 규격한계	☐	☐
23	관리도에서 부분군 크기의 영향	☐	☐
24	관리상태의 판정방법	☐	☐
25	계수치 관리도의 장점	☐	☐
26	관리한계선의 조정 시기	☐	☐
27	관리이탈 상태 시 필요한 조치	☐	☐
28	LCL=0이 발생하는 이유	☐	☐
29	프로젝트의 문서화 및 표준화	☐	☐
30	프로젝트의 종료절차	☐	☐
31	프로젝트의 성과 모니터링	☐	☐
32	프로젝트의 효과 산정기준	☐	☐
33	프로젝트 인증평가 시 유의사항	☐	☐
34	관리(Control)단계 Check Point	☐	☐
	평균	☐	☐

SIX SIGMA
MINITAB

2부
객관식 문제

1장 OX형 문제　　128문항
2장 단답형 문제　　125문항
3장 선다형 문제　　247문항

2부 객관식 문제

여기서는 1부의 주관식 문제를 바탕으로 객관식 문제 500문항을 풀이하고 있다. 또한 문제를 통해 1부의 주요 항목에 대한 보충 설명을 겸할 수 있도록 다양한 형식의 객관식 문항으로 구성했다. 따라서 2부 객관식 문제는 1부 주관식 문제와 상호 연계하여 학습함으로써 1부 주관식 문제의 해설과 더불어 6시그마의 주요 개념을 정리하고 새로운 내용에 대한 지식을 확장하는데 도움이 될 것이다.

객관식 문제의 형식은 간단하게 맞고 틀린 것을 선택하는 OX형 문제 128문항, 설명에 적합한 용어를 선택하는 단답형 문제 125문항, 4개의 보기 중에서 1개를 선택하는 4지 선다형 문제 247문항 등 총 500문항으로 구성했다. 이들 문제는 6시그마의 대부분을 포함할 수 있도록 다양한 시각에서 개발되어져 있다. 즉, 문제의 수준은 초보에서부터 전문가 수준까지의 깊이를 가지고 있으며, 문제의 범위는 6시그마 추진단계, 인프라, 통계분석 등 6시그마의 전 부분을 포함하고 있다.

2부 객관식 문제는 문항을 읽고 정답을 확인하는 등 단순히 암기하는 수준에서부터 지문의 의미와 개념의 이해를 통해서 문제를 해결할 수 있도록 난이도를 고려하여 문항을 구성해 놓았다. 즉, 지문을 가볍게 읽으면서 정답을 확인할 수 있는 문제가 있는 반면, 지문과 보기의 의미를 심사숙고 해야만 정답을 유추할 수 있는 문제가 있다. 또한 동일한 문제라도 문제 형식을 다르게 하여 보충설명이 가능하게 했다. 긍정적 질문과 부정적 질문을 혼재하여 다른 정답이 나오게 함으로써 본질적인 내용을 정확하게 이해하고 있는지를 검증할 수 있도록 했다.

이와 같이 2부 객관식 문제는 1부 주관식 문제와 상호 연계시키고, 문제에서 이루어지는 설명을 통해 6시그마의 지식을 확장, 보완할 수 있도록 했다. 문제를 단순히 푼다는 개념을 넘어서 지문의 의미를 파악할 수 있도록 노력한다면 보다 효과적인 학습이 될 것이다. 1, 2부를 통해 6시그마의 이론적인 지식을 축적하고, 논리적인 토대를 마련하는 데 도움이 될 것이다.

1장 O X형 문제

> ▷ 문제의 구성 : O X형 16문제, 128문항
>
> ▷ 문제의 배치 : 1문제당 8문항 배치
>
> ▷ 정답의 표기 : 이 책의 마지막에 표기

    O X형 문제는 간단하게 제시되는 질문이 맞는지 틀리는지를 판단하는 것이다. 이 문제는 1부의 주관식 문제, 후술되는 선다형 문제와 상호 연계시켜 학습할 수 있도록 했다.

    O X형 1문제당 8문항을 배치하여 총 16문제로 구성되어 있으며, 전체 문항 수는 128문항이다. 정답은 이 책의 마지막에 모두 모아두어 각 쪽의 문제를 모두 푼 후, 정답을 확인할 수 있도록 배치했다.

    이 문제는 6시그마의 의미와 개념을 간단하게 파악하고, 이론적인 토대를 구축할 수 있는 유형으로 GB, BB, MBB 등 모든 시험에 적합한 유형으로 추천한다.

1. 각 문항이 옳은 지, 틀린 지를 O, X로 표기하시오.

( ) Cp 값과 Cpk 값이 같다는 것은 산포의 문제는 없고 평균의 문제만 있음을 뜻한다.

( ) 산포가 증가할수록 불량은 반대로 줄어든다.

( ) 샘플로부터 통계적 판단을 내리는 가설 검정에 있어서 통상적으로 유의수준 95%, 신뢰 수준 5%를 사용한다.

( ) 일반적으로 장기 공정능력을 계산할 시에는 부분군의 크기를 5정도로 하여 장기간의 데이터를 샘플링한다.

( ) 관리도에서 많이 사용하는 Xbar-R 관리도는 부분군을 형성하여 자료를 수집한 경우 사용하는 계량형 관리도의 일종이다.

( ) KANO 분석에서 '요구사항이 없더라도 불만족을 초래하지 않으나, 있으면 고객을 매우 기쁘게 하는 요소'를 성과요소(Primary)라고 한다.

( ) 산포가 증가하면 시그마 수준은 높아진다.

( ) 상위 20%가 80%를 점유한다는 20 : 80의 법칙과 가장 관련이 깊은 품질관리 도구는 Pareto Chart이다.

2. 각 문항이 옳은 지, 틀린 지를 O, X로 표기하시오.

( ) 가설 검정에 있어서 통계적 유의성을 판단하기 위해 통상적으로 신뢰 수준 95%, 유의 수준 5%를 사용한다.

( ) 장기간에 걸쳐 자료를 수집하면, 단기 및 장기의 능력은 1.5시그마 정도의 차이가 난다고 한다.

( ) 평균의 이동(Shift)을 발생시키는 요인으로 개선 대상인 변동은 군내변동(variation within subgroup)이다.

( ) 관리도에서 많이 사용하는 I-MR 관리도는 관리도의 종류 중 이산형 관리도에 해당한다.

( ) Cp 값과 Cpk 값이 같다는 것은 평균의 문제는 없고 산포의 문제가 존재할 수 있음을 뜻한다.

( ) Gage R&R에서의 재현성(Reproducibility)은 사람에 대한 문제이다.

( ) 가설검정에서 통상 P-Value가 0.05보다 작으면 귀무가설을 기각한다.

( ) 고객에게 영향이 큰 제품이나 서비스의 품질 특성을 인자(factor)라고 하며, 6시그마의 개선 대상이다.

3. 각 문항이 옳은 지, 틀린 지를 O, X 로 표기하시오.

( ) 평균의 이동(Shift)을 발생시키는 요인으로 개선 대상인 변동은 군간변동(variation between subgroup)이다.

( ) 문제를 해결하는 과정에서 논리적 사고의 촉진 및 폭 넓은 아이디어를 창출할 수 있는 도구로 주요항목을 Tree 형태로 분해한 것을 논리나무(Logic Tree)라고 한다.

( ) Cpk 값이 0이면 불량률은 500,000PPM 이상이다.

( ) 측정시스템의 신뢰성을 검증하는 Gage R&R에서의 반복성(Repeatability)은 사람에 대한 문제이다.

( ) 분석단계에서 소수의 핵심변수를 Trivial Many라고 부른다.

( ) 고객에게 영향이 큰 제품이나 서비스의 품질 특성을 CTQ라고 하며, 6시그마의 개선 대상이다.

( ) 분석단계에서 그래프 분석 결과, 문제 개선과 관련하여 즉시 조치해야 할 내용도 개선단계로 미룬다.

( ) 상관관계가 없다는 것은 두 변수가 아무런 관계가 없다는 것을 의미한다.

4 각 문항이 옳은 지, 틀린 지를 O, X로 표기하시오.

( ) 데이터를 부분군(n=5)으로 나누어 일정기간 동안 수집한 경우 Xbar-R 관리도를 작성한다.

( ) 연속형 자료의 정규성을 검정하기 앞서 히스토그램으로 분포의 개략적인 모습을 판단한다.

( ) 측정시스템 분석은 연속형 자료의 경우에만 해당되고, 이산형 자료는 해당되지 않는다.

( ) 6시그마의 개선대상인 CTQ는 고객에게 중요한 품질특성으로 Customer To Quality의 약어이다.

( ) KANO 분석에서 '요구사항이 충족될수록 만족감이 비례적으로 증대되는 요소'를 성과요소(Primary)라고 한다.

( ) 동일한 규격이라면 산포가 크면 클수록 시그마 수준이 낮다고 한다.

( ) 불량율(PPM)과 시그마 수준(Z-value)은 아무런 관련이 없다.

( ) 6시그마 품질혁신은 제조부문에만 필요한 활동으로 서비스 부문과 공공부문 등에서는 필요하지 않다.

5 각 문항이 옳은 지, 틀린 지를 O, X로 표기하시오.

( )   CTQ는 고객에게 중요한 품질특성으로 Critical To Quality의 약어이다.

( )   6시그마 과제는 4~6개월 정도의 기간 동안 진행되며, 문제의 해결책이 이미 알려져 있는 경우에도 이 기간을 준수한다.

( )   측정시스템의 분석은 일반적으로 측정단계에서 필요하며, 관리단계에서는 측정시스템의 분석이 필요하지 않다.

( )   공정능력 산정 또는 가설검정을 위한 데이터 수집시 안정적인 프로세스는 합리적인 부분군의 형성이 중요하다.

( )   품질수준이 높을수록 품질비용(COPQ: Cost of Poor Quality)은 증가한다.

( )   공정능력은 장기능력과 단기능력으로 구분하며, 일반적으로 장기능력이 단기능력보다 큰 값을 갖는다.

( )   계량치 자료의 공정능력 산정순서는 정규성 검정 – 관리상태 검정 – 규격 확인 – 공정능력 산정 순이다.

( )   가설검정에서 귀무가설이 사실인데 귀무가설을 기각하는 오류를 제1종 오류라고 하며, 통상 0.05(5%)를 사용한다.

6. 각 문항이 옳은 지, 틀린 지를 O, X로 표기하시오.

( ) 중요한 항목(변수)의 관리를 위해 작성하는 관리계획서에서 관리항목의 시그마수준이 높을수록 더 엄격한 관리가 필요하다.

( ) 로직 트리 작성시 '중복없이 빠짐없이' 작성하는 원칙을 MECE(Mutually Exclusive, Collectively Exhaustive)라고 한다.

( ) 가설검정에서 P-Value가 유의수준 0.05보다 크면 귀무가설을 기각한다.

( ) 상자 그림(Box plot)은 상자의 크기로 산포 차이를 비교하고, 상자의 높낮이로 평균 차이를 비교한다.

( ) 최적화된 프로세스는 상호 연관성을 많이 가진다.

( ) 모든 이산형 관리도의 관리한계선은 표본의 크기와 함수관계에 있으며, 표본의 크기 변화에 따라 관리한계선이 들쭉날쭉 한다.

( ) 브레인스토밍(Brain storming)의 규칙 중에서 가능한 많은 아이디어를 도출하기 위해 시간제한을 두지 않는다.

( ) 6시그마란? 한쪽 규격과 중심까지의 거리에 6개의 표준편차가 들어가도록 공정의 표준편차를 획기적으로 줄이는 개념이다.

7. 각 문항이 옳은 지, 틀린 지를 O, X로 표기하시오.

( ) 6시그마는 불량제로를 목표로 제조업에서 시작하여 공공·서비스 부문까지 확산·운영되고 있다

( ) 모집단을 층이 뚜렷한 집단으로 나누어 각 층별로 랜덤하게 시료를 채취하는 것을 단순 랜덤샘플링이라 한다.

( ) 측정시스템의 신뢰성을 검증하는 Gage R&R은 반복성과 정확성을 평가하는 것이다.

( ) 평균차이(2-Sample t) 검정 이전에 반드시 분산차이 검정(2 Variances)이 선행되어야 한다.

( ) 관리 활동은 바뀐 표준(개선된 내용)에서 초기의 큰 산포를 줄이는 것이다.

( ) 데이터를 타점했을 때 점들의 패턴과 무관하게 관리한계선 안쪽에 위치하면 관리상태에 있다고 판단한다.

( ) 개선단계에서 개선효과를 파악하기 위해 시범적용(Pilot test)을 실시하고, 잠재적 문제점을 사전에 파악하여 조치한다.

( ) 관리한계와 규격한계는 상호 관련성이 많다.

8 각 문항이 옳은 지, 틀린 지를 O, X로 표기하시오.

( ) 정규분포 곡선은 평균과 표준편차만으로 그릴 수 있다.

( ) 소수의 핵심변수(Vital Few)가 대안인자의 경우 다양한 독립적인 대안들 중에서 우선순위를 선정한다.

( ) CNX 분류에서 'C' 항목은 규격과 관리방법이 있어 반드시 지켜져야 할 항목으로 현 수준이 최적이다.

( ) 계수치 관리도는 샘플의 변화에 따라 관리한계선이 직선이 될 수도 있고, 들쭉날쭉 하기도 한다.

( ) 6시그마 효과는 재무적으로 측정되는 성과만 측정하고, 나머지 측정되지 않는 성과는 파악하지 않는다.

( ) 불안정한 프로세스에서는 합리적인 부분군(Rational subgroup)을 형성하여 빈번한 측정이 요구된다.

( ) 추진계획서의 평가기준인 SMART에서 'A'는 alignment의 약어로 경영목표와의 정합성을 평가한다.

( ) 아이디어 창출과 그룹의 공감대 형성을 위한 효과적이고 효율적인 방법으로서 의사결정의 합의를 이루고 우선순위를 결정하는 방법을 AHP 기법이라 한다.

9 각 문항이 옳은 지, 틀린 지를 O, X로 표기하시오.

( )   측정시스템 분석에서 동일한 작업자가 동일한 부품을 동일한 계측기로 반복 측정할 때 얻어지는 변동을 재현성이라고 한다.

( )   1.5 shift는 장기능력과 단기능력의 차이이다.

( )   원인변수 항목 중 즉시 개선(Quick-action) 항목은 개선 단계 이전이라도 개선을 실시한다.

( )   두 변수 간에 어떤 관계가 있는지 알아보는 분석방법은 공정능력 분석이다.

( )   비모수검정은 자료가 비정규분포일 때 적용하며, 비율검정은 이산형 자료일 때 적용하는 것이다.

( )   CNX 분류는 잠재원인 변수를 관리의 용이성 등의 기준으로 C, N, X로 분류하는 것이다. C 항목은 Control의 약어로 CTQ Y에 미치는 영향을 측정할 수 있을 정도로 쉽게 변화를 줄 수 있는 입력 변수이다.

( )   산포는 작을수록 좋다.

( )   정규분포는 표준편차가 곡선의 모양을 결정한다. 즉, 표준편차의 값이 크면 곡선은 평평해지고, 표준편차 값이 작으면 좁고 높아진다.

10 각 문항이 옳은 지, 틀린 지를 O, X 로 표기하시오.

( ) 시그마 수준은 산포의 크기와 반비례한다.

( ) 실험 전체를 시간적 또는 공간적으로 분할하여 실험환경을 균일하게 만들어 주는 것을 블록화라고 한다.

( ) 실험의 유형에는 시행착오법, 일부실시법 등 여러 가지 유형이 있는데, 이 중 인자별 각 수준의 모든 조합에서 실험하는 것을 완전 요인배치법이라 한다.

( ) CTQ의 특징으로 소수핵심의 품질특성보다는 다수주변의 품질특성을 반영해야 한다.

( ) 비정규분포를 정규분포로 가정해서 공정능력을 산정하면, 정보의 왜곡현상이 발생한다.

( ) 안정적인 프로세스는 샘플 크기의 결정이 중요하다.

( ) 사람의 부주의로 인한 실수를 미연에 방지하거나 또는 발생된 실수를 검출해내기 위해 고안된 장치 또는 방법을 Fool-Proof라고 한다.

( ) 구체적인 개선계획을 수립한 후, 제한된 범위와 환경 하에서 개선안을 시험적으로 실행하는 것을 시범적용(Pilot test)이라고 한다.

11. 각 문항이 옳은 지, 틀린 지를 O, X로 표기하시오.

( ) 정규분포는 평균이 곡선의 모양을 결정한다.

( ) 실험의 기본원리 중에서 뽑혀진 인자 외에 기타 원인들의 영향이 인자의 특정 수준조합에 편중 되게 미치는 것을 없애기 위한 방안을 랜덤화라 한다.

( ) 주효과 그래프의 기울기가 급하므로 주효과가 있다고 판단한다.

( ) 상관관계가 있다는 것은 직선관계가 존재한다는 것이다.

( ) 누적수율(RTY: Rolled Throughput Yield)은 초기수율과 다른 개념으로 프로세스의 복잡성에 반비례한다.

( ) 풀링(Pooling)이란 불필요한 고차의 교호작용을 오차 항으로 보내는 것을 말한다.

( ) 교호작용 효과 그래프를 그려보니 두 직선이 평행하여 교호작용 효과가 없다고 판단하였다.

( ) 관리계획(Control Plan)이란 현재의 프로세스가 규격을 만족하는지를 모니터링 하다가 이상상황 발생 시 시정조치를 통해 정상상태로 되돌리는 계획을 말한다.

12. 각 문항이 옳은 지, 틀린 지를 O, X로 표기하시오.

( ) 벨트제도란 6시그마 경영을 체계적이고 연속적으로 추진하기 위한 인적자원의 계통을 의미한다.

( ) 프로세스 분석에서 부가가치란 관리, 통제가 복잡한 프로세스를 말한다.

( ) 정규분포는 평균치를 중심으로 좌우대칭이다.

( ) 모집단에 대한 어떤 정보를 얻고자 할 때 표본추출을 하게 되는데, 이때 표본 데이터는 모집단의 특성을 대표할 수 있도록 해야 한다.

( ) 챔피언이 승인하는 과제는 올바른 과제와 관련이 깊다.

( ) 모토롤라에서 현장 클레임을 분석한 결과 '제조과정에서 결함이 발견되어 재작업 과정을 거친 제품일수록 고객에 의한 초기 사용단계에서 고장이 많았다'고 한다.

( ) 프로세스가 복잡할수록 누적수율이 높아진다.

( ) 로직트리(Logic tree)는 문제를 해결하는 과정에서 문제의 원인을 추구하거나 해결책을 생각할 때 사고의 넓이와 깊이를 논리적으로 파악하기 위한 기본적인 기술이다.

13 각 문항이 옳은 지, 틀린 지를 O, X로 표기하시오.

( ) 평균이 다르고 분산이 같은 정규분포는 모양이 같다.

( ) 설문조사에서 질문순서는 설문결과에 영향을 미치는 것으로 알려져 있다. 민감하거나 답하기 어려운 질문들을 뒷부분에 배치한다.

( ) 숨겨진 공장이 클수록 프로세스의 상태가 좋다.

( ) 과제 선정시 BSC(Balanced Score Card) 관점이란 재무, 고객, 프로세스, 학습과 성장의 관점을 말한다.

( ) 관리도는 우연변동(random)으로 관리한계선을 설정하고, 이상변동(special)을 검출하는 관리도구이다.

( ) 최적화된(To-Be) 프로세스의 특징으로 개별 프로세스는 복잡하게 얽혀 있어도 무방하다.

( ) 불량률 자료의 경우 퍼센트 값으로 소수점 이하의 숫자로 표시되므로 계량치 자료라고 한다.

( ) 합리적인 부분군은 데이터의 종류에 관계없이 가능한 한 짧은 기간 동안에 동질성을 갖는 조건에서 작업된 샘플 군을 말한다.

14 각 문항이 옳은 지, 틀린 지를 O, X로 표기하시오.

( ) 프로젝트의 성과 모니터링은 통상 6개월에서 1년 정도 현장 적용결과를 추적 관리한다.

( ) 고객의 소리는 항상 명확하고 구체적으로 제시된다.

( ) 다구찌 기법은 실험계획법의 일종으로 통제 용이한 변수를 조정하여 최적의 결과를 얻는 것이다.

( ) 대립가설은 알고 있는 사실에 대한 기술로 '차이가 없다', '유의하지 않다' 등의 의미를 포함하도록 설정한다.

( ) 6시그마의 관리단계에서 CTQ의 변화량(개선성과)과 재무성과는 직접적으로 관련이 없어도 무방하다.

( ) 6시그마 혁신과 관리활동은 순차적으로 반복되어야 개선성과가 유지되고, 공정이 안정화될 수 있다.

( ) Vital Few는 많을수록 좋다.

( ) 동일한 규격에 동일한 산포를 가지더라도 평균이 목표값의 중앙에 위치하느냐 또는 벗어나 있느냐에 따라 시그마수준이 변한다.

15 각 문항이 옳은 지, 틀린 지를 O, X로 표기하시오.

( ) 주요 인자 간의 선형 관계식을 구하기 위해 요인배치 실험을 실시하고, 곡선관계식을 파악하기 위해 반응표면분석을 실시한다.

( ) 인자별 각 수준의 모든 조합을 실험하는 것을 부분 요인배치법(일부실시법)이라 한다.

( ) 중요하지 않은 고차의 교호효과를 블록과 교락시켜 실험의 효율을 높이는 것을 교락(Confounding)이라 한다.

( ) 실험계획에서 해상도는 실험효과들을 완벽하게 분리해 낼 수 있는 정도를 표시하는 것으로 수치가 높을수록 해상도가 높다고 한다.

( ) 비정규분포를 정규분포로 가정하여 공정능력을 구하면 실제능력보다 높게 평가한다.

( ) 교호효과 그래프를 그려보니 직선의 기울기가 급하므로 교호효과가 있다고 판단한다.

( ) 산점도는 점의 배열로부터 변수의 관련성을 파악한다.

( ) 품질비용(COPQ)과 품질수준은 관련이 없다.

16 각 문항이 옳은 지, 틀린 지를 O, X로 표기하시오.

( ) 누적수율이 높을수록 숨겨진 공장과 품질비용은 반대로 작아진다.

( ) 계량치 자료가 계수치에 비해 더 많은 정보를 가지고 있으므로 CTQ는 가능한 계량치로 정하는 것이 좋다.

( ) 회귀분석에서 P-Value < 0.05 이고, R-sq가 작을 때는 더 많은 데이터 수집이 필요하다.

( ) 여러 대안을 몇 가지 평가기준 하에서 기존 값과 비교하여 우수(+), 열세(-), 동등(S)으로 평가하고, 더 나은 대안을 선택하는 기법을 Pugh matrix 라고 한다.

( ) 프로세스 개선은 업무흐름상의 낭비업무를 제거하고, 부가가치가 있는 업무만을 모아서 새로운 업무흐름으로 재구성하는 것이다.

( ) 다구찌 기법에서 모든 SN비는 클수록 좋다.

( ) 모든 계량형 관리도의 관리한계선은 변동적일 수 있고, 표본의 크기와 함수관계이다.

( ) 상자그림에서 상자는 클수록 좋다.

2장 단답형 문제

> ▷ 문제의 구성 : 단답형 25문제, 125문항
>
> ▷ 문제의 배치 : 1문제당 5문항 배치
>
> ▷ 정답의 표기 : 이 책의 마지막에 표기

단답형 문제는 설명되는 지문의 빈칸을 채우는 것, 제시되는 예문에 적합한 도구를 선택하는 것, 설명하는 지문에 맞는 용어를 서술하는 것 등으로 구성되어 있다.

단답형 1문제당 5문항을 배치하여 총 25문제로 구성되어 있으며, 전체 문항 수는 125문항이다. 정답은 이 책의 마지막에 모두 모아두어 각 쪽의 문제를 모두 푼 후, 정답을 확인할 수 있도록 배치했다.

이 문제는 6시그마의 의미와 개념을 간단하게 파악하고, 이론적인 토대를 구축할 수 있는 유형으로 GB, BB, MBB 등 모든 시험에 적합한 유형으로 추천한다.

1. 가설검정을 위한 Test 종류이다. 빈칸을 채우시오.

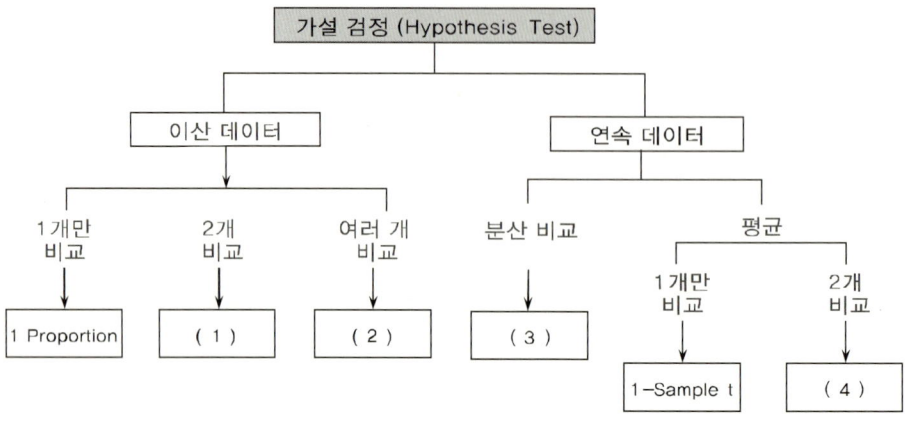

- P-Value : 두 샘플이 같은 모집단에서 추출될 확률. 귀무가설을 기각하는 최소 확률.
- P-Value > 0.05 : (5)가설 채택 ☞ "모수(평균,분산)에 대해서, 그 모집단에는 차이가 없다."
- P-Value < 0.05 : (5)가설 기각 ☞ "모수(평균,분산)에 대해서, 그 모집단에는 차이가 있다."

2. 다음은 AHP의 쌍대비교 결과이다.

	이동성	화면 크기	경제성
이동성	1/1	3/1	5/1
화면 크기	1/3	A	B
경제성	1/5	1/4	1/1

(1) A에 들어갈 숫자는?

(2) '경제성'지표의 가중치를 계산하시오.

(3) "5/1"의 의미는 무엇인가?

(4) B에 들어갈 숫자는?

(5) AHP는 무엇을 하기 위한 도구인가?

3. 관리도의 종류에 대해 공란을 채우시오.

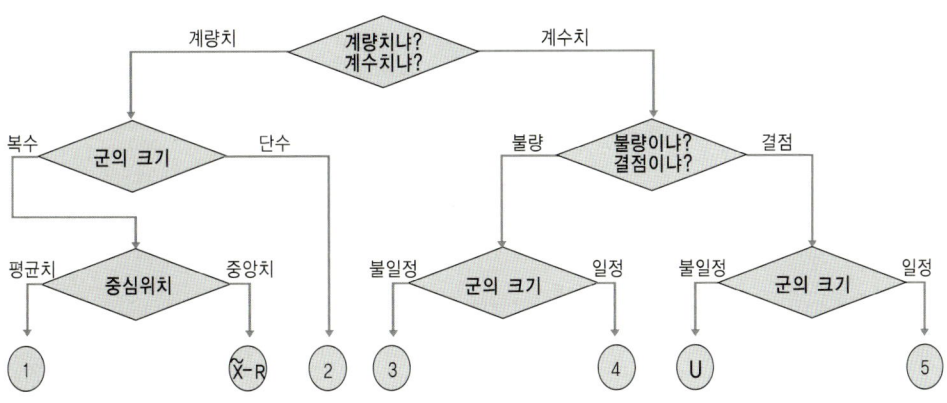

4. 시그마수준 산정방법에 대한 설명이다. 빈칸에 적합한 미니탭 명령어를 채우시오.

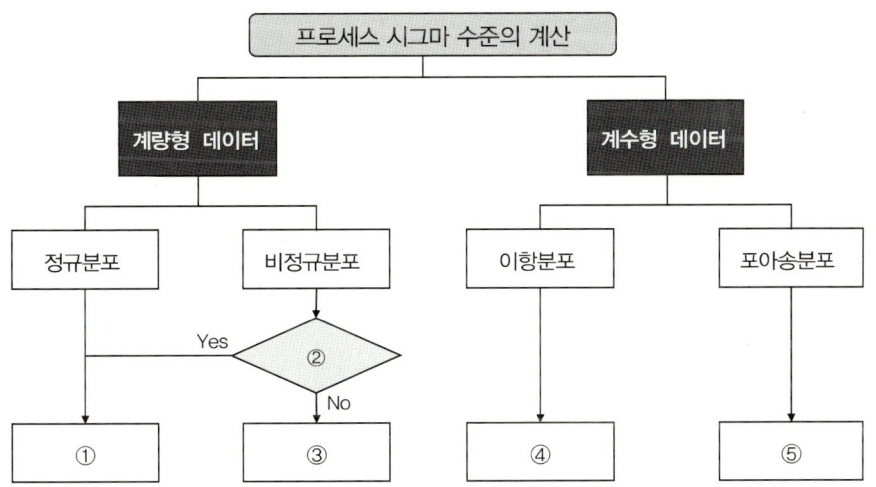

5. 다음 각 번호에 적합한 개선단계의 도구를 채우시오.

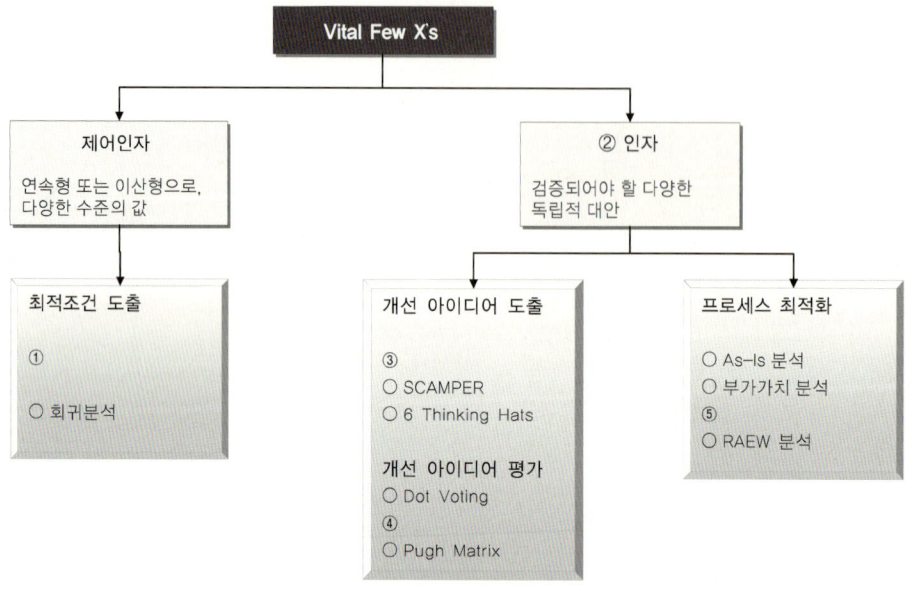

6. 모집단으로부터 샘플을 추출하는 샘플링 기법이다. 빈칸을 채우시오.

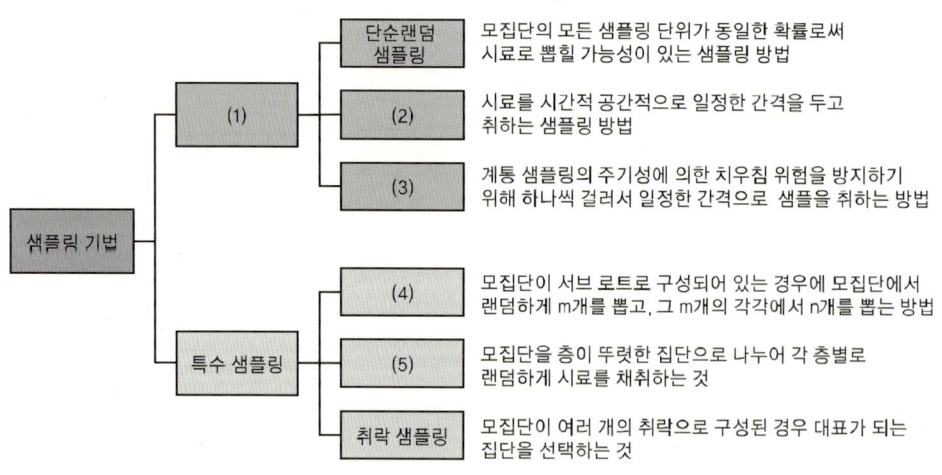

7. 측정시스템 분석에서 관측된 프로세스의 총 변동을 분해한 것이다. 빈칸을 채우시오.

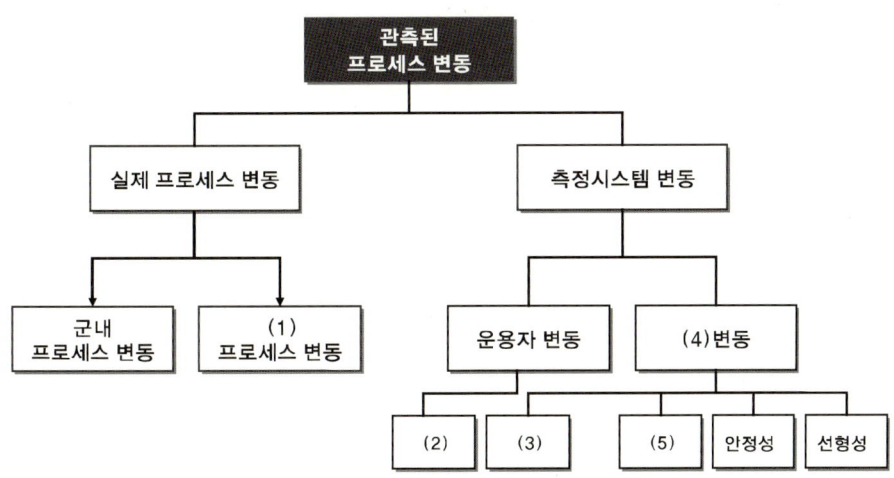

8. 가설검정의 가설설정과 관련하여 빈칸을 채우시오.

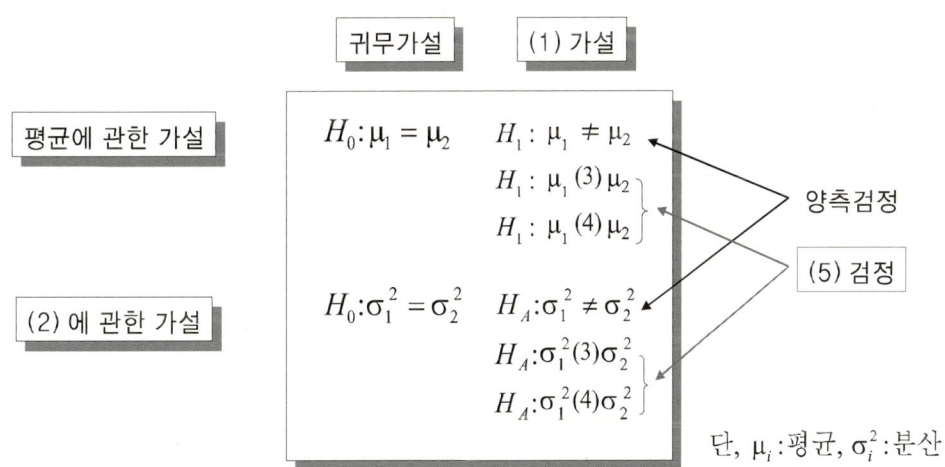

9. KANO 분석에 대한 설명이다. 빈칸을 채우시오.

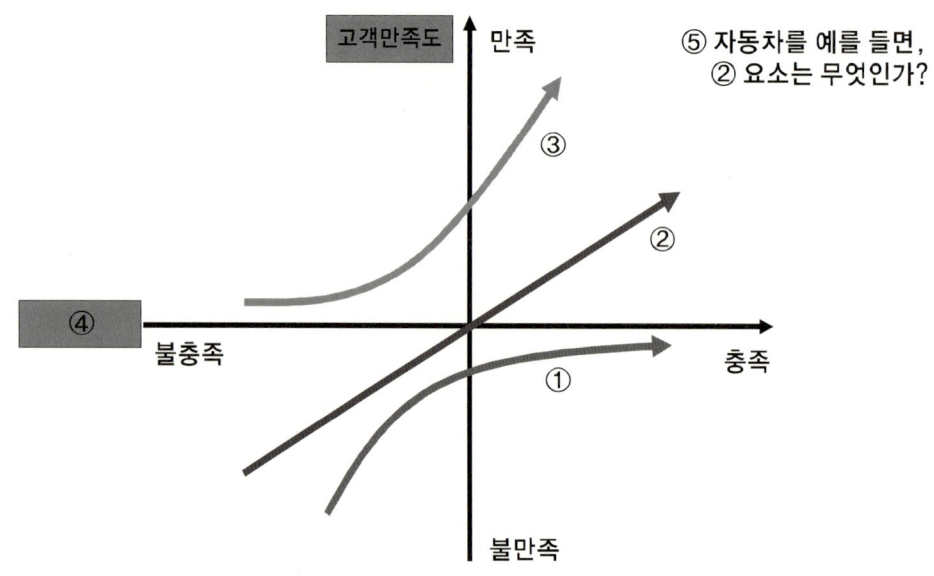

⑤ 자동차를 예를 들면, ② 요소는 무엇인가?

10. 가설검정시 4가지 가정이 있다. 이들과 관련되는 통계적 도구를 기술하시오.

가정	정의	검정 도구
(1)	모집단으로부터 충분한 샘플이 랜덤 추출되었다	Run Chart
독립성	표본은 통계적으로 서로 독립이다	Autocorrelation
(2)	데이터는 정규분포를 한다	(4)
(3)	동일 모집단에서 샘플을 추출했다	(5)

※ 가설검정이란 모집단으로부터 샘플을 추출하여 통계적 판단을 내리는 활동으로 샘플링 방법과 추출된 샘플에 대한 몇 가지 가정을 두고 있다.

11. DMAIC 단계에 대한 설명이다. 설명에 알맞은 단계를 기술하시오.

(1) CTQ의 현재의 수준을 평가하기 위하여, 결함을 정의하고 측정과정에서의 문제점을 파악하여 측정 방법을 검증하고, 결함수준을 시그마로 평가하고 개선방향을 설정한다.

(2) CTQ를 만족시키기 위하여 Vital Few에 대한 해결방법을 브레인스토밍이나 실험을 통하여 가능한 모든 해결방법의 리스트를 완성하고, 가장 효과적인 방법을 선택하여 실천 계획을 수립하고 실행하여 효과 검증을 한다.

(3) 고객의 관점에서 현재 우리의 프로세스 문제점이나 개선의 기회를 찾기 위해 고객이 중요하게 생각하는 가치로서의 CTQ's를 정의하여 문제를 명확히 하고, 프로젝트의 목표 및 범위설정과 개선활동을 위한 시간계획을 수립한다.

(4) CTQ에 영향을 주는 다수의 잠재원인변수를 특성요인도 등을 통하여 알아내고, 통계적 분석 등으로 원인검증을 실시하여 Vital Few(소수의 핵심변수)를 선정한다.

(5) 개선 결과의 성과를 확인하고, 성과의 지속성을 확보하기 위해 표준을 개정하고, 관리 계획을 수립하는 등 공정의 모니터링 계획을 세운다.

12. 빈칸에 적당한 용어를 채우시오.

(1) 연구/개발로부터 기술 및 제조, 마케팅/영업 그리고 유통에 이르기까지 각 단계마다 고객 요구사항들을 적절히 회사의 관리항목으로 체계적으로 전환하는 시스템을 (   )라고 한다.

(2) 고객의 요구사항을 기본요소(Must-be), 성과요소(Primary), 환희요소(Delighter)로 분류하는 기법을 (   )이라 한다.

(3) 김대리는 주간 결산보고서 작성업무를 하고 있는데, 보고서 작성의 오류 정도를 측정해 보고자 한다. 보고서는 총 10페이지로 되어 있으며 1페이지를 하나의 결함 기회로 간주하기로 하였다. 지난 5주간 작성된 10개의 보고서에 대하여 조사한 결과 10개의 결함(오류)을 발견하였다. DPO는 얼마인지 계산하시오. (   )

(4) 평균이 20이고 표준편차가 5인 분포에서 규격상한이 25일 때 장기 시그마수준(Zlt)을 구하시오. (   )

(5) 프로젝트 추진계획서 초안 작성이 끝나면 (   ) 기준에 따라 평가하여 초안이 효과적이고 일관성이 있는지 확인한다.

13 빈칸에 적당한 용어를 채우시오.

(1) 장기간에 걸쳐서 얻어지는 데이터는 업무 부분이든, 제조 부분이든 군내변동과 (　　) 변동을 포함한다.

(2) 데이터의 종류에 관계없이 가능한 한 짧은 기간 동안에 동질성을 갖는 조건에서 작업된 샘플 군을 (　　)이라고 한다.

(3) 제품의 품질특성의 분포가 양쪽 규격의 중앙에 치우침이 없이 위치하고 있는 경우의 공정능력지수로 이론상의 공정능력지수라고 부른다. 이들을 표기하는 기호는 (　　)이다.

(4) 측정시스템 분석에서 한 사람의 측정자가 동일특성에 대하여 동일한 계측기로 반복측정하였을 때 얻어지는 변동을 (　　)이라 한다.

(5) 가장 보편적으로 사용되는 샘플링 방법으로 모집단의 모든 샘플링 단위가 동일한 확률로써 샘플로 뽑힐 가능성이 있는 샘플링 방법을 (　　)샘플링이라고 한다.

14 다음 각 문항에 적합한 Tool을 도구상자에서 고르시오.

(1) 광고비용과 보일러 판매량과의 관계식을 구하고자 한다. (　　)

(2) A, B 주유소의 세차사고 비율을 비교 하고자 한다. (　　)

(3) 작년 10%였던 이직율을 올해와 비교하고 싶다. (　　)

(4) 고객들이 어느 지역에 많이 거주하는지 우선순위를 분석하고 싶다. (　　)

(5) 회사직원의 몸무게의 분포를 알고자 한다. (　　)

〈도구상자〉
A. 1-Sample t　　B. 2-Sample t　　C. p 관리도　　D. Xbar-R 관리도
E. 2 Variances　　F. Histogram　　G. 상관분석　　H. Chi-Square
I. 1 Proportion　　K. 2 Proportions　　L. Pareto　　M. Run Chart

15. 다음 각 문항에 적합한 Tool을 도구상자에서 고르시오.

(1) 건설현장의 사고율을 매일 관리하고 싶다. (   )

(2) A주유소 판매량의 추이를 분석하고자 한다. (   )

(3) A주유소와 B주유소의 분산을 비교하고 싶다. (   )

(4) 기계사업부의 부실채권비율 관리를 위해 매일 데이터를 수집했다. (   )

(5) A제품의 개선전후 판매량을 비교하고 싶다. (   )

〈도구상자〉

A. 1-Sample t	B. 2-Sample t	C. p 관리도	D. Xbar-R 관리도
E. 2 Variances	F. Histogram	G. 상관분석	H. Chi-Square
I. 1 Proportion	K. 2 Proportions	L. Pareto	M. Run Chart

16. 다음 각 문항에 적합한 Tool을 도구상자에서 고르시오.

(1) 고등학생의 키와 몸무게의 관계식을 구하고자 한다. (   )

(2) A, B 주유소의 세차 대기시간을 상자의 크기로 비교하고자 한다. (   )

(3) 직원들의 거주지를 분류하여 어느 지역에 많이 살고 있는지 알고 싶다. (   )

(4) 건설사업부에서 두 현장의 공정율을 비교하고 싶다. (   )

(5) 주유 대기시간이 정규분포인지 분석하고자 한다. (   )

〈도구상자〉

A. 1 Proportion	B. 2 Proportions	C. NP 관리도	D. I-MR 관리도
E. 회귀분석	F. Histogram	G. 상관분석	H. Chi-Square
I. 1-Sample t	K. 2-Sample t	L. Pareto	M. Box plot

17 다음 각 문항에 적합한 Tool을 도구상자에서 고르시오.

(1) 고객카드에 기재된 주간 고객 불만 건수 (   )

(2) 주유소당 발생하는 안전사고 건수 (   )

(3) 제품의 인장강도 (   )

(4) 제품의 반품율 (   )

(5) 절삭공정에서의 제품의 치수 (   )

〈도구상자〉
A. NP 관리도   B. p 관리도   C. I-MR 관리도   D. Xbar-R 관리도

18 다음 각 문항에 적합한 Tool을 도구상자에서 고르시오.

(1) 보일러사업부는 용량별(특/대/중/소) 불량율을 비교하고자 한다. (   )

(2) 석유부에서 주유 대기시간과 세차 대기시간 중 어느 곳의 대기시간이 상대적으로 긴지 분석하여 개선 대책을 마련하고자 한다. (   )

(3) 기계부는 작년에 전체의 매출 채권 중 5%의 불량 채권이 발생했다. 올해는 불량채권 방지대책을 시행하여 1분기 동안 100건의 채권 중 단 1건만 불량채권이 발생했다. (   )

(4) 본사에서는 직원들의 출근과 퇴근에 걸리는 시간의 크기를 비교하고자 한다. (   )

(5) 세차 불량건수가 안정적으로 유지 관리되는지 알고자 한다. (   )

〈도구상자〉
A. 1 Proportion   B. 2 Proportions   C. NP 관리도   D. I-MR 관리도
E. 회귀분석   F. Histogram   G. 상관분석   H. Chi-Square
I. 1-Sample t   K. 2-Sample t   L. Pareto   M. Box plot

19. 다음 각 문항에 적합한 Tool을 도구상자에서 고르시오.

(1) 1상자에 100개 들어있는 필터의 불량 개수 (　　)
(2) 분양고객 공지 우편물 중 반송되는 양 (　　)
(3) 월별 주유소 판매량(D/M)의 추이 (　　)
(4) 냉장시설의 일별 내부 온도의 추이(℃) (　　)
(5) 생산 공정의 보일러 밸브 외경 길이 (　　)

〈도구상자〉
A. NP 관리도　　B. p 관리도　　C. I-MR 관리도　　D. Xbar-R 관리도

20. 그래프 분석과 통계적 분석의 관련성을 연결하시오.

[그래프 분석]	(1) 산점도(Scatter plot) (2) 히스토그램(Histogram) (3) 상자그림(Box plot)_상자 높낮이 (4) 상자그림(Box plot)_상자 크기 (5) 시계열 그림(Time series plot)
[통계적 분석]	A. 정규성 검정(Normality test) B. 평균차이 검정(2-Sample t) C. 관리도(Control chart) D. 상관분석(Correlation) E. 산포차이 검정(2 Variances)

21 실험의 원리에 대한 설명이다. 빈칸에 '랜덤, 반복, 교락, 블록, 직교' 중에서 알맞은 명칭을 기술하시오.

(1) (　　)은/는 중요하지 않은 고차의 교호효과를 블록과 (　　)시켜 실험의 효율을 높이는 원리이다.

(2) (　　)은/는 실험의 순서를 무작위로 선택하여 실시함으로써 실험인자 이외의 원인들이 실험의 결과에 영향을 미치지 않도록 한다.

(3) (　　)은/는 요인 간에 (　　)성을 갖도록 배열하면 같은 실험회수에서 검출력이 더 좋아지고, 정도가 높은 추정을 할 수 있다.

(4) (　　)은/는 실험을 (　　)하여 시행하면 오차항의 자유도를 크게 해 주고 오차분산의 정도를 좋게 하여 실험결과의 신뢰성을 높인다.

(5) (　　)은/는 실험전체를 시간적 또는 공간적으로 분할하여 (　　)을/를 만들어 주면 (　　) 내에서 실험환경이 균일하게 되어 정도 높은 실험을 할 수 있다.

22 빈칸에 적당한 용어를 채우시오.

(1) 20:80 법칙과 가장 관련이 깊은 품질관리 도구는 (　　)이다.

(2) 분석단계에서 소수의 핵심변수를 (　　)라고 한다.

(3) 자료가 비정규분포일 때 적용할 수 있는 방법은 Box-Cox 변환과 (　　) 검정이 있다.

(4) 공정능력 분석에서 단기능력과 장기능력의 차이는 (　　)이다.

(5) 관리 대상(Y, X)을 선정하고, 각 대상별 관리방법(기술)을 정의한 후, 정의한 방법대로 데이터를 수집하여 관리상태(안정된 상태) 여부를 판정하고, 관리상태를 벗어날 경우 적절한 조치를 취함으로써 관리 대상이 관리상태에 있다는 것을 보증하는 것을 (　　)라고 한다.

23 6시그마 벨트구조에서 역할에 대한 설명이다. Champion, MBB, BB, GB, FEA 중에서 알맞은 명칭을 기술하시오.

(1) 6시그마 프로젝트 팀의 리더로 문제해결 현장에서 6시그마 방법론을 적용하여 과학적으로 문제를 해결하여 획기적 성과를 창출하는 것을 촉진한다. (   )

(2) 6시그마 Project Owner로서 Project를 지휘하고, 현장에서의 혁신을 지휘하는 야전 사령관으로서의 Toll-gate 역할을 수행한다. (   )

(3) 6시그마 방법론을 현업에 적용하여 성과를 창출하는 프로젝트 팀원으로 프로젝트에 부분적으로 참여한다. (   )

(4) 프로젝트의 재무성과 및 체질개선효과에 대해 평가하고, 최종적으로 성과를 검증하는 사람으로 재무평가 전문가라고 부른다. (   )

(5) 6시그마 사내 컨설턴트로써 사업에 대한 이해와 6시그마 방법론에 대한 전문지식을 바탕으로 사업부문 내의 프로젝트 수행, 품질체제 구축 등 6시그마 활동을 주도한다. (   )

24 공정관리 방법 또는 수준에 대해 빈칸을 채우시오.

(1) 1수준 : _____, 변수 상호작용을 이해하거나 Fool-proofing을 통해서 이루어진다.

(2) 2수준 : _____, 작업자의 간섭이 없는 _____된 관리를 실시한다.

(3) 3수준 : _____에 대한 SPC, y=f(x)에 대한 이해를 바탕으로 제품/서비스가 만들어지는 과정을 관리한다.

(4) 4수준 : _____에 대한 SPC, 가장 많이 사용되는 형태의 관리방법으로 결함이 있는 제품을 고객에게 전달하지 않는다.

(5) 5수준 : _____, 결점을 탐지하기 위해 실행된다. 영어로는 SOP라고 한다.

25. 벤치마킹의 종류와 목표설정이다. 빈칸을 채우시오.

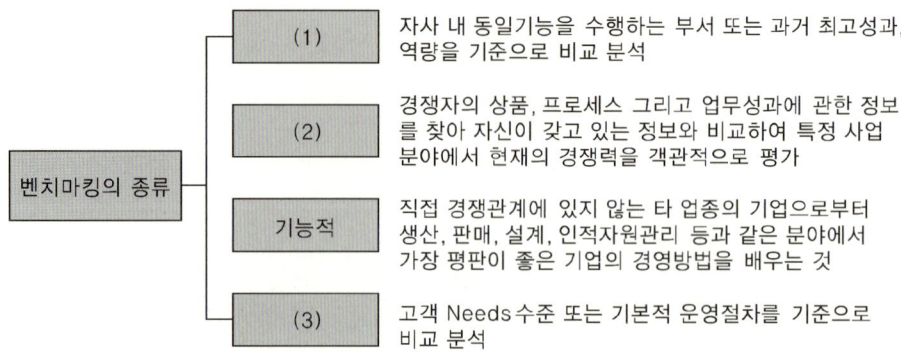

목표설정 방법은 벤치마킹 결과를 참고하여 현 수준(4)과 극한수준(Entitlement) 사이에서 도전적으로 목표(5)를 설정한다.

빈칸 (4), (5)에 들어갈 적당한 영어표현을 쓰시오.

3장 선다형 문제

> ▷ 문제의 구성 : 선다형 247문항
>
> ▷ 문제의 배치 : 1장당 평균 4문제 배치
>
> ▷ 정답의 표기 : 이 책의 마지막에 표기

 선다형 문제는 각 문항마다 제시되는 4개의 보기 항목 중에서 하나를 선택하는 것이다. 6시그마 개요, 정의, 측정, 분석, 개선 및 관리 단계별로 40문항 정도씩 배정하여 학습효과를 극대화 할 수 있도록 구성했다.
 1쪽 당 4~5 문항을 배치하여 총 247문항으로 구성되어 있다. 정답은 이 책의 마지막에 모두 모아두어 각 쪽의 문제를 모두 푼 후, 정답을 확인할 수 있도록 배치했다.
 이 문제는 6시그마의 의미와 개념을 간단하게 파악하고, 이론적인 토대를 구축할 수 있는 유형으로 GB, BB, MBB 등 모든 시험에 적합한 유형으로 추천한다.

[개 요]

1. 숨은 공장(Hidden Factory)에 관련된 설명 중 거리가 먼 것은?

(1) 재작업, 폐기 등의 COPQ 발생의 원인이 된다
(2) 결함으로 인한 재작업, 폐기 등을 제거하는 만큼 용량이 더 확보될 수 있으며 이는 투자를 필요로 하지 않는다
(3) 많은 6시그마 프로젝트가 숨은 공장을 드러나게 하는 것과 관련된다
(4) 숨은 공장이 클수록 프로세스의 상태가 좋다는 것을 의미한다

2. 6시그마 수준의 회사의 모습에 대한 설명 중 맞지 않는 것은?

(1) 99% 품질 수준을 목표로 관리하는 회사
(2) 프로세스를 중점적으로 관리하는 회사
(3) 3.4PPM 수준의 품질을 관리하는 회사
(4) 무결점 품질을 지향하는 회사

3. 다음 중 6시그마경영의 의미와 관련이 깊은 것은?

(1) 고객만족을 통한 수익향상 전략
(2) 비전 및 전략 수립
(3) 무조건적인 생산성 향상
(4) ERP와 같은 전산시스템의 구축

4. 다음 중 경영혁신의 필요성과 관련이 가장 적은 것은?

(1) 경쟁상황에 대한 위기감
(2) 비대해져 버린 조직/문화
(3) 변화에 대한 빠른 대응
(4) 경쟁 회사가 하니까 우리도 한다

5. 6시그마 경영의 의미 또는 정의와 관련이 가장 적은 것은?

(1) 품질향상을 통한 고객만족
(2) ERP와 같은 전산시스템의 구축
(3) 통계적 척도
(4) 일하는 방식의 전환

6. 프로젝트 추진의 성공조건과 관계가 적은 것은?

(1) Right Project   (2) Right People   (3) Right Presentation   (4) Right Support

7. 6시그마 품질개선 영역과 관계가 있는 것은?

(1) 제조 부문   (2) 서비스 부문   (3) 금융 부문   (4) 공공 부문   (5) 모두

8. 6시그마 벨트(Belt) 구조에 대한 설명으로 틀린 것은?

(1) 벨트 구조는 GB – BB – MBB – Champion으로 구성되어 있다
(2) FEA는 프로젝트의 재무성과를 검증한다
(3) MBB는 개선 팀의 팀원으로 프로젝트에 참여한다
(4) 벨트 구조는 태권도장의 띠와 유사한 개념이다

9. 6시그마 보상방법과 거리가 먼 것은?

(1) 프로젝트 성과보상과 벨트 취득보상으로 구별할 수 있다
(2) 프로젝트의 효과는 정량적 효과와 정성적 효과로 구분한다
(3) 성과 보상방법은 금전적 보상과 비금전적 보상으로 구분할 수 있다
(4) 보상 대상은 프로젝트 리더인 BB 이며, 팀원 GB는 해당사항이 없다

10. 1.5 shift와 관련이 없는 것은?

(1) 장기와 단기의 공정능력 차이이다
(2) 6시그마 = 3.4PPM은 단기능력이다
(3) 공정이 이상적인 상태에 있을 때 짧은 기간의 능력을 단기능력이라 한다
(4) 장기간에 걸쳐 실질적인 능력을 장기능력이라 한다

11. 프로세스의 복잡성과 누적수율(RTY)의 설명으로 맞는 것은?

(1) 프로세스가 복잡할수록 누적수율이 높아진다
(2) 프로세스가 복잡할수록 누적수율이 낮아진다
(3) 프로세스가 단순할수록 누적수율이 낮아진다
(4) 프로세스의 복잡성과 누적수율은 관련이 없다

12. 품질비용(COPQ)과 관련이 적은 것은?

(1) 품질비용의 구조는 빙산에 비유된다
(2) 수면 위보다 수면 아래에 있는 것이 더 복잡하다
(3) 품질수준이 높을수록 비용이 증가한다
(4) 품질비용은 예방비용, 검사비용 및 실패비용 등으로 구성된다

13. 다음 중 6시그마 품질수준을 가장 잘 나타낸 것은 무엇인가?
 (단, 1.5 시그마 변동을 고려할 경우)

(1) 100PPM   (2) 99%   (3) 무결점   (4) 3.4 DPMO

14. 6시그마 인프라와 관련이 적은 것은?

(1) 6시그마 운영규정   (2) 6시그마 KMS   (3) 6시그마 평가 및 보상규정   (4) 6시그마 PMS

15. 품질비용에 대한 관점의 변화와 관련이 적은 것은?

(1) 기존의 품질개념은 품질을 개선하려면 비용이 증가한다
(2) 새로운 품질개념은 품질이 개선되면 비용도 감소한다
(3) 품질을 향상하는 것이 장기적으로 비용을 줄이는 것이다
(4) 예방 품질관리 활동에서 사후 품질관리 활동으로 변화 중이다

16. 6시그마 개선방향과 관련이 적은 것은?

(1) 평균값이 목표를 벗어나면 치우침을 개선한다
(2) 산포가 커서 규격을 벗어나면 산포를 개선한다
(3) 규격이 좁아 규격을 벗어나면 규격을 넓힌다
(4) 치우침과 산포를 동시에 개선하는 경우도 있다

17. 6시그마 경영의 역사와 관련이 적은 것은?

(1) 1987년 모토롤라에서 생산부문의 품질을 획기적으로 개선하기 위해 시작했다
(2) 1995년 GE가 도입하면서 경영의 전 부문으로 확산되었다
(3) 한국은 1997년경 LG전자, 삼성SDI 등이 처음으로 도입했다
(4) 한국에서는 제조 부문 중심으로 운영되고 있다

18. 6시그마 방법론에 대한 설명 중 틀린 것은?

(1) DMAIC는 Define-Measure-Analyze-Improve-Control의 약자이다
(2) DMADV는 Define-Measure-Analyze-Design-Verify의 약자다
(3) DMADV는 공공부문에서 고객의 요구를 만족시키고자 할 때 적용한다
(4) DMAIC는 현재의 제품 및 프로세스가 고객의 요구를 만족하지 못할 때 적용한다

19 벨트제도란 6시그마경영을 체계적이고 연속적으로 추진하기 위한 인적자원의 계통을 의미한다. 벨트의 역할과 관련없는 것은?

(1) 프로젝트의 재무성과 합의 및 검증
(2) 교육과 프로젝트 수행을 통하여 성공사례 전파
(3) 프로젝트에서 사용되는 제반 스킬을 이해하고 적용함
(4) 개선된 프로젝트가 지속적으로 유지되도록 관리함

20 생존의 기회를 상실하는 이유와 관련이 적은 것은?

(1) 현재 처해있는 위치/상황을 인식하지 못하는 경우
(2) 상황을 인식하나 앞으로 자신이 나가야 할 방향을 모르는 경우
(3) 경쟁 회사의 전략을 모르는 경우
(4) 상황을 인식하고 나아갈 방향을 알지만 현재 자신의 위치에서 목표를 향해 나가야 할 방법을 모르는 경우

21 6시그마의 정의에 대한 설명으로 올바른 것은?

(1) 양쪽 규격 사이에 6개의 표준편차가 들어가도록 산포를 획기적으로 줄이는 개념이다
(2) 한쪽 규격과 중심까지의 거리에 6개의 표준편차가 들어가도록 공정의 표준편차를 획기적으로 줄이는 개념이다
(3) 양쪽 규격 사이에 6개의 표준편차가 들어가도록 평균을 조정하는 개념이다
(4) 양쪽 규격 사이에 6개의 평균이 들어가도록 산포를 획기적으로 줄이는 개념이다

22 6시그마의 목적은 진화를 거듭해 오고 있다. 거리가 먼 것은?

(1) 불량제거   (2) 비전수립   (3) 고객만족   (4) 재무성과

23. 6시그마 방법론에 대한 설명으로 올바른 것은?

(1) DFSS는 제품 또는 서비스를 설계하는 방법론이다
(2) DMAIC는 제품 또는 서비스를 설계하는 방법론이다
(3) DIDOV는 사무업무의 프로세스를 설계/재설계하는 방법론이다
(4) DMADV는 연구개발 분야에서 신규제품을 개발하는 방법론이다

24. 6시그마 경영의 정의와 관련이 적은 것은?

(1) 기업의 전략관점에서 품질향상을 통한 고객만족이다
(2) 통계적 관점에서 우리의 위치와 방향인식을 위한 비교의 척도이다
(3) 철학적 관점에서 사고방식, 일하는 방식의 전환을 요구한다
(4) 프로세스 관점에서 문제해결방법론을 제시한다

25. 다음은 6시그마에 대한 잘못된 시각을 나열한 것이다. 관련이 없는 것은?

(1) 6시그마는 제조현장을 위한 프로그램이다
(2) 6시그마는 미국방식의 개선활동으로 우리 실정에 안맞다
(3) 6시그마는 SPC(통계적 공정관리)의 발전된 개념이다
(4) 6시그마는 3개년 이상 중장기 로드맵 하에서 실행해야 한다

26. 6시그마 추진의 성공조건과 거리가 것은?

(1) 기업의 전략 목표와 연계되는 과제를 선정해야 한다
(2) 과제수행을 담당하는 헌신적이며 열정이 넘치는 GB/BB의 차출과 이들을 교육 훈련시키는 체계가 필요하다
(3) 과제수행 중에 직면하는 여러 상황을 극복하기 위해 강력한 운영체계를 구축해야 한다
(4) 과제완료 후에는 곧바로 성과보상을 실시함으로써 동기부여를 충족시킨다

27 6시그마 벨트구조에서 각 벨트별 역할정의가 잘못된 것은?

(1) GB는 6시그마 활동에 필요한 기초지식을 바탕으로 프로젝트 팀원으로 참여한다
(2) BB는 프로젝트 실행능력을 보유하고 프로젝트 팀을 이끈다
(3) MBB는 6시그마 전문지식을 전파하고 챔피언을 보좌한다
(4) Champion은 재무평가 전문가로 프로젝트 재무성과의 합의 및 검증한다

28 변화에 따라 사람들은 몇 개의 집단으로 분류된다. 설명으로 틀린 것은?

(1) 변화주도 집단과 이들을 추종하는 집단이 있다
(2) 변화반대 집단과 이들을 추종하는 집단이 있다
(3) 나머지 대다수는 변화를 수용하는 집단이다
(4) 나머지 대다수는 중도입장의 집단이다

29 챔피언의 리더십과 거리가 먼 것은?

(1) 프로젝트 담당자에게 필요한 자원을 적시에 할당한다
(2) 타 부문과 의견충돌이 발생하면 앞장서서 해결한다
(3) 프로젝트가 일정 내 완수될 수 있도록 프로젝트 추진에 우선순위를 부여한다
(4) 프로젝트 진행과정에서 진행점검 등 보고회를 생략하고, 완료된 후 간단히 결재하는 수준으로 마무리한다

[정의 단계]

1. 브레인스토밍의 규칙 4가지에 해당하지 않는 것은?

(1) 양보다 질을 추구 (2) 자유분방 (3) 비판엄금 (4) 시간 제한

2. BSC 관점의 Big Y 전개에 대한 설명으로 잘못된 것은?

(1) BSC는 Balanced Score Card의 약자로 균형 잡힌 성과지표라고 한다
(2) BSC 관점이란 구매, 생산, 영업, 연구개발 관점을 말한다
(3) Big Y란 사업전략과 연관된 전략과제를 말한다
(4) Big Y 전개란 전략과제로부터 시작하여 과제의 규모를 분해해 나가는 과정으로 궁극적으로 BB/GB 과제까지 분해한다

3. 지난 1년간 고객클레임이 2배 증가되어 6시그마 프로젝트를 추진하기로 결정했다. 다음 설명 중 정의단계에서 적합하지 않은 것은?

(1) CTQ는 고객 클레임이다
(2) 과거 3개년 정도의 고객클레임 분석이 필요하다
(3) 고객클레임에 따른 재무효과 분석이 요구된다
(4) 고객클레임의 원인분석이 선결되어야 한다

4. 잘 정의된 프로젝트에 대한 설명 중 올바르지 않은 것은?

(1) CTQ는 측정 가능해야 하다
(2) 고객 CTQ와 명확히 직결되어 있다
(3) 문제의 범위는 가능한 넓어야 한다
(4) 해결하고자 하는 문제가 팀원의 직무, 목표와 직결되어 있다

5 정의단계에서 고객의 소리(VOC)를 청취하는 도구로 적합하지 않은 것은?

(1) 브레인스토밍   (2) NGT   (3) 특성요인도   (4) 고객설문조사

6 고객의 관점에서 품질에 결정적인 영향을 미치는 중요한 요소를 무엇이라고 합니까?

(1) TP-Management   (2) CRM   (3) BPR   (4) CTQ

7 Define 단계에서의 설명이 아닌 것은?

(1) 문제의 인과관계 설명   (2) 문제점 정의   (3) 프로젝트 구체화   (4) 목표 수립

8 정의 단계의 도구와 거리가 먼 것은 무엇인가?

(1) NGT   (2) Big Y 전개   (3) QFD   (4) MSA

9 프로젝트를 선정하는 기준이 아닌 것은?

(1) 사업영향도   (2) 고객영향도   (3) 시급성   (4) 실패할 가능성

10 프로젝트의 평가기준과 거리가 먼 것은?

(1) 효과 파악이 가능한가?
(2) 실행 가능성이 높은가?
(3) 개선 범위를 한정할 수 있는가?
(4) 개선 아이디어를 쉽게 낼 수 있는가?

11. 우리의 영업력은 지속적으로 하락하여 영업부에 접수되는 구매요구가 주 16건 이 었으나, 2011년에는 평균 10회 이하로 줄었다. 다음 설명 중 정의단계에 적합하지 않은 것은?

(1) 구매요구 건수의 변화추이를 확인하기 위해 지난 3년간 자료를 수집한다
(2) CTQ는 구매요구 건수를 늘리는 것이다
(3) 구매요구 건수를 늘리기 위한 아이디어 도출이 필요하다
(4) 합리적인 목표설정을 위해 타사를 벤치마킹 한다

12. CTQ(Critical To Quality)의 특징에 대한 설명으로 틀린 것은?

(1) 가시적이고 고객에게 중요하다
(2) 측정 가능하여야 한다
(3) 허용범위(Spec.)가 정의되어야 한다
(4) 소수의 핵심 품질특성보다는 다수의 주변 품질특성을 반영한다

13. 올바른 프로젝트(과제)와 거리가 먼 것은?

(1) 챔피언이 승인하는 것
(2) 추진기간이 4~6개월 정도 소요되는 것
(3) 회사의 비전, 전략 등과 연계되는 것
(4) 전체 생산라인이나 회사 전체의 수익성 향상

14. 다음 중 프로젝트 실행계획서 작성에 대한 설명으로 맞지 않는 것은?

(1) 프로젝트 발굴을 위한 핵심적인 활동이 된다
(2) 핵심 프로젝트 선정을 위한 경영진의 검토 자료가 될 수 있다
(3) 프로젝트 범위, 기대효과, 팀원 등의 내용이 포함될 수 있다
(4) 프로젝트 실행계획서는 Define 단계 이후에도 수정이 가능하다

15. 프로젝트 평가방법인 SMART 기준에 대한 설명으로 거리가 먼 것은?

(1) Specific : 추진계획서가 얼마나 구체적인 것인가?
(2) Measurable : CTQ는 측정 가능한 지표인가?
(3) Aggressive and Attainable : 목표는 공격적이고 달성가능한가?
(4) Relevant : 경영 목표에 관련 있는가?
(5) Target : 목표는 도전적으로 설정되었는가?

16. 고객은 프로세스의 결과물을 받는 사람 또는 회사로 '내부고객'과 '외부고객'으로 구분한다. 내부고객에 대한 설명으로 거리가 먼 것은?

(1) 프로세스에서 창출되는 정보, 서비스 또는 자재를 제공받는 사내의 부서 또는 직원이다
(2) 내부고객은 우리가 사업 목표를 달성할 수 있는 원천이다
(3) 내부고객은 우리가 만든 제품 또는 서비스를 사용한다
(4) 내부고객은 우리들의 인풋을 가지고 자신의 아웃풋으로 변환한다

17. 모든 고객이 같은 가치를 창출하는 것은 아니다. 따라서 성장기회의 발견, 경쟁우위의 확보 및 핵심고객의 유지를 통한 수익 창출을 위해서는 고객 세분화 정책이 필요하다. 고객 세분화 정책의 필요성과 거리가 먼 것은?

(1) 고객의 기대사항이 고객 집단별로 다르기 때문에
(2) 마케팅/영업 자원의 최적 활용을 위해
(3) 기술력/품질의 강·약점을 분석하기 위해
(4) 수익의 상당 부분이 전체 고객 중 극히 일부분의 집단으로부터 창출되기 때문에

18. 고객이 원하는 것을 파악하기 위한 방법과 거리가 먼 것은?

(1) 고객이 프로세스로부터 원하는 것이 무엇인지 질문하고, 확인하는 것에서 출발한다
(2) 고객이 원하거나 요구하는 것을 이미 안다고 가정해서는 안된다
(3) 고객요구를 파악/평가하기 위해서는 가장 최근의 정확한 자료와 이해에 기초해야 한다
(4) 고객은 고품질, 저비용에 대해서는 항상 만족한다

19. 고객의 소리(VOC)를 경청해야 하는 이유가 아닌 것은?

(1) 고객의 요구사항을 충족시키는 방법에 대해 신뢰할 수 있는 정보는 오직 고객만이 제공한다
(2) 기업의 비전에 중요하다
(3) 기업의 효과적인 운영에 중요하다
(4) 고객의 등급을 구분하여 차별화된 서비스를 제공하는 것이 중요하다

20. 6시그마 과제 선정방법과 관련이 없는 것은?

(1) Big Y 전개 (2) QFD (3) DOE (4) FMEA

21. NGT(Nominal Group Technique, 명목집단기법)는 아이디어 창출과 그룹의 공감대 형성을 위한 효과적이고 효율적인 방법으로서 다음과 같은 경우 의사결정의 합의를 이루는 데 유용하다. 거리가 먼 것은?

(1) 일부 혹은 모든 팀원이 함께 일을 해 본 적이 없을 때
(2) 수행할 프로젝트의 문제에 대한 잠재적인 원인을 찾을 때
(3) 안건이 복잡하고 논쟁의 여지가 많을 때
(4) 대안의 우선순위를 정할 때

22. KANO 분석에서 고객요구사항의 형태가 아닌 것은?

(1) 기본요소(Must-be) (2) 성과요소(Primary)
(3) 환희요소(Delighter) (4) 품질요소(Quality)

23 설문조사는 다수로부터 많은 양의 정보를 경제적으로 수집하는 데 사용한다. 질문할 때 단어의 선택과 거리가 먼 것은?

(1) 단어는 쉽고, 직접적이고, 모든 사람에게 친숙한 것이어야 한다
(2) 애매모호한 단어는 사용하지 말아야 한다
(3) 지나친 강조, 유도 질문을 하지 말아야 한다
(4) 한꺼번에 두 가지의 질문을 해서 설문조사를 빨리 끝내야 한다

24 설문조사에서 질문의 순서에 따라 설문결과가 영향을 받기도 한다. 질문의 순서에 대한 설명 중 잘못된 것은?

(1) 처음에는 쉽고 부담 없는 질문으로 시작한다
(2) 새로운 주제로 넘어갈 때에는 설문 작성자가 모르게 한다
(3) 광범위한 질문에서 시작하여 구체적인 질문으로 좁혀간다
(4) 민감하거나 답하기 어려운 질문들은 뒷부분에 배열한다

25 측정지표인 특성치의 종류와 관련이 없는 것은?

(1) 망소 특성(Smaller)   (2) 망중 특성(Center)
(3) 망대 특성(Larger)   (4) 망목 특성(Nominal)

26 KANO 분석에서 고객 요구사항은 모든 고객에게 동일하게 중요한 것은 아니다. 요구사항이 충족될수록 만족감이 비례적으로 증가하는 요소는 무엇인가?

(1) 기본요소   (2) 성과요소   (3) 환희요소   (4) 품질요소

27 현상 및 개선기회 기술 또는 프로젝트 선정배경에 대한 설명과 거리가 먼 것은?

(1) 무엇이 잘못되었고, 무엇이 잘 안되고 있는가?
(2) 이 문제로 고객이 받는 "고통"과 사업에 미치는 영향은 무엇인가?
(3) 이 문제 해결을 위해 우리는 무엇을 할 수 있는가?
(4) 이 문제를 부각시키는 것이 전략적으로 의미가 있는가?

28 CTQ의 정의 또는 특징과 거리가 먼 것은?

(1) 고객관점을 중시한다
(2) 관리 가능하다
(3) 애매하고 감정적인 형태를 갖는다
(4) 규격(결함)을 정의할 수 있다

29 다음은 6시그마의 어떤 단계에 대한 설명인가?
고객의 관점에서 현재 우리의 문제점이나 개선의 기회를 찾는 단계이다. 고객이 중요하게 생각하는 가치로서의 CTQ들을 정의하여 문제를 명확히 하고, 프로젝트의 목표 및 범위 설정과 개선활동을 위한 시간계획을 수립한다.

(1) 정의단계   (2) 측정단계   (3) 분석단계   (4) 개선단계   (5) 관리단계

30 CTQ 도출과 거리가 먼 것은?

(1) 시장조사나 품질기능전개(QFD) 등을 통해 확인되는 고객들의 중요품질 특성
(2) FMEA에서 밝혀진 높은 위험도(RPN)를 내포하는 특성
(3) 측정이 곤란하지만, 경영관점에서 중요한 특성
(4) 결함 감소를 통해 충분한 경제적 효과를 얻을 수 있는 특성

31 로직 트리는 문제를 해결하는 과정에서 문제의 원인을 추구하거나 해결책을 생각할 때 사고의 넓이와 깊이를 논리적으로 파악하기 위한 기본적인 기술이다. 로직 트리를 만드는 기본 3가지와 관련이 없는 것은?

(1) 로직 트리의 모양이 상하좌우로 균형이 잘 잡혀 있는가?
(2) 각 레벨(수준)이 가능한 MECE 한가?
(3) 트리의 오른편이 구체적인 원인과 해결책으로 되어 있는가?
(4) 구체적인 원인과 해결책이 로직의 인과관계로 주요 과제와 연결되어 있는가?

32 다음 중 결함(Defect)과 관련이 적은 것은?

(1) 고객 불만족을 유도하는 모든 것
(2) 정해진 기준에 불일치하는 모든 것
(3) 고객의 소리에 대한 모든 것
(4) 사람이나 제품이 정상적 프로세스를 벗어나게 하는 모든 것

33 NGT(명목그룹기법)에서 우선순위 결정방법 중 틀린 것은?

(1) 7장의 카드 중에서 가장 중요한 것을 골라 7이라고 기록한다
(2) 나머지 6장 중에서 다음으로 중요한 것에 6-5-4-3-2-1 순으로 점수를 부여한다
(3) 점수가 높은 항목을 우선순위로 정한다
(4) 점수가 동일한 경우 투표자가 많은 항목을 우선순위로 선정한다

34 Wrong Project(나쁜 과제)와 거리가 먼 것은?

(1) 사업상의 효과가 적거나 없음
(2) 요구되는 노력이 큰 것
(3) 챔피언이 지시한 것
(4) 성공 가능성이 희박한 것

35. 로직트리(Logic Tree)에 대한 설명으로 거리가 먼 것은?

(1) 프로세스 분석으로 아이디어의 우선순위를 결정하는 도구이다
(2) 논리적 사고의 촉진 및 폭넓은 아이디어를 창출할 수 있다
(3) 논리적/효과적인 분석을 위해 주요항목을 Tree 형태로 분해한 것이다
(4) 많은 경우 특성요인도보다 더 집중하여 원인－결과의 관계를 찾게 해준다

36. 프로세스 매핑의 장점과 거리가 먼 것은?

(1) 복잡한 프로세스를 단순하고 명백한 형태로 유도하는 시스템적 사고의 증대로 개선 착안점을 찾을 수 있는 기초를 제공한다
(2) 업무들이 어떻게 서로 연결되어 있고, 누가 관련되어 있는지 보는데 도움이 된다
(3) 어느 부문에서 활동이 제거, 결합, 단순화될 수 있는지 식별하는데 도움을 준다
(4) 이론적인 프로세스의 제시로 전체를 개략적으로 파악할 수 있다

37. 고객의 요구사항을 회사의 관리항목으로 체계적으로 변환하는 방법으로 1960년대에 후반 일본의 미쓰비시 중공업 고베 조선소에 처음 사용된 기법은?

(1) QFD　　　　(2) FMEA　　　　(3) FTA　　　　(4) NGT

38. 추진계획서 작성시 프로젝트의 범위와 관련이 적은 것은?

(1) 프로세스의 시작점과 끝점
(2) 프로젝트에 포함되어야 할 업무 부문
(3) 어떤 제약조건 하에서 활동이 이루어지는가?
(4) 개선 팀이 달성하고자 하는 목표

39 로직트리(Logic Tree)의 MECE에 대한 설명으로 적합하지 않은 것은?

(1) Mutually Exclusive & Collectively Exhaustive
(2) 중복없이 빠짐없이
(3) 트리의 동일수준에서 상호 관련성
(4) 트리에서 원인과 결과 간의 인과관계

40 프로세스 매핑 중 SIPOC에 대한 설명으로 다른 것은?

(1) 프로세스 맵은 하나의 프로세스가 어떻게 수행되는가를 보여주는 그림이다
(2) Supplier-Input-Process-Output-Customer의 약자이다
(3) 내부 및 외부 프로세스 분석을 통한 프로젝트의 범위를 명확히 한다
(4) 고객이 프로세스 경과에 대해 원하는 수준을 정량화 시켜 나타낸 것이다

41 브레인스토밍은 아이디어와 창의적 생각을 필요로 하는 모든 시점에서 사용 가능한데, 거리가 먼 것은?

(1) 안건이 복잡하고 논쟁의 여지가 많을 때
(2) 수행할 프로젝트의 문제에 대한 잠재적인 원인을 찾을 때
(3) 문제해결과정의 단계에서 개선방법을 고안할 때
(4) 발표문을 작성하기 위한 내용을 토의할 때

[측정 단계]

1. 관측되는 변동은 실제 프로세스의 변동과 측정변동으로 나누어질 수 있다. 다음 중 측정시스템이 적절한 변별력을 갖추고 있는가를 분석하기 위한 것은?

(1) Gage R&R 분석　　(2) RSM 분석　　(3) Multi-Vari 분석
(4) DOE 분석　　(5) KANO 분석

2. 데이터 분석 결과 정규성을 따르지 않는 경우, 고려해야 할 사항으로 거리가 먼 것은?

(1) 측정시스템의 신뢰성을 검토한다
(2) 이상점(Outlier)이 있는지 알아본다
(3) 샘플의 크기가 적절한지 확인한다
(4) 정성적 분석을 실시한다

3. 시그마수준을 계산하기 곤란한 경우는?

(1) 장기간의 안정적인 데이터를 수집
(2) 1년 동안 1개의 샘플 수집
(3) 1주일 동안 10개의 샘플 수집
(4) 1일 동안 100개의 샘플 수집

4. 길동이는 10년째 같은 집에서 출근하고 있다. 출근시간의 평균은 30분이고 표준편차는 5분이라고 한다. 길동이의 출근시간이 40분 이상 걸릴 확률은 얼마인가?
(단, $P(Z \leq 1)=0.8413$, $P(Z \leq 2)=0.9772$)

(1) 0.0228　　(2) 0.9772　　(3) 0.8413　　(4) 0.1587

5 다음 설명 중 틀린 것은?

(1) 평균이 같고 분산이 다른 두 정규분포의 모양은 같다.
(2) 하루 동안 고장나는 기계대수는 포아송 분포를 따른다.
(3) 정규성 검정에서 P-Value가 α(일반적으로 0.05)보다 작으면 정규분포가 아니라고 한다.
(4) 분포의 중심위치는 산술평균, 중앙값, 최빈값 등을 사용한다.

6 데이터 수집시 유의할 점이 아닌 것은?

(1) 데이터 수집을 단순화시켜야 한다.
(2) 데이터의 일관성을 유지해야 한다.
(3) 데이터의 수집을 용이하게 한다.
(4) 데이터 수집의 변동이 가능한 커야 한다.

7 프로세스의 공정능력 분석에 대한 설명 중 옳지 않은 것은?

(1) 해당 프로세스가 성과 기준을 얼마나 만족하고 있는지 확인
(2) Measure 단계에서 프로젝트 Y's의 현재 수준 지표화
(3) 프로젝트 Y's에 대한 시그마수준 산출을 통한 현재 프로세스의 수준 결정
(4) 공정능력은 장기능력과 단기능력으로 구분하며, 일반적으로 장기능력이 단기능력보다 큰 값을 갖는다.

8 아래의 내용 중 설명이 올바르게 기술된 것을 고르시오.

(1) Box Plot의 중심선은 평균값이다.
(2) 정규분포곡선은 평균과 표준편차만 있으면 그릴 수 있다.
(3) 정규성 검정을 통하여 P-Value가 0.05보다 크면 데이터는 정규분포를 하지 않는다.
(4) 중앙값은 데이터의 퍼진 정도를 측정하는 지표이다.

9. MSA분석 결과 중 계측기의 변동과 거리가 먼 것은?

(1) 반복성   (2) 재현성   (3) 안정성   (4) 선형성

10. 다음은 6시그마의 어떤 단계에 대한 설명인가?
이 단계는 CTQ에 대한 성과를 측정하기 위해 일관성 있고 구체적인 수단을 결정한다. 측정치에 대한 결함을 정의한다. 측정과정에 있어 문제점을 파악하여 측정방법을 검증한다. 현재의 결함수준을 시그마로 평가하고 개선방향을 설정한다.

(1) 정의단계   (2) 측정단계   (3) 분석단계   (4) 개선단계   (5) 관리단계

11. 결함 기회가 5인 제품을 100단위 검사한 결과 5개소의 결함을 발견했다. 시그마 수준(Zlt)은 얼마인가?
단, $P(Z \leq 2.33)=0.99$
$P(Z \leq 2.58)=0.995$
$P(Z \leq 1.65)=0.95$

(1) 2.33   (2) 2.58   (3) 1.65   (4) 정답 없음

12. 다음 중 측정 단계에서 사용하는 도구가 아닌 것은?

(1) 벤치마킹   (2) Gage R&R   (3) QFD   (4) Capability Analysis

13. 다음 중 평균을 나타내는 척도가 아닌 것은?

(1) 산술평균   (2) 중앙값   (3) 최빈값   (4) 이동범위

14. 반복측정 시에 발생하는 측정변동으로 한 사람의 측정자가 동일특성에 대하여 동일한 계측기로 반복 측정할 때 얻어지는 변동을 무엇이라 하는가?

(1) 반복성(Repeatability) (2) 재현성(Reproducibility)
(3) 안정성(Stability) (4) 선형성(Linearity)

15. 다음 중 산포를 나타내는 척도가 아닌 것은?

(1) Sigma (2) Variance (3) Median (4) Range

16. 산포와 시그마수준의 관계에 대한 설명 중 올바른 것은 무엇인가?

(1) 산포가 클수록 불량이 높다
(2) 산포가 클수록 시그마수준이 높다
(3) 불량과 시그마수준은 관련이 없다
(4) 산포와 시그마수준은 관련이 없다

17. 양적/질적 데이터로 구분하며 이들을 측정하는 척도와 거리가 먼 것은?

(1) 명목 척도 (2) 순서 척도 (3) 비율 척도 (4) 평균 척도

18. 모집단에 대한 어떤 정보를 얻고자 할 때 표본추출을 하는 이유가 아닌 것은?

(1) 시간적 제한 (2) 경제적 제한
(3) 전수검사의 불능 (4) 검사의 신뢰성 확보

19 정규분포의 특징이 아닌 것은?

(1) 평균치를 중심으로 좌우 대칭이다.
(2) 곡선은 평균치의 근처에서 높고 양측으로 갈수록 낮아진다.
(3) 평균치가 곡선의 모양을 결정한다. 즉, 평균치의 값이 크면 곡선은 평평하여지고 평균치의 값이 작으면 좁고 높아진다.
(4) 정규분포의 어느 구간을 취할 때 그 속에 포함된 전체에 대한 비율을 그 면적의 크기로 알 수 있다

20 샘플링 시 고려 사항이 아닌 것은?

(1) 샘플이 모집단을 대표하는가?
(2) 샘플이 랜덤하게 추출되었는가?
(3) 데이터가 추출될 확률이 동일한가?
(4) 모집단의 크기가 얼마나 큰가?

21 공정능력 지수에 대한 설명과 거리가 먼 것은?

(1) 공정이 불안한 상태에 있을 때 규격에 만족하는 제품을 생산하고 있는지를 평가하는 척도
(2) 허용되는 범위에 대한 실제범위의 크기
(3) 규격대비 공정으로부터 얻은 데이터의 산포
(4) 고객이 원하는 것 대비 고객이 실제로 갖는 것

22 장기 공정능력과 거리가 먼 것은?

(1) 공정에 외부적인 영향이 있는 충분히 긴 기간의 자료가 필요
(2) RTY(누적수율)는 일반적으로 장기간의 공정능력이다
(3) 최적조건에서의 공정능력
(4) 장기 공정능력을 개선하기 위해 공정관리가 필요

23 계량형 측정시스템의 능력판단의 주요지표가 아닌 것은?

(1) 허용오차율 (%Tolerance) (2) 기여도율 (%Contribution)
(3) 판별지수 (Discrimination Index) (4) 일치율 (Agreement)

24 측정된 총변동과 관계가 없는 것은?

(1) 군내 변동 (2) 군간 변동 (3) 측정자 변동 (4) 오차 변동

25 김대리는 주간 결산보고서 작성업무를 하고 있는데, 보고서 작성의 오류 정도를 측정해 보고자 한다. 보고서는 총 5페이지로 되어 있으며 1페이지를 하나의 결함기회로 간주하기로 하였다. 지난 20주간 작성된 20개의 보고서에 대하여 조사 결과 10개의 결함(오류)을 발견하였다. DPO는 얼마인가?

(1) 1/10 (2) 1/2 (3) 1/100 (4) 1/20

26 샘플링 방법에 대한 설명 중 맞는 것은?

(1) 안정적인 프로세스는 빈번한 측정이 필요하다
(2) 불안정한 프로세스는 덜 빈번한 측정이 필요하다
(3) 안정적인 프로세스는 합리적인 부분 군의 결정이 중요하다
(4) 불안정한 프로세스는 합리적인 부분 군의 결정이 중요하다

27 샘플링 방법 중 랜덤 샘플링이 아닌 것은?

(1) 단순 랜덤 샘플링 (2) 계통 샘플링 (3) 층별 샘플링 (4) 지그재그 샘플링

28 측정시스템 분석에서 '서로 다른 측정자가 동일부품의 동일특성에 대하여 동일 계측기로 반복측정 할 때 얻어지는 변동'을 무엇이라 하는가?

(1) 반복성   (2) 정확성   (3) 재현성   (4) 안정성

29 '모집단의 크기 N의 서브 로트가 M개로 구성되어 있는 로트에서 랜덤하게 m개를 샘플링하고, 그 m개의 각각에서 n개를 샘플링하는 방법'을 무슨 샘플링이라고 하는가?

(1) 이단계 샘플링   (2) 계통 샘플링   (3) 층별 샘플링   (4) 취락 샘플링

30 수집된 자료가 비정규분포일 때, 처리방안과 거리가 먼 것은?

(1) 데이터 수집과정을 검토   (2) 이상점이 있는지 확인
(3) 필요시 데이터 조작을 시도   (4) 데이터 변환을 시도

30 측정시스템 분석에서 "나쁜 게이지"의 영향이 아닌 것은?

(1) 품질비용에 영향을 줄 수 있다
(2) 양품이지만 불량으로 판정할 수 있다
(3) 불량을 불량으로 판정하는 능력이 높다
(4) 불량이지만 양품으로 판정할 수 있다

32 샘플링 방법 중 특수 샘플링이 아닌 것은?

(1) 이단계 샘플링   (2) 계통 샘플링   (3) 층별 샘플링   (4) 취락 샘플링

33 측정시스템의 기본요건에 대한 설명이다. 틀린 것은?

(1) 측정시스템은 통계적으로 관리되어야 한다
(2) 측정시스템의 산포는 프로세스의 산포보다 작아야 한다
(3) 측정시스템의 산포는 규격의 공차보다 작아야 한다
(4) 측정시스템의 최소 측정단위는 규격공차와 같아야 한다

34 비(非) 정규분포를 정규분포로 가정하여 공정능력을 구하면 무슨 문제가 발생하는가? 가장 적합한 것을 고르시오.

(1) 실제 능력보다 높게 평가한다
(2) 실제 능력보다 낮게 평가한다
(3) 실제 능력과 다르게 평가한다
(4) 실제 능력과 비슷하게 평가한다

35 다음 중 "Defect(결함)"에 대한 설명 중 틀린 것은?

(1) 고객 불만족을 유도하는 모든 것
(2) 정한 기준에 일치하지 않는 모든 것
(3) 제품이나 서비스가 고객의 요구사항을 충족시키지 못하는 것
(4) 공정의 복잡함을 표현하는 것

36 계수형 데이터의 시그마수준을 구하는 공식 중 "DPO"에 대한 설명과 다른 것은?

(1) Defects Per Opportunities의 약자
(2) 한 개의 Unit에 존재하는 기회의 수와 비교한 Unit에 존재하는 Defect의 수
(3) 전체 Unit에 존재하는 총 Defect의 수
(4) 전체 기회의 수 대비 총 Defect의 수

37 다음 중 벤치마킹의 종류가 아닌 것은?

(1) 내부적 벤치마킹(Internal)
(2) 경쟁사 벤치마킹(Competitive)
(3) 통계적 벤치마킹(Statistical)
(4) 기능적 벤치마킹(Functional)

38 측정 단계의 다음 각 설명 중 틀린 것은 무엇인가?.

(1) 공정능력은 프로세스가 성과기준을 얼마나 충족하고 있는가를 나타내는 지수이다
(2) 측정시스템 능력판단의 주요지표는 허용오차율, 기여도율 및 판별지수가 있다
(3) 측정단계는 현재의 결함수준을 시그마로 평가하고, 개선방향을 설정한다
(4) 표본 중에 포함된 불량품의 수는 이항분포를 따른다
(5) 시그마 수준은 계량치 데이터에서만 측정 가능하다

39 개선목표의 설정에 대한 설명 중 다른 하나는?

(1) 경쟁우위를 확보할 수 있도록 과감하고 혁신적으로 설정한다
(2) 효과의 크기보다는 달성도, 달성율에 더 큰 관심을 둔다
(3) 가능한 한 목표는 계량화된 수치로 표현한다
(4) 최소한 현 수준보다 50% 이상 혁신할 수 있는 목표로 설정한다

40 수율의 종류에 대한 설명이다. 틀린 것은?

(1) First Time Yield (FTY) : 개별공정의 재작업 없는 수율
(2) Rolled Throughput Yield (RTY) : 하나의 제품이 전 공정을 단 한 개의 불량도 없이 합격될 확률
(3) Normalized Yield (정규 수율) : 연속되는 공정의 평균 수율
(4) RTY는 평균 수율보다 높으므로 평균 수율을 기준으로 시그마수준을 산정한다

41 이산형 데이터의 시그마수준 산정시 기회(Opportunity)를 고려하는 이유는?

(1) 이항분포의 특성을 반영하기 위하여
(2) 정규분포의 특성을 반영하기 위하여
(3) 프로세스의 복잡성을 반영하기 위하여
(4) 서브 프로세스를 반영하기 위하여

42 연속형 데이터의 시그마수준 산정을 위해 거쳐야 하는 절차로 올바른 것은?

(1) 정규성 검정 – 관리상태 검정 – 시그마수준 산정
(2) 관리상태 검정 – 정규성 검정 – 시그마수준 산정
(3) 관리상태 검정 – 데이터 변환 – 시그마수준 산정
(4) 정규성 검정 – 데이터 변환 – 시그마수준 산정

[분석 단계]

1. 다음은 6시그마의 어떤 단계에 대한 설명인가?
결과 변수인 CTQ(Y)에 영향을 주는 잠재원인변수(X)들을 알아내고, 원인 검증을 통하여 소수 핵심변수(Vital Few)로 좁혀 나가는 단계이다. 개선 노력을 어디에 집중할 지를 결정하기 위한 통계적 기법과 미니탭 활용 방법을 익힌다.

(1) 정의단계   (2) 측정단계   (3) 분석단계   (4) 개선단계   (5) 관리단계

2. 특성요인도는 특정한 문제(효과/결과)에 기여하는 가능한 모든 원인들을 파악하고 인과관계를 정리하여 표현하는 방법으로 다음과 같은 상황에서 유용하다. 다른 하나는?

(1) 일반적으로 팀이 문제나 기회를 결정한 후에 원인을 파악하고자 할 때
(2) 브레인스토밍 중에 모든 가능한 원인을 파악하고 정리할 때
(3) 그룹토의에서 가능한 짧은 시간 내에 많은 아이디어를 만들고자 할 때
(4) 왜 문제가 발생하는 지를 발견하고자 할 때

3. 최근의 유가 급등에 따라 주유량이 정량 미달이라는 주장이 제기되었다. 그래서 대한석유협회는 고객의 불신을 해소하기 위해 서울시내 주유소 몇 곳을 무작위로 선택하여 실제 주유량을 측정해 보기로 했다. 가장 적합한 분석 도구는 무엇인가?

(1) 2 Proportions   (2) Chi-square   (3) 2-Sample t   (4) DOE

4. 표본으로부터 주어지는 정보를 이용하여, 모수에 대한 예상, 주장 또는 단순한 추측 등의 옳고 그름을 판정하는 과정을 (   )이라 한다. 괄호에 들어갈 용어는?

(1) 추정   (2) 가설검정   (3) 관리도   (4) 회귀분석

5 1-Sample t 검정의 결과에 대한 기술로 올바른 것은?

```
Test of mu=20 vs not=20
Variable   N    Mean    StDev   SE Mean    95% CI              T      P
길이       16   13.7850  4.5450  1.1362    (11.3632, 16.2068)  -5.47  0.000
```

(1) P-Value가 0.05보다 작으므로 길이의 평균이 20과 차이가 있다
(2) P-Value가 0.05보다 작으므로 길이의 평균이 20과 차이가 없다
(3) P-Value가 0.05보다 작으므로 귀무가설을 채택한다
(4) P-Value가 0.05보다 작으므로 기존의 사실을 받아들인다

6 두 변수 간에 어떤 관계가 있는지, 얼마나 강한 관계가 있는지 알아보는 분석방법은?

(1) 상관분석   (2) 측정시스템 분석   (3) 분산분석   (4) 공정능력 분석

7 가설검정의 오류에 대한 설명으로 틀린 것은?

(1) 제1종 오류를 범할 확률을 α로 표시하고 유의수준(Significance Level)이라고 한다
(2) 제2종 오류를 범할 확률을 β로 표시한다
(3) 귀무가설 H0가 거짓임을 명확히 구분해내어 기각하는 옳은 결정을 내릴 확률(1-β)을 검정력(Power of Test)이라고 한다
(4) 귀무가설이 사실인데 귀무가설을 기각하는 오류는 제2종 과오라고 한다

8 35명의 학급에서 1학기와 2학기 성적 데이터를 수집했다. 가능한 분석절차가 아닌 것은?

(1) Box Plot   (2) 2-Sample t   (3) 2 Variances   (4) Chi-square

9. 분석단계는 잠재원인변수 X로부터 소수의 중요변수 X를 선별하는 과정이다. 다음 중 잠재원인변수 X를 나열하기 위한 분석도구에 포함되지 않는 것은?

(1) 실험계획   (2) 브레인 스토밍   (3) 특성요인도   (4) CNX 분류

10. 분석 도구에 대한 설명 중 틀린 것은?

(1) 평균차이를 검정하고자 할 때 t-검정을 사용한다
(2) 분산차이를 검정하고자 할 때 F-검정을 사용한다
(3) 비율차이를 검정하고자 할 때 카이제곱 검정을 사용한다
(4) 불량율을 검정하고자 할 때 상관분석을 사용한다

11. 다음과 같이 여러 모집단 분산의 동일성 여부를 검정하고자 할 때 사용하는 검정은?

H0 : $\sigma_1^2 = \sigma_2^2 = \sigma_3^2 = \cdots = \sigma_n^2$
H1 : 적어도 하나는 다르다.

(1) Correlation   (2) Test for Equal Variances
(3) Normality test   (4) Two-way ANOVA

12. Vital Few X's를 선정하기 위한 잠재원인 X's의 순위평가 기준에 부적합한 것은?

(1) 개선 효과   (2) 요구되는 시간 및 비용   (3) 개선 용이성   (4) 자료 신뢰성

13. 다음 중 X인자의 변화량에 따른 Y의 변화량을 예측하기 위해서 주로 사용되는 도구는?

(1) 회귀분석   (2) ANOVA   (3) 1-Proportion   (4) t-test

14. 통계적 분석도구 중 성격이 다른 하나는?

(1) 1-Sample t   (2) 1 Proportion   (3) 2 Variances   (4) ANOVA

15. 다음 중 계량형 X의 변화량에 따른 계량형 Y의 변화량을 보고자 할 때 사용되는 그래프로서 가장 적절한 것은 무엇인가?

(1) 히스토그램(Histogram)   (2) 상자 그림(Box Plot)
(3) 점 도표(Dot Plot)   (4) 산점도(Scatter Plot)

16. 회사경력과 업무처리시간과의 관계를 알아보기 위해 데이터를 수집했다. 가능한 분석절차가 아닌 것은?

(1) 산점도(Scatter Plot)   (2) 상관분석(Correlation)
(3) 모비율 검정(Proportion test)   (4) 회귀분석(Regression)

17. 기말고사 성적의 분포를 알고자 한다. 가장 적합한 도구는?

(1) 산점도   (2) 히스토그램   (3) 상자그림   (4) 원 그림

18. 분석단계는 잠재원인변수 X로부터 소수의 중요변수 X를 선별하는 과정이다. 다음 중 Vital Few X를 선별하기 위한 분석도구에 포함되지 않는 것은?

(1) Chi-square 검정   (2) t-검정   (3) F-검정   (4) CNX 분류

19. 잠재원인변수의 분류방법 중 CNX의 설명으로 맞는 것은?

(1) C (Controllable Variable) : Y에 영향을 주지만 일정조건으로 고정되어 있는 입력변수
(2) C (Constant) : 제어하기 매우 어려운 입력변수
(3) N (Noise) : 현 수준이 최적이거나 추가 개선이 불필요한 항목
(4) X (Controllable Variable) : 제어 가능한 변수

20. 원인변수에 대하여 빠른 개선실행이 가능한 항목들을 "즉시개선" 또는 "Quick Fix" 항목이라 하는데, 이의 요건이 아닌 것은?

(1) 신속히 구현할 수 있을 것
(2) 누구나 할 수 있을 것
(3) 비용이 많이 들지 않을 것
(4) 팀의 통제하에 있을 것

21. 히스토그램(Histogram)을 통해 얻을 수 있는 정보가 아닌 것은?

(1) 데이터의 전체적인 모습(모양)을 파악할 수 있다
(2) 데이터의 집중 경향을 알 수 있다
(3) 데이터의 변동성(산포)를 알 수 있다
(4) 데이터의 상관관계를 알 수 있다

22. 가설검정에서 P-Value < a(0.05)일 때 판단으로 옳은 것은?

(1) 귀무가설(H0) 기각
(2) 대립가설(H1) 기각
(3) 귀무가설(H0) 채택
(4) 차이가 없다고 판단한다

23. 상자그림(Box plot)에 대한 설명으로 적합한 것은?

(1) 박스의 크기를 보면서 산포 차이 비교가 가능하다
(2) 박스의 크기를 보면서 평균 차이 비교가 가능하다
(3) 선의 길이로부터 평균 차이 비교가 가능하다
(4) 박스의 높낮이로부터 산포 차이 비교가 가능하다

24. 평균차이 검정(2-Sample t)의 순서로 가장 적절한 것은?

(1) 등분산 검정 - 평균차이 검정 - 정규성 검정
(2) 정규성 검정 - 평균차이 검정 - 등분산 검정
(3) 정규성 검정 - 등분산 검정 - 평균차이 검정
(4) 등분산 검정 - 정규성 검정 - 평균차이 검정

25. 비율차이 검정(2 Proportions)에 대한 설명으로 틀린 것은?

(1) 두 개의 모 비율 P1, P2가 같은지 여부를 결정하는데 사용
(2) 동일한 목적으로 사용되는 두 공정의 불량율이 같은 지를 결정
(3) 이산형 데이터에 대한 분석방법이다
(4) 비정규분포 데이터에 대한 분석방법이다

26. 상관분석에 대한 설명 중 틀린 것은?

(1) 랜덤하게 변화하는 두 변수의 관련성을 연구
(2) 두 변수의 상호 관련성은 상관계수로 파악한다
(3) 상관계수의 값이 0에 가까울수록 상관관계가 크다고 판단한다
(4) 상관관계가 없다는 것은 두 변수의 선형관계가 없다는 것을 의미한다

27. 브레인 스토밍(Brain Storming)은 문제해결 팀이 가장 보편적으로 사용하는 기법으로 아이디어와 창의적인 생각들을 필요로 하는 모든 시점에서 사용할 수 있다. 다른 하나는 무엇인가?

(1) 수행할 프로젝트의 문제에 대한 잠재적인 원인을 찾을 때
(2) 데이터를 직접 구하기 곤란한 경우 팀원들의 정성적 평가로 잠재원인을 좁혀나갈 때
(3) 문제해결과정의 단계에서 개선 방법들을 고안할 때
(4) 발표문을 작성하기 위한 내용을 토의할 때

28. 다음 그래프는 미니탭에서 일반적으로 많이 사용되는 것들이다. 성격이 다른 것은?

(1) Scatter Plot(산점도)   (2) Histogram(히스토그램)
(3) Box Plot(상자 그림)   (4) Run Chart(런 차트)

29. 파레토도(Pareto chart)에 대한 설명으로 가장 적합한 것은?

(1) 첫 번째 해결 과제를 정할 때나 가장 공통적으로 발생하는 원인을 파악할 때
(2) 팀이 문제나 기회를 결정한 후에 원인을 파악하고자 할 때
(3) 평균 차이를 분석하고자 할 때
(4) 시간경과에 따른 데이터 분포의 변화를 시각적으로 나타낼 때

30. 분석단계의 잠재원인변수 나열의 순서로 적합한 것은?

(1) 브레인스토밍 – 특성요인도 – CNX 분류
(2) CNX 분류 – 특성요인도 – 브레인스토밍
(3) CNX 분류 – 브레인스토밍 – 특성요인도
(4) 브레인스토밍 – CNX 분류 – 특성요인도

31. 산점도(Scatter plot)로부터 알 수 없는 것은?

(1) 분포의 모양을 개략적으로 파악할 수 있다
(2) 직선관계 혹은 곡선관계를 검토할 수 있다
(3) 이상치(Outlier)의 유무를 파악할 수 있다
(4) 데이터의 층별 여부를 검토할 수 있다

32. 브레인스토밍의 원칙과 거리가 먼 것은?

(1) 자유분방하게 진행한다   (2) 비판은 금물이다
(3) 시간제한을 두지 않는다   (4) 질보다 양을 우선한다

33. 가설검정의 종류 중 성격이 다른 하나는?

(1) t-test   (2) ANOVA   (3) F-test   (4) Proportion test

34. 회귀분석에서 모델의 종류가 아닌 것은?

(1) 단순선형 모델   (2) 다중선형 모델   (3) 혼합 모델   (4) 비선형 모델

35. 회귀분석과 관련이 없는 것은?

(1) 변수들 간의 관련성을 규명하기 위하여 어떤 수학적 모델을 가정한다
(2) 모델을 측정된 데이터로부터 추정하는 통계적 분석 방법이다
(3) 반복된 과정을 통하여 y=f(x)의 관계를 규명하는 활동이다
(4) 추정된 모델을 사용하여 필요한 예측을 하거나 관심 있는 통계적 추론을 수행한다

36. 그래프 분석에 대한 설명으로 적합한 것은?

(1) 데이터의 시각적 표현으로 직관적 해석을 얻을 수 있다
(2) 모집단에 대하여 어떤 가설을 설정하고, 이 가설의 성립 여부를 샘플 데이터로 판단하여 통계적으로 결정을 내리는 것이다
(3) 데이터를 직접 구하기 곤란한 경우 팀원들의 정성적 평가로 잠재원인을 좁혀나간다
(4) 문제점 해결 단서는 문제점 내에 있다는 것을 명심한다

37. 분석단계에서 많이 사용하는 그래프들이다. 성격이 다른 하나는?

(1) Multi-vari chart (2) Pareto chart (3) Run chart (4) Bar chart

38. 그래프 분석은 통계적 분석 이전에 수행되는 경우가 많다. 다음 중 연결이 잘못된 것은?

(1) 히스토그램-정규성 검정   (2) 런 차트-공정능력 분석
(3) 상자그림-평균차이 검정   (4) 산점도-상관분석

39. 운전경력과 연비와의 관계를 알아보기 위해 데이터를 수집했다. 가능한 분석절차가 아닌 것은?

(1) 회귀분석 (2) Correlation (3) 2 Variances (4) Scatter Plot

40. 과거 세차 대기시간이 15분이었다. 6시그마 프로젝트 결과 대기시간이 줄어들었는지 확인하기 위해 데이터를 수집했다. 적절한 검정도구는 무엇인가?

(1) 회귀분석 (2) Correlation (3) t-검정 (4) 비율 검정

41. 회귀분석에서 회귀모형의 분산분석 결과 P-값은 유의하지 않으나 R-square 값이 큰 경우 적절한 조치방안은?

(1) Vital Few X로 선정한다
(2) 더 많은 데이터를 수집해 본다
(3) 다른 변수(X)를 찾아본다
(4) 처음부터 변수를 다시 찾는다

42. 그래프의 사용용도, 목적에 대한 설명으로 틀린 것은?

(1) 히스토그램은 분포의 모습을 개략적으로 파악한다
(2) 산점도는 두 변수의 관련성을 개략적으로 파악한다
(3) 상자 그림은 산포차이를 개략적으로 파악한다
(4) 시계열 그림은 평균차이를 개략적으로 파악한다

43. 산점도(Scatter plot)에 대한 설명으로 잘못된 것은?

(1) 점의 배열로부터 두 변수의 관련성을 파악한다
(2) 점의 배열이 증가(+)하는 방향이면, 양(+)의 상관관계가 있다고 판단한다
(3) 점의 배열이 감소(-)하는 방향이면, 음(-)의 상관관계가 있다고 판단한다
(4) 점의 배열이 랜덤하면, 관리상태에 있다고 판단한다

44. P-Value에 대한 설명으로 잘못된 것은?

(1) p 값은 우리가 차이가 있다고 말할 때, 이것이 잘못 결정된 것일 수 있는 확률이다
(2) 만일 P-Value 〈 0.05이라면 통계적 차이가 있다고 할 수 있다
(3) P-Value 〉 0.05이면, 귀무가설을 기각한다
(4) P-Value 〈 0.05이면, 대립가설을 채택한다

45. 비모수 검정에 대한 설명으로 틀린 것은?

(1) 자료가 비정규분포일 때 적용한다
(2) 평균값이 아니라 중앙값으로 차이를 검증한다
(3) ANOVA에 대응되는 것이 Kruskal-Wallis이다
(4) 비모수 검정은 비율차이 검정에도 적용 가능하다

46. 가설의 설정과 관련하여 잘못된 것은?

(1) 귀무가설은 기존의 사실로 '차이 없다, 변화가 없다'의 입장이다
(2) 대립가설은 새로운 사실로 '차이가 있다, 변화가 발생했다'의 입장이다
(3) 가설검정은 통상 귀무가설을 기각하기 위해 실험을 계획한다
(4) 평균에 대한 가설은 양측검정을, 산포는 단측검정을 사용한다

47. 다음 중 분석 단계에서 사용하는 도구와 거리가 먼 것은?

(1) 상관분석   (2) 특성요인도   (3) CNX 분류   (4) 관리도

48. 평균차이 검정결과에 대한 해설로 틀린 것은?

```
Test of mu=20 vs not=20
Variable  N     Mean     StDev    SE Mean    95% CI           T      P
길이      16    13.7850  4.5450   1.1362    (11.3632, 16.2068) -5.47  0.000
```

(1) 95% 신뢰구간은 (11.3632, 16.2068)이다
(2) 대립가설을 채택한다
(3) 새로운 평균이 기존 평균보다 높다
(4) 귀무가설은 평균이 20이다

49 가설검정 시의 가정과 거리가 먼 것은?

(1) 랜덤성　　　(2) 독립성　　　(3) 불편성　　　(4) 정규성

50 통계적 유의도와 실질적 유의도에 대한 설명으로 잘못된 것은?

(1) 샘플이 실질적으로 차이가 있어도, 통계적으로 유의하지 않을 수 있다
(2) 가설검정은 샘플이 서로 실질적으로 차이가 있는지 없는지를 통계적으로 결정한다
(3) 샘플이 크거나, 샘플 내의 변동이 작은 경우 샘플들 간의 작은 차이도 검출할 수 있다
(4) 샘플이 통계적으로 차이가 있어도, 현실적으로 그 차이가 큰 의미를 갖지 않을 수 있다

[개선 단계]

1 Vital Few에 대한 개선방법으로 적절하지 않은 것은?

(1) 프로세스 개선　　(2) 실험계획법　　(3) 창조적 대안도출　　(4) AHP기법

2 실험 횟수를 줄이기 위해 부분 배치로 실험을 할 경우 두 개 이상의 인자들이 함께 얽혀 인자들의 효과를 분리해 낼 수 없는 것을 무엇이라 하는가?

(1) 실험 오차　　　　　　　　　(2) 교락(Confounding)
(3) 직교화(Orthogonality)　　　(4) 교호 작용(Interaction)

3 프로세스의 개념 또는 정의와 거리가 먼 것은?

(1) 하나 이상의 입력을 받아들여 고객에게 가치있는 결과를 산출하는 행동들의 집합
(2) 어떤 목적에 이르게 하는 일련의 활동 또는 연속된 작업
(3) 자원 또는 외부고객을 위하여 유용한 결과를 도출하는 것
(4) 측정된 집합의 산포와 중심값에 변동이 발생되었을 때 이를 시각적으로 나타내는 방법

4 다음은 6시그마의 어떤 단계에 대한 설명인가?

바람직한 결과를 도출하기 위해 치명적 소수의 원인에 대한 검증을 통하여 잠재적인 해결방법을 찾는다. 브레인스토밍이나 실험을 통하여 가능한 모든 해결방법의 리스트를 완성하고, 가장 효과적인 방법을 선택하여 실천을 위한 계획을 수립한다.

(1) 정의단계　　(2) 측정단계　　(3) 분석단계　　(4) 개선단계　　(5) 관리단계

5. 다음은 무엇에 대한 설명인가?
   2인자 이상의 특정한 인자수준의 조합에서 일어나는 효과이며, 인자 A의 효과가 인자 B의 수준의 변화에 따라 변화하는 경우 두 인자 간에 (   )이(가) 있다.

   (1) 교락   (2) 인과관계   (3) 교호작용   (4) Pooling

6. 개선단계에서 많이 사용되는 도구가 아닌 것은?

   (1) 프로세스 개선   (2) 창조적 대안 도출   (3) 실험계획법   (4) 측정시스템 분석

7. Vital Few는 크게 '제어인자'와 '대안인자'로 구분된다. 대안인자에 대한 설명이 아닌 것은?

   (1) 중요 X들이 프로세스 흐름의 문제라면, 프로세스 흐름을 최적화 한다
   (2) 중요 X들이 표준화 된 운영의 부족에서 초래된다면, 프로세스를 표준화 한다
   (3) 내가 구체적인 문제를 파악할 수 있다면, 실용적인 문제해결책을 개발한다
   (4) 중요 X들이 주로 연속적이고 문제 해결을 위한 프로세스 결과를 예견할 필요가 있다면, 수학적 모델을 개발한다

8. 다음은 실험계획에 대한 정의이다. 괄호에 적합한 용어는?
   실험계획법(Design of Experiments)이란? 해결하고자 하는 문제에 대하여 실험을 어떻게 행하고 데이터를 어떻게 취하며 어떠한 통계적 방법으로 데이터를 분석하며 (   )이 실험횟수에서 (   )의 정보를 얻을 수 있는가를 계획하는 것이다.

   (1) 최소-최소   (2) 최대-최대   (3) 최대-최소   (4) 최소-최대

9 실험의 유형 중 가장 합리적인 것은?

(1) 시행 착오법　　　(2) 한 번에 한 인자씩 실험하는 방법
(3) 요인 배치법　　　(4) 실험자 임의로 실험하는 방법

10 2^N 요인 배치법에 대한 설명이 아닌 것은?

(1) 상대적으로 적은 실험수로 주요 경향과 다음 실험의 방향을 제시한다
(2) 실험의 설계가 간단하고, 결과에 대한 계산과 해석이 용이하다
(3) 미니탭 등 대부분의 통계 프로그램은 설계부터 해석까지 지원한다
(4) 곡선효과에 대한 분석이 가능하다

11 2^N 완전요인 배치법에서 인자의 개수가 3개, 반복 2회로 설계하면 실험을 몇 번 해야 하는가?

(1) 8회 실험　　(2) 16회 실험　　(3) 12회 실험　　(4) 32회 실험

12 개선 효과를 검증하기 위해 Pilot test(시범적용)를 한다. 이의 목적/목표가 아닌 것은?

(1) 제품, 서비스, 프로세스가 고객 요구사항을 만족시키는 지를 검증한다
(2) 제품, 서비스, 프로세스의 입력, 출력 변수들은 기대한 수준을 만족하는지 검증한다
(3) 좀 더 가다듬거나 추가적인 개선이 필요한 기회를 찾는다
(4) 제한된 범위보다는 광범위한 환경 하에서 개선안을 적용해 본다

13 요인배치설계와 거리가 먼 것은?

(1) 반복설계　　(2) Plackett-Burman　　(3) 일부 실시법　　(4) 혼합물 설계

14. 실험계획법의 그래프 효과에 대한 해석으로 올바른 것은?

(1) 주효과의 기울기가 완만하면 효과가 크다고 판단한다
(2) 교호작용의 기울기가 완만하면 효과가 크다고 판단한다
(3) 교호작용의 그래프가 평행하면 교호작용이 존재하지 않는다
(4) 교호작용의 기울기가 완만하면 교호작용이 존재하지 않는다

15. 브레인 라이팅(Brain Writing)은 독일의 바텔 연구소 과학자들이 만들어낸 방법으로 브레인스토밍의 특성을 결합한 방법으로 다음과 같은 경우에 효과적으로 활용될 수 있다. 잘못된 것은?

(1) 깊은 사고가 필요할 때
(2) 회의가 소수에 의해 독점될 때
(3) 주제가 논쟁적이어서 갈등이 유발될 수 있을 때
(4) 상대방의 관점에 대한 이해를 바탕으로 합의점을 찾고자 할 때

16. 6 Thinking Hats(6색 모자)은 에드워드 드 보노씨가 개발한 것으로 브레인스토밍 과정에서 팀원의 역할을 명확히 하고 부정적 생각이나 팀원 간의 대립을 피하여 보다 더 창조적으로 문제를 해결하도록 고안한 기법이다. 6가지 모자의 색깔이 아닌 것은?

(1) 하얀색   (2) 검정색   (3) 빨간색   (4) 회색

17. 아이디어 정리를 위한 체크리스트로 Osborne이 제안한 방법이다. 가능한 모든 상황을 고려하여 (   ) 질문을 진행하여 최적의 개선안에 접근할 수 있다. 대체, 결합, 적합화, 수정/확대, 다른 용도, 삭제, 반대/재배열 등의 방법으로 개선안을 도출한다.

(1) 브레인스토밍   (2) 브레인라이팅   (3) ECRS   (4) SCAMPER

18. 토의 참가자들이 각자 제시한 의견에 대해 최종안을 선택하는 기법으로 절차의 민주성에 입각하여 선택된 대안에 대해 참가자 전원의 공감을 얻어내는 기법으로 연예인의 인기투표와 유사한 대안평가 및 선정방법은?

(1) Dot Voting   (2) 가중치 평가부여 기법   (3) AHP 기법   (4) Pugh Matrix

19. AHP에 대한 설명으로 틀린 것은?

(1) Analytical Hierarchy Process의 약어이다
(2) 합리적인 의사결정을 지원하기 위해 1970년대 초반에 Thomas L. Saaty가 개발했다
(3) 의사결정에 필요한 정보는 평가기준과 대안을 기준으로 계층적으로 분해한다
(4) 정성적 평가기준을 비교하여 가중치와 우선순위를 도출한다

20. 적용 가능한 대안들에 대해 Must 기준을 적용하여 걸러낸 이후에 Want 기준을 적용하는 것을 추천한다. 이것은 무엇에 관한 설명인가?

(1) AHP   (2) Pugh Matrix   (3) Kepner-Tregoe   (4) Pay-off Matrix

21. 다음 중 개선 단계에서 사용하는 도구가 아닌 것은?

(1) 벤치마킹   (2) 특성요인도   (3) Dot Voting   (4) AHP

22. 다음 중 개선단계에서 사용하는 도구 중 가장 적합한 것은?

(1) 측정시스템 분석   (2) 관리계획   (3) 프로세스 재설계   (4) 설문조사

23 다음은 프로세스 분석에서 부가가치의 정의를 나타낸 것이다. 아닌 것은?

(1) 고객이 가치를 인정한다
(2) 바람직한 방향으로 제품을 물리적으로 변화시키는 프로세스
(3) 관리, 통제가 복잡한 프로세스
(4) 법, 규칙, 혹은 계약에 의해서 요구된 프로세스

24 최적화된 (To-Be) 프로세스의 특징이 아닌 것은?

(1) 여러 직무가 하나로 통합되어 있다
(2) 프로세스가 기본 목적에 맞도록 진행된다
(3) 개별 프로세스는 쉽고 단순하다
(4) 상호 연관성을 많이 가진다

25 시범적용(Pilot test)의 효과와 거리가 먼 것은?

(1) 문서상으로 나타난 개선안을 현업에 실제로 적용해 볼 수 있는 기회를 제공한다
(2) 선정된 개선안을 좀 더 개선하거나 검증할 수 있다
(3) 비용 관련 문제나 잠재적 문제를 사전에 파악할 수 있다
(4) 문제의 핵심원인을 파악할 수 있다

26 요인배치 실험에서 오차 항을 추정하는 방법이 아닌 것은?

(1) 반복실험   (2) 고차의 교호작용을 오차 항에 Pooling
(3) 중심점 설계   (4) 반응표면분석

27 프로세스 개선/재설계의 평가지표로 타당하지 않은 것은?

(1) 시간   (2) 비용   (3) 비전   (4) 부가가치

28. Improve의 실험결과 목표가 미달되는 경우 취할 수 있는 조치가 아닌 것은 무엇인가?

(1) 새로운 원인을 찾는다
(2) 새로운 수준에서 실험을 해본다
(3) 목표를 조정한다
(4) 새로운 아이디어를 시도해 본다

29. 개선단계에서 만나는 상황 중 서비스/사무간접 부문의 시간/비용 절감을 위한 활동방법은?

(1) 창조적 대안도출   (2) 프로세스 재설계   (3) 잠재원인의 해석   (4) X의 최적조건 선정

30. 프로세스 개선기법 DCAM에 대한 설명으로 잘못된 것은?

(1) Delete (제거) : 어떤 일을 없애면 무슨 일이 생기나?
(2) Combine (결합) : 어떤 일을 결합하여 동시에 할 수 없을까?
(3) Align (정렬) : 어떤 일을 정렬하면 Cycle Time이 줄어들까?
(4) Modify (변경) : 어떤 일을 수행하면 Error를 줄일 수 있을까?

31. Vital Few 인자의 종류에 따라 제어인자와 대안인자로 구분하여 개선방향을 설정한다. 설명이 잘 못된 것은?

(1) 제어인자는 이미 프로세스에 존재하는 인자로 최적 설정 값의 발견이 요구된다
(2) 대안인자는 현재 프로세스에는 없거나 있더라도 신규성이 높아 검증해야 할 다양한 독립적 대안 중에서 우선순위를 선정한다
(3) 제어인자의 개선도구는 프로세스 재설계, AS-IS 분석 등이 활용된다
(4) 대안인자의 개선도구는 브레인스토밍, Dot Voting이 활용된다

32. 실험계획법의 일반적인 절차는?

(1) 설계—분석—데이터 수집—최적화
(2) 분석—최적화—데이터 수집—설계
(3) 설계—데이터 수집—분석—최적화
(4) 설계—최적화—분석—데이터 분석

33. 교호작용 그래프에 대한 설명이다. 올바른 것은?

(1) 그래프의 기울기가 완만하면 효과가 크다고 판단한다
(2) 그래프의 기울기가 급하면 효과가 크다고 판단한다
(3) 그래프의 두 직선이 평행하면 교호작용이 존재하지 않는다
(4) 그래프의 두 직선이 평행하지 않으면 교호작용이 존재하지 않는다

34. 실험 수가 늘어나면 실험의 기간이 길게 되어 원하지 않는 변수의 개입이 발생하고, 실험의 환경이 균일하지 못해 결과의 재현성이 떨어지게 된다. 따라서 부분요인배치 실험을 통해 이를 극복하고자 한다. $2_R^{(N-C)}$ 표기방법에 대한 설명으로 틀린 것은?

(1) 2 : 수준의 수
(2) N : 실험인자의 총 수
(3) R : 반복 수
(4) C : 교락으로 줄어드는 인자의 수

35. 대안의 우선순위를 결정하는 방법이 아닌 것은?

(1) AHP
(2) Pugh Matrix
(3) Kepner-Tregoe
(4) SCAMPER

36. 실험의 원리 중 (　　　)은/는 중요하지 않은 고차의 교호효과를 블록과 (　　　)시켜 실험의 효율을 높이는 원리이다.

(1) 랜덤화
(2) 반복
(3) 교락
(4) 직교화

37 실험에서 해상도(Resolution)에 대한 설명으로 잘못된 것은?

(1) 실험에서 각 인자의 효과가 어느 정도 교락되어 있는지의 정도
(2) 구분할 수 있는 교호작용의 범위를 나타낸다
(3) 해상도가 높을수록 보다 많은 정보를 얻을 수 있다
(4) 해상도와 실험횟수는 관련이 없다

31 실험의 원리와 관련이 없는 것은?

(1) 랜덤화   (2) 직교화   (3) 반복   (4) 풀링

39 모든 자연현상은 어떠한 형태로든 결과를 맺는다. 만약 얻어진 결과가 바람직스럽지 못하다면, 우리는 여러 가지 대안을 고려할 수 있다. 실험계획에 대한 설명은 무엇인가?

(1) 얻어진 결과를 우리에게 유리한 방향으로만 해석한다
(2) 바람직한 결과를 얻을 때까지 자연현상을 지켜본다
(3) 자연현상이 일어나는 과정(Process)을 Control한다
(4) 자연현상을 일으키는 여러 가지 요인을 Control한다

40 창의적 아이디어 발상기법에 대한 설명으로 틀린 것은?

(1) 6 Thinking Hats은 브레인스토밍 과정에서 팀원의 역할을 명확히 하고 부정적 생각이나 팀원 간의 대립을 피하여 보다 더 창조적으로 문제를 해결하도록 고안한 기법이다
(2) Mind Mapping은 아이디어를 시각적이고 도식적으로 표현하여 좌, 우 뇌의 활용으로 창조성을 높여준다
(3) 개선의 원칙인 ECRS는 제거, 결합, 추가, 수정 등의 영문 머리글자를 따서 만들었다
(4) 브레인라이팅은 브레인스토밍의 특성을 결합한 방법으로 깊은 사고가 필요할 때 적용한다

41. 다음은 벤치마킹의 종류에 대한 설명이다. 종류는 무엇인가?
   직접 경쟁관계에 있지 않은 타 업종의 기업으로부터 첨단상품, 서비스, 프로세스에 대한 비교검증을 해보는 방법으로 생산, 판매, 설계, 창고운영, 인적자원관리 등과 같은 분야의 업무 활동 면에서 가장 평판이 좋은 기업의 경영방법을 배우는 것이다.

   (1) 내부적 벤치마킹　　　　(2) 경쟁사 벤치마킹
   (3) 기능적 벤치마킹　　　　(4) 원천적 벤치마킹

42. 프로세스 개선에서 '우리가 생각하고 있는 프로세스가 있지만, 실제로는 보다 복잡한 프로세스로 구성되어 있다. 개선활동이란 실제의 복잡한 프로세스를 혁신적인 아이디어로 개선하는 것이다. 프로세스의 복잡도와 관련해서 상호 관련성이 맞는 것은? 단, A < B에서 B가 더 좋은 프로세스를 의미한다.

   (1) 실제 프로세스 < 생각하는 프로세스 < 바람직한 프로세스
   (2) 생각하는 프로세스 < 실제 프로세스 < 바람직한 프로세스
   (3) 바람직한 프로세스 < 생각하는 프로세스 < 실제 프로세스
   (4) 바람직한 프로세스 < 실제 프로세스 < 생각하는 프로세스

43. 창조적 사고의 기본적인 마음가짐과 거리가 먼 것은?

   (1) 메모하는 습관을 기르자
   (2) 항상 관찰하는 습관 : "왜"가 아이디어의 원천
   (3) 고정관념의 타파가 중요하다
   (4) 빠른 결론을 도출하는 것이 중요하다

[관리 단계]

1. 다음은 6시그마의 어떤 단계에 대한 설명인가?
이 단계에서는 팀이 대안을 적용하고 추적할 결과를 측정하기 위해 요구되는 조건을 수립하고 일정기간에 걸쳐 성과를 평가한다. 적용이 성공하면, 그 해결방법을 제도화하고 타 조직에서도 적용하도록 한다

(1) 정의단계   (2) 측정단계   (3) 분석단계   (4) 개선단계   (5) 관리단계

2. 관리단계의 도구와 거리가 먼 것은?

(1) Fool-Proof   (2) Control plan   (3) Control chart   (4) Bar chart

3. 다음 설명은 무엇에 관한 것인가?
공정 중에 주요 변수, 인풋/아웃풋 변수 및 아웃풋 특성을 기록하면서 이들이 관리영역을 벗어난 것(이상상태)을 알아냄으로써 공정을 관리하기 위한 도표

(1) 관리도   (2) 공정능력   (3) 실험계획   (4) 파레토도

4. 6시그마 혁신과 관리에 대한 설명이다. 올바른 것은?

(1) 관리 활동은 짧은 시간에 큰 개선을 이루는 것이다
(2) 관리 활동은 장기간에 걸쳐 혁신적인 성과를 달성하는 것이다
(3) 혁신 활동은 바뀐 표준(개선된 내용)에서 초기 산포를 줄이는 것이다
(4) 혁신 활동이 진행된 후 관리 활동이 이루어지고, 또 다시 이러한 활동이 반복적으로 이루어진다.

5. '사람의 부주의로 인한 실수를 미리 방지 하거나 또는 발생된 실수를 검출해 내기 위해 고안된 장치 또는 방법'을 일컫는 것이 아닌 것은?

(1) Fool-Proof   (2) 실수방지   (3) Poka-Yoke   (4) FMEA

6. 관리 단계의 활동과 거리가 먼 것은?

(1) 개선을 보여주기 위해 Y's에 대하여 데이터를 수집한다
(2) 관리를 유지하기 위한 계획을 수립하고 관련부서/담당자와 검토한다
(3) 6시그마 우수사례(Best Practice)를 문서화한다
(4) 고객의 소리로부터 문제의 핵심을 파악한다

7. 다음은 무엇에 대한 설명인가?
   관리 대상(Y, X)을 선정하고, 각 대상별 관리방법(기술)을 정의한 후, 정의한 방법대로 데이터를 수집하여 관리상태(안정된 상태) 여부를 판정하고 관리상태를 벗어날 경우 적절한 조치를 취함으로써 관리 대상이 관리상태에 있다는 것을 보증하는 것이다

(1) 혁신   (2) 관리   (3) 모니터링   (4) 품질보증

8. '실수방지'에 대한 설명으로 잘못된 것은?

(1) 사람의 부주의로 인한 실수를 미리 방지 하거나 또는 발생된 실수를 검출해 내기 위해 고안된 장치 또는 방법을 이르는 말
(2) 사람은 누구나 뜻하지 않은 실수를 할 수 있다는 데서 출발
(3) 주로 작업의 안정성을 유지하기 위하여 고안된 장치들을 이르던 "Fool-Proofing"의 개념에서 기초
(4) 프로젝트 성과를 유지하기 위해 매일 매일 안정화되어 운영되고 있는지 확인하기 위한 것

9. 실수방지 기법과 거리가 먼 것은?

(1) 경보장치 작동
(2) 조치를 취함/피드백
(3) 발생하려는 오류 예방
(4) 실수가 생기면 작동 중지

10. 실수방지의 장점에 대한 설명 중 다른 하나는?

(1) 공식적 훈련 프로그램이 필요 없다
(2) 많은 검사 작업이 필요 없게 된다
(3) 작업자를 반복작업으로부터 자유롭게 해준다
(4) 잠재고장 형태를 구조적으로 분석하여 고장의 사전 예방 가능

11. 다음은 관리계획서의 기능에 대한 설명이다. 거리가 먼 것은?

(1) 목적이 분명하고 대상이 명확한 프로세스의 개선에 대한 신뢰도를 부가하기 위해 결정적인 수단으로 사용된다
(2) 프로세스 내부의 관계를 설명해 주고, 회사가 의미 있는 프로세스의 결과를 내는 활동에 집중하도록 한다
(3) 현행 프로세스상의 문제를 제거하여 보다 나은 성과를 얻기 위한 일련의 활동들을 새로 구성한다
(4) 프로세스 운영자가 현재 프로세스가 고객의 요구사항을 얼마나 충족하고 있는지를 파악하는 데에 도움이 되는 모든 관련 정보를 제공한다

12. 관리도에 대한 설명과 거리가 먼 것은?

(1) 품질의 변동상황을 그래프로 나타낸 것
(2) 공정에 대한 정보들을 추정하거나 공정능력을 정하는 데 이용
(3) 공정에 이상요인이 발생하였을 경우 수정조치를 함으로써 불량제품의 발생을 사전에 억제하는 것
(4) 프로세스에서 우연요인을 효과적으로 감소시킬 수 있음

13. 이산형 관리도에 대한 설명으로 틀린 것은?

(1) 모든 이산형 자료에 사용된다
(2) 표본의 크기는 변동적이다
(3) 관리한계선이 변동적일 수 있고, 표본의 크기와 함수 관계이다
(4) 관리도 작성을 위해 많은 표본이 필요하지 않다

14. 관리도에서 관리한계선에 대한 설명으로 맞는 것은?

(1) 관리 한계선은 변동의 함수이다
(2) 관리한계는 규격한계와 관련된 것이다
(3) 고객의 요구를 만족시키기 위해 개별제품에 대한 품질특성의 변동한계를 의미한다
(4) 프로세스에서 우연요인이 발생했을 때를 확인한다

15. 관리도에서의 변동은 이상변동과 우연변동으로 구분한다. 우연변동에 해당하는 것은?

(1) 변동의 양상이 불안정하다
(2) 특별한 시점에 발생하는 변동이다
(3) 특정한 프로세스에 대해 예상된 변동이다
(4) 특정한 상황 아래에서 발생하는 변동이다

16. 규격한계에 대한 설명과 거리가 먼 것은?

(1) 규격한계는 일반적으로 고객에 의해 결정되나 때로는 관리상의 목적, 정부의 규제 또는 기타 다른 방법에 의해 결정된다
(2) 품질의 변동을 가능한 한도까지 효과적으로 감소시킬 수 있다
(3) 고객의 요구를 만족시키기 위해 개별제품에 대한 품질특성의 변동한계를 의미한다
(4) 공정의 능력(Capability)을 판정할 수 있는 기준이다

17 관리계획서 작성시 포함되어야 할 항목과 거리가 먼 것은?

(1) 관리 지표 (2) 관리 담당자
(3) 이상발생시 조치사항 (4) 개선 방법

18 관리도에서 관리한계선에 대한 설명으로 틀린 것은?

(1) 중심선은 관리상태에서의 품질특성의 평균을 나타낸다
(2) 관리한계선은 관리상한선과 관리하한선으로 구분된다
(3) 관리상/하한선은 품질특성의 표준편차에 3배 취한 값을 평균에서 더하거나 뺀 값이다
(4) 데이터를 타점했을 때 관리한계선 바깥쪽에 위치하면 관리상태에 있다고 판단한다

19 연속형 관리도의 관리이상 상태에 대한 설명이다. 틀린 것은?

(1) 모든 점이 관리한계선 내에 골고루 분포하는 경우
(2) 중심선의 위·아래에 연속해서 9개의 점이 나타나는 경우
(3) 6점이 연속적으로 증가하거나 감소하는 경우
(4) 관리한계선을 벗어난 점이 나타나는 경우

20 P 관리도는 품질을 단지 양품 또는 불량품으로 판정할 때 사용한다. P 관리도의 이점에 대한 설명으로 틀린 것은?

(1) 품질특성의 측정이 불가능하여 계수치에 의해서만 품질을 평가
(2) 측정이 가능한 품질특성이라도 Go & No-go Gage를 사용하기 때문에 그 결과가 계수치로 나타나는 경우
(3) 관리항목이 과다하여 여러 개의 Xbar-R 관리도를 작성·유지하는 것이 비경제적일 때
(4) 개별 자료들이 가장 논리적으로 "합리적인 하위그룹"에 있을 때

21. 이산형 관리도의 관리이상에 대한 설명으로 맞는 것은?

(1) 연속된 3점 중 2점이 A 영역이나 그 바깥쪽에 있는 경우
(2) 연속된 5점 중 4점이 B 영역이나 그 바깥쪽에 있는 경우
(3) 연속된 15점이 C 영역에 모여 있는 경우
(4) 6점이 연속적으로 증가하거나 감소하는 경우

22. 프로젝트의 완료 이후 활동내용과 거리가 먼 것은?

(1) 프로젝트가 완료되면 PMS에 등록하여 다른 BB/GB가 참고하도록 한다
(2) 모든 과제는 6개월 이상 현장에 적용하고, 성과보상을 실시한다
(3) 인증평가회 프로젝트 중 우수한 프로젝트를 선별하여 페스티벌을 개최한다
(4) 프로세스가 '안정기'에 돌입하면, 프로젝트를 PO에게 이관한다

23. 관리계획서의 '관리지표'에 대한 설명으로 맞는 것은?

(1) 프로세스가 관리 상태에 있는 정상적인 수준을 나타낸다
(2) 프로세스에서 관리 되어야 하는 인풋, 프로세스, 아웃풋 지표를 말한다
(3) 관리항목으로 CTQ 중심으로 관리한다
(4) 데이터의 수집 및 모니터링 주기를 말한다

24. 프로세스 관리계획서의 검토사항 중 틀린 것은?

(1) 중대한 관리지표가 모두 선정되었는지 여부
(2) 관리 지표와 프로세스 목표간의 일관성 여부
(3) 프로세스가 관리상태를 벗어날 때 관리계획이 빠른 시간 내에 관리상태로 되돌릴 수 있는지 여부
(4) 품질변동을 주는 원인과 공정의 능력상태가 일치하는지 여부

25. Xbar-R 관리도에 대한 설명과 거리가 먼 것은?

(1) 파괴시험 등으로 비용이 많이 소요되는 경우에 사용한다
(2) 가장 널리 쓰이는 관리도로서 특성치가 계량치이다
(3) 합리적인 하위그룹을 형성할 경우 사용한다
(4) 관리한계선이 좁아 중심의 변동을 민감하게 찾아낼 수 있다

26. 샘플의 크기가 일정하지 않은 관리도는?

(1) p 관리도　　(2) np 관리도　　(3) c 관리도　　(4) Xbar-R 관리도

27. 다음의 관리도 중 성격이 다른 하나는?

(1) p 관리도　　(2) u 관리도　　(3) c 관리도　　(4) I-MR 관리도

28. 세차 후 물기 잔량을 측정하기 위해 하루 5대씩 20일간 자료를 수집했다. 어떤 관리도를 적용해야 하는가?

(1) Xbar-R 관리도　　(2) NP 관리도　　(3) I-MR 관리도　　(4) P 관리도

29. 팀 활동으로 프로세스 개선이 되었더라도 표준과 절차서가 없고 통제가 되지 않을 경우, 즉 프로세스 관리가 되지 않을 경우 발생하는 문제와 거리가 먼 것은?

(1) 프로세스의 산포가 커진다
(2) 개선활동의 성과를 지속적으로 유지 시킬 수 없다
(3) 직원들이 바뀌어진 업무절차와 표준 내용대로 따라 올 수 없게 되고, 일하는 방법의 변화가 일어나지 않게 된다
(4) 짧은 시간에 획기적인 개선을 이루지 못한다

30. Toll gate 근무자 K씨는 통행료를 지불하지 않고 도망가는 차량이 얼마나 되는지 알아보기 위해 매일 매일 전체 통과차량과 도망가는 차량의 데이터를 수집했다. 어떤 관리도를 적용해야 하는가?

(1) Xbar-R 관리도   (2) NP 관리도   (3) C 관리도   (4) P 관리도

31. 다음은 Error-Proof와 유사한 용어들이다. 아닌 것은?

(1) Poka-Yoke   (2) 실수방지   (3) Mistake-Proof   (4) 정답 없음

32. 프로젝트 완료 평가시 기준으로 부적합한 것은?

(1) 추진 단계의 완료 여부   (2) 개선 추진계획의 실행
(3) 재무효과의 크기   (4) 통계기법의 적용 유무

33. 다음의 관리도 중 성격이 다른 하나는?

(1) Xbar 관리도   (2) NP 관리도   (3) R 관리도   (4) I-MR 관리도

34. Control Plan에 대한 설명으로 적합한 것은?

(1) 제조 근로자에게 특정 라인에 사용되는 상세한 계획을 보여주기 위한 도표
(2) 중요한 공정 및 주요 특성, 그리고 주요 특성을 관리하는 방법을 설명한 문서
(3) 발생 가능한 문제유형을 고려하고 또한 그것을 관리하기 위한 방법을 분석해 놓은 문서
(4) 공정 중에 문제발생 시 단계적으로 취해야 하는 조치 행동이 무엇인가를 보여주는 문서

35. 통계적 공정관리(SPC)에 대한 설명으로 잘못된 것은?

(1) 1924년 Shewhart에 의해 개발
(2) 통계적 검정을 위해 데이터를 패턴화
(3) 확률에 근거한 의사결정 도구
(4) 우연요인-중심경향성/변동초래 요인

36. 공정관리 방법에 대한 설명으로 틀린 것은?

(1) 제거한다 : Fool-Proof를 통해서 실시
(2) 변수를 자동화 한다 : 작업자의 간섭이 없는 자동화된 관리를 실시
(3) 공정에 대한 SPC 활동 : y=f(x)에 대한 이해 하에서 제품/서비스가 만들어지는 과정을 관리
(4) 표준작업절차 : 에러를 탐지하기 위해 실행

37. On-line SPC와 Off-line SPC에 대한 설명으로 맞는 것은?

(1) 공정을 모니터링 하다가 이상신호 발생시 원인의 명확성 여부에 따라 On-line SPC 또는 Off-line SPC를 선택한다
(2) 이상신호의 원인이 명확한 경우 Off-line SPC 활동으로 해결한다
(3) 이상신호의 원인이 불명확한 경우 On-line SPC 활동으로 해결한다
(4) 이상신호의 원인이 불명확한 경우 곧바로 공정을 조정한다

38. 관리도의 변동은 이상변동과 우연변동으로 구분한다. 이상변동에 해당하는 것은?

(1) 예측한계 내에서 프로세스를 관리하게 한다
(2) 예측이 불가능하고 관리할 수 없다
(3) 특정한 프로세스에 대해 예상된 변동이다
(4) 시간에 따라 프로세스에서 우연히 발생하는 변동이다

39. 결함을 시스템적으로 방지하기 위한 Fool-Proof에 대한 설명으로 적합하지 않은 것은?

(1) 에러제거를 위한 기술
(2) 에러는 결함의 원인이다
(3) 결함제거를 위한 기술
(4) 실수하는 것을 불가능하게 만듦

40. Xbar-R 관리도에서 부분군의 크기의 영향에 대한 설명으로 틀린 것은?

(1) 부분군의 크기가 증가하면, 관리한계의 폭이 좁아진다
(2) 부분군의 크기가 증가하면, 평균치의 조그마한 변화도 감지할 수 있다
(3) 부분군의 크기가 증가하면, 불량 발생이 증가한다
(4) 일반적으로 부분군의 크기 n은 2~6이며, 전형적으로 n=5이다

41. 판유리를 만드는 공정에서 단위당 결점을 관리하고자 한다. 어떤 관리도가 적당한가?

(1) Xbar-R 관리도
(2) I-MR 관리도
(3) NP 관리도
(4) C 관리도

42. 프로젝트의 종료절차에 대한 설명이다. 잘못된 것은?

(1) 근본적인 문제가 해결되었고, 다시는 재발하지 않는다는 것을 보증할 필요가 있다
(2) FEA의 현장실사 이전이라도 현장에 적용된 프로젝트에 대해서는 성과보상을 실시한다
(3) 챔피언과 사무국에서 프로젝트 종료를 승인해야 한다
(4) BB는 요구되는 문서를 완료하여, PMS에 등록한다

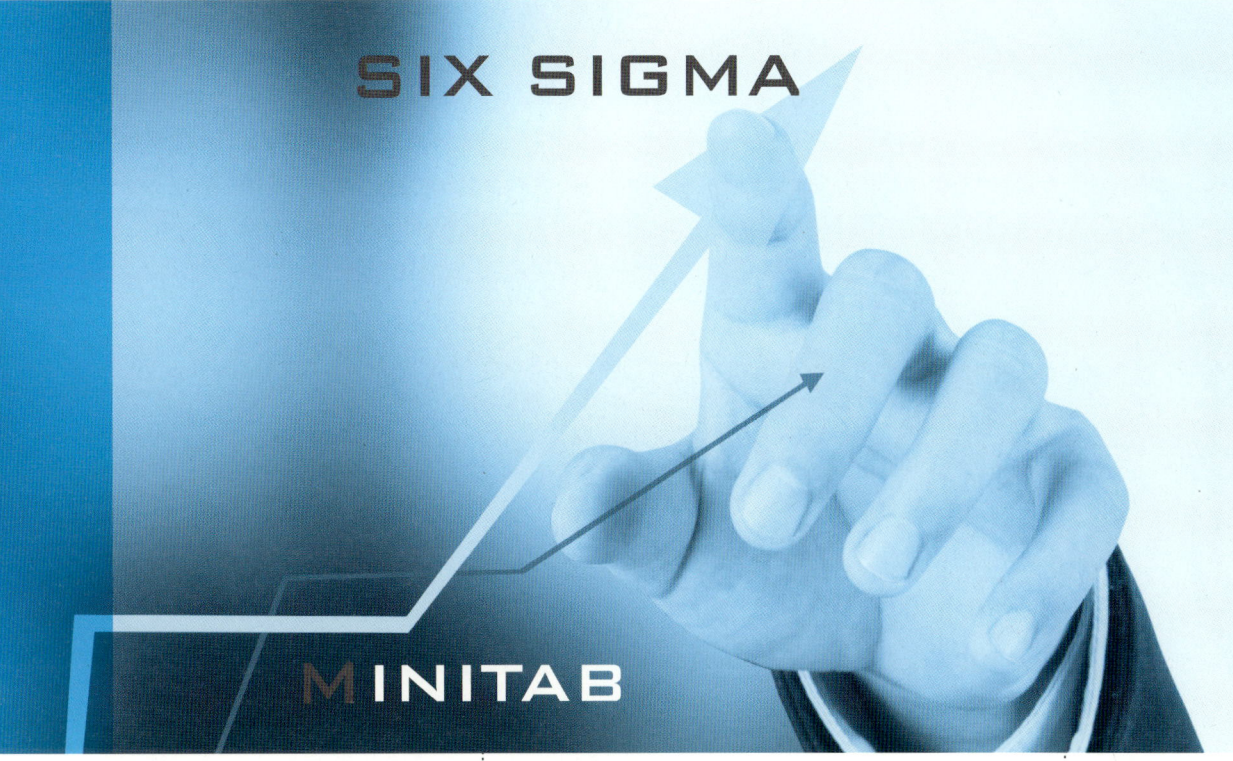

3부
미니탭 문제

1장 미니탭 실행 문제　500문항
2장 미니탭 메뉴 문제　240문항
3장 그래프 해석 문제　330문항
4장 세션창 해석 문제　260문항

3부 미니탭 문제

　3부 미니탭 문제는 미니탭의 통계분석 기능과 연계하여 미니탭을 활용하여 풀이할 수 있는 모든 경우의 수에 대한 문제를 다루고 있다. 문제의 유형은 데이터 분석을 통하여 답을 찾는 미니탭 실행 문제 500문항, 미니탭 실행을 위한 메뉴 선택 및 활용 문제 240문항, 미니탭 실행결과에 대한 해석 문제로 그래프 해석 문제 330문항, 세션창 해석 문제 260문항 등 전체적으로 1,330문항을 다루고 있다.

　미니탭 관련 문제들은 모두 상호 유기적으로 연결되어 있어 별도의 지면을 할애하여 문제풀이를 제공하지 않아도 답을 알 수 있도록 구성했다. 즉, 미니탭 실행문제의 해답은 미니탭 메뉴, 그래프 해석 및 세션창 해석문제와 연결하여 정답을 제시하고 있다. 또한 동일한 문제라도 다양한 상황별로 분류하여 문제를 제시함으로써 실제적인 문제에 대한 이해도를 높이고 미니탭 실행능력을 향상시킬 수 있도록 문제의 구성과 난이도를 조절했다. 따라서 독자는 여러 유형의 문제를 풀어봄으로써 실전능력을 향상시킬 수 있으며, 반복연습을 통하여 현업에 적용 가능성을 높이고자 했다.

　미니탭은 6시그마뿐만 아니라 통계자료 분석이 필요한 모든 영역에 활용되고 있으며, 특히 품질관리 분야에서는 그 쓰임새가 높다고 하겠다. 미니탭의 대표적인 기능은 각종 그래프 분석, 추정과 검정, 상관과 회귀분석, 시계열 분석, 관리도, 공정능력 분석, 측정시스템 분석, 분산분석(ANOVA), 실험계획법, 비모수 검정 등 통계분석의 대부분을 다루고 있다. 따라서 미니탭을 활용한 통계자료 분석이 유용하다고 할 수 있을 것이다.

　3부 미니탭 문제는 위의 통계분석의 전 영역에 걸쳐 미니탭을 활용한 통계자료 분석을 다루고 있다. 따라서 현장에서 품질관리를 담당하고 있는 사람, 연구개발 분야에서 방대한 실험 자료를 분석하고자 하는 사람, 기타 통계자료의 분석이 요구되는 모든 부문에서는 3부 미니탭 문제가 많은 도움이 될 것이다. 특히, 6시그마의 경우 미니탭 활용능력이 6시그마의 실력을 좌우한다고 할 수 있다. 미니탭은 버전 14를 사용했다.

1장 미니탭 실행 문제

> ▷ 문제의 구성 : 미니탭 실행 100문제, 500문항
>
> ▷ 문제의 배치 : 1문제당 4~6문항 배치
>
> ▷ 정답의 표기 : 이 책의 마지막에 표기

데이터가 주어지는 경우 미니탭 실행을 통하여 답을 구하는 문제, 즉 미니탭 실행결과 출력되는 그래프와 세션창으로부터 답을 찾는 문제를 다룬다.

미니탭 실행 문제의 답은 여기에 곧바로 제시하지 않고 정답이 있는 미니탭 메뉴, 그래프 및 세션창의 문제 번호를 제시한다. 해당 문제의 번호에 가면 동일한 문제 또는 유사한 문제의 풀이과정과 정답이 제시되어 있다.

데이터 파일은 대부분 미니탭에서 기본으로 제공하는 파일을 그대로 사용했으며, 일부 수정하여 사용한 것도 있다. 파일 명칭, 칼럼 명칭 및 데이터의 예시가 제시되어 있다.

〈읽어두기〉

미니탭 실행 문제의 풀이 과정의 제시방법은 다음과 같다.

| 메뉴 | 1, 2 | 그래프 | 1, 2 | 세션창 | 1 |

개별 미니탭 실행 문제의 하단에 풀이 과정이 있는 문제 유형의 번호를 제시하고 있다. 위 보기의 예시는 미니탭 메뉴 문제의 1, 2번, 그래프 해석 문제의 1, 2번, 세션창 해석 문제의 1번에 본 미니탭 실행 문제의 풀이 과정과 정답이 있음을 보여주고 있다.

풀이 과정 중에서 미니탭 메뉴 문제는 항상 번호가 제시되지만, 그래프 해석 문제와 세션창 해석 문제는 둘 모두 있는 경우도 있지만, 대부분의 경우 둘 중 하나만 있다.

미니탭 실행에 사용되는 데이터의 제시방법은 다음과 같다.

자료: Weight ; Pulse.MTW

미니탭의 데이터 파일 Pulse.MTW을 열고, 분석에 사용할 칼럼은 Weight열이다. 또한, 분석에 사용될 데이터 열의 일부가 우측에 예시되어 있다. 이외 데이터 열이 2개 이상인 경우, 부분군의 크기, 규격 등이 함께 제시되기도 한다.

데이터만 변경되는 유사한 문제들이 둘 이상 있는 경우 한 가지 데이터에 대해서는 정확한 풀이 과정이 제시되고, 나머지 데이터는 동일한 풀이 과정을 참고하여 유사하게 풀이를 하면 된다. 모든 문제의 정답은 이 책의 마지막 장에 별도로 표기해 두었다.

1. 기술통계량 문제

자료: Weight ; Pulse.MTW

(1) 미니탭 명령어는 무엇인가?

(2) 평균은 얼마인가?

(3) 표준편차는 얼마인가?

(4) 중앙값은 얼마인가?

(5) 범위는 얼마인가?

Weight
140
145
160
190
155
165
150
190
195
138
160
155
153
145
170
175
175
170
180
135
...

메뉴	1, 2	그래프	1, 2	세션창	1

2. 기술통계량 문제

자료: Height ; Pulse.MTW

(1) 미니탭 명령어는 무엇인가?

(2) 분산은 얼마인가?

(3) 최소값은 얼마인가?

(4) 사분위 편차(IQR)는 얼마인가?

(5) 범위는 얼마인가?

Height
66.00
72.00
73.50
73.00
69.00
73.00
72.00
74.00
72.00
71.00
74.00
72.00
70.00
67.00
71.00
72.00
69.00
73.00
74.00
66.00
...

메뉴	1, 2	그래프	1, 2	세션창	2

3 정규성 검정 문제

자료: Insolation ; Exh_regr.MTW

(1) 무엇을 알기 위한 분석인가?

(2) 자료를 이용하여 히스토그램을 작성한 후, 물음에 답하시오.
   미니탭 명령어 :
   평균 :   분포모양 :

(3) 정규성 검정을 실시하여 정규분포를 따르고 있는지 판단하시오.
   미니탭 명령어 :
   P-Value :   정규성 판정 :

(4) 정규성 검정의 귀무가설과 대립가설을 세우시오.

(5) 히스토그램과 정규성 검정의 결과가 일치하는가?

| 메뉴 | 3, 14 | 그래프 | 3, 26 | 세션창 | |

Insolation
783.35
748.45
684.45
827.80
860.45
875.15
909.45
905.55
756.00
769.35
793.50
801.65
819.65
808.55
774.95
711.85
694.85
638.10
774.55
757.90
...

4 정규성 검정 문제

자료: HeatFlux ; Exh_regr.MTW

(1) 무엇을 알기 위한 분석인가?

(2) 자료를 이용하여 히스토그램을 작성한 후, 물음에 답하시오.
   미니탭 명령어 :
   분포모양 :   표준편차 :

(3) 정규성 검정을 실시하여 정규분포를 따르고 있는지 판단하시오.
   미니탭 명령어 :
   P-Value :   정규성 판정 :

(4) 만약, 정규성이 성립하지 않는다면, 추가적인 조치는 무엇인가?

(5) 이산형 자료의 경우 정규성 검정이 필요한가?

| 메뉴 | 3, 14 | 그래프 | 4, 27 | 세션창 | |

HeatFlux
271.8
264.0
238.8
230.7
251.6
257.9
263.9
266.5
229.1
239.3
258.0
257.6
267.3
267.0
259.6
240.4
227.2
196.0
278.7
272.3
...

5. 공정능력 산정 문제 (계량치)

자료: Coating, 부분군의 크기=3, 규격 45±5 ; Bwcapa.MTW

(1) 무엇을 알기 위한 분석인가?

(2) 정규분포의 공정능력 산정절차를 나열하시오.

(3) 정규성 검정을 실시한 후, 물음에 답하시오.
   미니탭 명령어 :   정규성 판정 :

(4) 관리상태 검정 후, 물음에 답하시오.
   미니탭 명령어 :   관리상태 판정 :

(5) 공정능력 산정 후, 물음에 답하시오.
   미니탭 명령어 :
   장기능력 :   단기능력 :

(6) 시그마수준 향상을 위해 무엇을 해야 하는가?

| 메뉴 | 5, 3, 65 | 그래프 | 5, 3, 77 | 세션창 | |

Coating
50.3175
50.1432
50.4081
49.5077
50.2715
49.4091
49.3587
49.1436
49.5229
49.5005
50.4829
49.7904
47.9110
47.9221
48.6716
49.8851
50.1697
49.8762
50.4223
50.7303
…

6. 공정능력 산정 문제 (계량치)

자료: Faults, 부분군의 크기=5, 규격 0±1 ; Exh_qc.MTW

(1) 분석의 목적과 공정능력 산정절차를 나열하시오.
   분석의 목적 :   공정능력 산정절차 :

(2) 정규성 검정을 실시한 후, 물음에 답하시오.
   미니탭 명령어 :   정규성 판정 :

(3) 관리상태 검정 후, 물음에 답하시오.
   미니탭 명령어 :   관리상태 판정 :

(4) 공정능력 산정 후, 물음에 답하시오.
   미니탭 명령어 :   장기능력 :
   관측된 불량률 :

(5) 시그마수준 향상을 위해 무엇을 해야 하는가?

| 메뉴 | 5, 3, 65 | 그래프 | 6, 3, 78 | 세션창 | |

Faults
−0.22435
0.29532
0.35517
−0.25060
0.04660
−0.01963
0.12111
−0.72188
−0.77907
0.08592
0.85706
0.76707
−1.74551
1.03661
1.55849
0.80957
1.16753
1.69012
0.08032
0.71976
…

7 공정능력 산정 문제 (계량치)

자료: Height, 부분군의 크기=4, 규격 55±15 ; Pulse.MTW

(1) 무엇을 알기 위한 분석인가?

(2) 정규분포의 공정능력 산정절차를 나열하시오.

(3) 정규성 검정을 실시한 후, 물음에 답하시오.
  미니탭 명령어 :   정규성 판정 :

(4) 관리상태 검정 후, 물음에 답하시오.
  미니탭 명령어 :   관리상태 판정 :

(5) 공정능력 산정 후, 물음에 답하시오.
  미니탭 명령어 :   장기능력 :
  평균이 규격의 중앙에 위치할 경우 불량률은?

(6) 시그마수준 향상을 위해 무엇을 해야 하는가?

Height
66.00
72.00
73.50
73.00
69.00
73.00
72.00
74.00
72.00
71.00
74.00
72.00
70.00
67.00
71.00
72.00
69.00
73.00
74.00
66.00
...

| 메뉴 | 5, 3, 65 | 그래프 | 7, 3, 79 | 세션창 | |

8 공정능력 산정 문제 (계수치)

자료: 샘플 크기(Calls), 불량 개수(Unavailable) ; Bpcapa.MTW

(1) 무엇을 알기 위한 분석인가?

(2) 시그마수준은 얼마인가?

(3) 평균 불량률은 얼마인가?

(4) 자료는 관리상태에 있는가?

(5) 자료의 샘플 크기는 동일한가?

Unavailable	Calls
432	1908
392	1912
497	1934
459	1889
433	1922
424	1964
470	1944
455	1919
427	1938
424	1854
410	1937
386	1838
496	2025
424	1888
425	1894
428	1941
392	1868
460	1894
425	1933
405	1862

| 메뉴 | 6 | 그래프 | 12 | 세션창 | |

9. 공정능력 산정 문제 (계수치)

자료: 샘플 크기(Sampled), 불량 개수(Rejects) ; Exh_qc.MTW

(1) 미니탭 명령어는 무엇인가?

(2) 시그마수준은 얼마인가?

(3) 평균 불량률은 얼마인가?

(4) 자료는 관리상태에 있는가?

(5) 자료의 샘플 크기는 동일한가?

Rejects	Sampled
20	98
18	104
14	97
16	99
13	97
18	102
21	04
14	101
6	55
6	48
7	50
7	53
9	56
5	49
8	56
9	53
9	52
10	51
9	52
10	47

메뉴	6	그래프	13	세션창	

10. 공정능력 산정 문제 (Poisson)

자료: 샘플 크기(Length), 결점 개수(Weak Spots) ; Bpcapa.MTW

(1) 무엇을 알기 위한 분석인가?

(2) 포아송분포의 공정능력 산정절차를 나열하시오.

(3) 공정능력 도구를 실행한 후, 물음에 답하시오.
   미니탭 명령어 :   평균 결함률 :
   관리상태 판정 :

(4) 수율을 계산 후, 물음에 답하시오.
   계산공식 :   수율 :

(5) Z-value를 계산한 후, 물음에 답하시오.
   미니탭 명령어 :   Z-value :

Weak Spots	Length
2	132
4	130
3	120
1	124
2	138
5	148
2	101
5	102
4	124
1	119
6	120
3	123
3	101
6	121
1	133
4	138
1	113
8	119
1	128
4	103

메뉴	7, 8	그래프	8	세션창	15

11 공정능력 산정 문제 (Poisson)

자료: 샘플 크기(Calls), 결점 개수(Unavailable) ; Bpcapa.MTW

(1) 무엇을 알기 위한 분석인가?

(2) 포아송분포의 공정능력 산정절차를 나열하시오.

(3) 공정능력 도구를 실행한 후, 물음에 답하시오.
   미니탭 명령어 :   평균 결함률 :
   관리상태 판정 :

(4) 수율을 계산 후, 물음에 답하시오.
   계산공식 :   수율 :

(5) Z-value를 계산한 후, 물음에 답하시오.
   미니탭 명령어 :   Z-value :

Unavailable	Calls
432	1908
392	1912
497	1934
459	1889
433	1922
424	1964
470	1944
455	1919
427	1938
424	1854
410	1937
386	1838
496	2025
424	1888
425	1894
428	1941
392	1868
460	1894
425	1933
405	1862

메뉴	7, 8	그래프	9	세션창	15

12 공정능력 산정 문제 (비정규분포)

자료: Pulse1, 부분군의 크기=4, 규격 70±25 ; Pulse.MTW

(1) 무엇을 알기 위한 분석인가?

(2) 비정규분포의 공정능력 산정절차를 나열하시오.

(3) 적합한 분포를 탐색한 후, 물음에 답하시오.
   미니탭 명령어 :   적합한 분포 :
   판단기준 :

(4) 공정능력을 산정한 후, 물음에 답하시오.
   미니탭 명령어 :   시그마수준 :
   시그마수준의 향상방안 :

(5) 적합한 분포가 없으면, 다음 절차는 무엇인가?

Pulse1
64
58
62
66
64
74
84
68
62
76
90
80
92
68
60
62
66
70
68
72
...

메뉴	9, 10	그래프	11, 25	세션창	16

13. 공정능력 산정 문제 (비정규분포)
자료: Pulse2, 부분군의 크기=4, 규격 120±80 ; Pulse.MTW

(1) 무엇을 알기 위한 분석인가?

(2) 비정규분포의 공정능력 산정절차를 나열하시오.

(3) 적합한 분포를 탐색한 후, 물음에 답하시오.
　　미니탭 명령어 :
　　적합한 분포 :　　　　　　판단기준 :

(4) 공정능력을 산정한 후, 물음에 답하시오.
　　미니탭 명령어 :
　　시그마수준 :　　　　　　시그마수준의 향상방안 :

(5) 적합한 분포가 없으면, 시그마수준은 어떻게 구하는가?

Pulse2
88
70
76
78
80
84
84
72
75
118
94
96
84
76
76
58
82
72
76
80
…

| 메뉴 | 9, 10 | 그래프 | 10, 24 | 세션창 | 16 |

14. 공정능력 산정 문제 (비정규분포)
자료: Length, 부분군의 크기=5, 규격 120±20 ; Bpcapa.MTW

(1) 무엇을 알기 위한 분석인가?

(2) 비정규분포의 공정능력 산정절차를 나열하시오.

(3) 적합한 분포를 탐색한 후, 물음에 답하시오.
　　미니탭 명령어 :　　　　　적합한 분포 :

(4) DPMO는 얼마인가?
　　미니탭 명령어 :　　　　　DMPO :

(5) 시그마수준은 얼마인가?
　　수율공식 :　　　　　　　수율 :
　　미니탭 명령어 :　　　　　시그마수준 :

Length
132
130
120
124
138
148
101
102
124
119
120
123
101
121
133
138
113
119
128
103
…

| 메뉴 | 9, 10 | 그래프 | 10, 24 | 세션창 | 16 |

15. Gage R&R 문제 (계량치)

자료: 부품(Part), 평가자(Operator),
측정값(Measurement), Tolerance=10 ;
Gageaiag.MTW

(1) 무엇을 알기 위한 분석인가?

(2) 미니탭 명령어는 무엇인가?

(3) 부품과 측정자 간에 교호작용이 존재하는가?
  교호작용 존재 유무 :
  판단기준 :
  교호작용 없는 경우 분석방법 :

(4) 판단지표를 나열하고, 결론을 내리시오.
  판단지표 :   결론 :
  판단지표들 간 상충 시 최종결론 :

(5) 부적합 판정을 받으면, 어떤 조치가 필요한가?

Part	Operator	Measurement
1	A	0.29
1	A	0.41
1	A	0.64
2	A	−0.56
2	A	−0.68
2	A	−0.58
3	A	1.34
3	A	1.17
3	A	1.27
4	A	0.47
4	A	0.50
4	A	0.64
5	A	−0.80
5	A	−0.92
5	A	−0.84
6	A	0.02
6	A	−0.11
6	A	−0.21
7	A	0.59
7	A	0.75
...		

| 메뉴 | 11 | 그래프 | | 세션창 | 3 |

16. Gage R&R 문제 (계량치)

자료: 부품(Part), 평가자(Operator), 측정값(Measure2),
Tolerance=3 ; Gageaiag.MTW (수정), 1장 마지막

(1) 무엇을 알기 위한 분석인가?

(2) 부품과 측정자 간에 교호작용이 존재하는가?

(3) 판단지표를 나열하시오.

(4) 결론은 무엇인가?

(5) 반복성/재현성 중 어느 것이 더 큰 문제인가?

Part	Operator	Measure2
1	A	3.00
1	A	3.00
1	A	3.00
2	A	1.00
2	A	1.00
2	A	1.00
3	A	0.00
3	A	0.00
3	A	0.00
4	A	0.47
4	A	0.50
4	A	0.64
5	A	−0.80
5	A	−0.92
5	A	−0.84
6	A	0.02
6	A	−0.11
6	A	−0.21
7	A	0.59
7	A	0.75
...		

| 메뉴 | 11 | 그래프 | | 세션창 | 4 |

17 Gage R&R 문제 (계량치)

자료: 부품(Part), 평가자(Operator), 측정값(Measure3),
Tolerance=3 ; Gageaiag.MTW (수정), 1장 마지막

(1) 무엇을 알기 위한 분석인가?

(2) 미니탭 명령어는 무엇인가?

(3) 판단지표를 나열하시오.

(4) 결론은 무엇인가?

(5) 이 게이지를 사용하면 무슨 문제가 발생하는가?

Part	Operator	Measure3
1	A	0.00
1	A	0.00
1	A	0.00
2	A	−1.00
2	A	−1.00
2	A	−1.00
3	A	0.00
3	A	0.00
3	A	0.00
4	A	0.47
4	A	0.50
4	A	0.64
5	A	−0.80
5	A	−0.92
5	A	−0.84
6	A	0.02
6	A	−0.11
6	A	−0.21
7	A	0.59
7	A	0.75
...		

메뉴	11	그래프		세션창	5

18 Gage R&R 문제 (계수치, 참값 있는 경우)

자료: 부품(SampleNo), 평가자(Appraiser),
측정값(Try), 참값(Standard), 1장 마지막

(1) 무엇을 알기 위한 분석인가?

(2) 미니탭 명령어는 무엇인가?

(3) 3명 중 평가능력이 가장 떨어지는 사람은?

(4) 모든 평가자가 일치하는 경우는 몇 %인가?

(5) 분석 결과로부터 종합 판정을 내리시오.

SampleNo	Appraiser	Standard	Try
1	1	pass	pass
2	1	pass	pass
3	1	pass	pass
4	1	pass	pass
5	1	fail	fail
6	1	fail	fail
7	1	fail	fail
8	1	pass	pass
9	1	pass	pass
10	1	pass	pass
11	1	pass	pass
12	1	pass	pass
13	1	pass	pass
14	1	pass	pass
15	1	pass	pass
16	1	pass	pass
17	1	fail	pass
18	1	fail	fail
19	1	fail	fail
20	1	Pass	pass
...			

메뉴	12	그래프	14	세션창	6

19 Gage R&R 문제 (계수치, 참값 있는 경우)

자료: 부품(SampleNo), 평가자(Appraiser), 측정값(Try_1), 참값(Standard), 1장 마지막

(1) 무엇을 알기 위한 분석인가?

(2) 미니탭 명령어는 무엇인가?

(3) 3명 중 평가능력이 가장 우수한 사람은?

(4) 모든 평가자가 일치하는 경우는 몇 %인가?

(5) 분석 결과로부터 종합 판정을 내리시오.

SampleNo	Appraiser	Standard	Try 1
1	1	pass	pass
2	1	pass	pass
3	1	pass	pass
4	1	pass	pass
5	1	fail	fail
6	1	fail	fail
7	1	fail	fail
8	1	pass	pass
9	1	pass	pass
10	1	pass	pass
11	1	pass	pass
12	1	pass	pass
13	1	pass	pass
14	1	pass	pass
15	1	pass	pass
16	1	pass	pass
17	1	fail	pass
18	1	fail	fail
19	1	fail	fail
20	1	Pass	pass
…			

메뉴	12	그래프	15	세션창	7

20 Gage R&R 문제 (계수치, 참값 없는 경우)

자료: 부품(SampleNo2), 평가자(Appraiser2), 측정값(Try2), 1장 마지막

(1) 무엇을 알기 위한 분석인가?

(2) 미니탭 명령어는 무엇인가?

(3) 3명 중 평가능력이 가장 우수한 사람은?

(4) 모든 평가자가 일치하는 경우는 몇 %인가?

(5) 분석 결과로부터 종합 판정을 내리시오.

SampleNo2	Appraiser2	Try2
1	1	Yes
2	1	Yes
3	1	Yes
4	1	Yes
5	1	Yes
6	1	Yes
7	1	Yes
8	1	Yes
9	1	Yes
10	1	Yes
1	1	Yes
2	1	Yes
3	1	Yes
4	1	Yes
5	1	Yes
6	1	Yes
7	1	Yes
8	1	Yes
9	1	Yes
10	1	Yes
…		

메뉴	12	그래프	16	세션창	8

21. Gage R&R 문제 (계수치, 참값 없는 경우)

자료: 부품(SampleNo2), 평가자(Appraiser2), 측정값(Try2_1), 1장 마지막

(1) 무엇을 알기 위한 분석인가?

(2) 미니탭 명령어는 무엇인가?

(3) 3명 중 평가능력이 가장 떨어지는 사람은?

(4) 모든 평가자가 일치하는 경우는 몇 %인가?

(5) 분석 결과로부터 종합 판정을 내리시오.

SampleNo2	Appraiser2	Try2_1
1	1	Yes
2	1	Yes
3	1	Yes
4	1	Yes
5	1	Yes
6	1	Yes
7	1	Yes
8	1	Yes
9	1	Yes
10	1	Yes
1	1	Yes
2	1	Yes
3	1	Yes
4	1	Yes
5	1	Yes
6	1	Yes
7	1	Yes
8	1	Yes
9	1	Yes
10	1	Yes
...		

메뉴	12	그래프	17	세션창	9

22. Box-Cox 변환 문제

자료: Pulse1, 부분군의 크기=4 ; Pulse.MTW

(1) 무엇을 알기 위한 분석인가?

(2) 미니탭 명령어는 무엇인가?

(3) 변환승수(λ)는 얼마인가? 가장 근접한 값을 쓰시오.

(4) 이후의 분석단계를 기술하시오.

(5) 원 데이터 100의 변환 후 값은 얼마인가?

Pulse1
64
58
62
66
64
74
84
68
62
76
90
80
92
68
60
62
66
70
68
72
...

메뉴	13	그래프	18	세션창	

23. Box-Cox 변환 문제

자료: Marine, 부분군의 크기=5 ; Exh_mvar.MTW

(1) 무엇을 알기 위한 분석인가?

(2) 미니탭 명령어는 무엇인가?

(3) 변환승수(λ)는 얼마인가? 가장 근접한 값을 쓰시오.

(4) 이후의 분석단계를 기술하시오.

(5) 데이터 변환 이후에도 정규성이 성립하지 않으면, 시그마수준을 어떻게 구하는가?

Marine
368
355
469
506
402
423
440
489
432
403
428
372
372
420
394
407
422
423
434
474
...

메뉴	13	그래프	19	세션창	

24. Box-Cox 변환 문제

자료: Thickness, 부분군의 크기=3 ; Exh_aov.MTW

(1) 무엇을 알기 위한 분석인가?

(2) 미니탭 명령어는 무엇인가?

(3) Box-Cox 변환 후, 물음에 답하시오.
  변환승수(λ) :   38의 변환값 :

(4) 변환된 데이터 값으로 정규성 검정을 실시한 후, 다음 물음에 답하시오.
  P-Value :   정규성 여부 :
  왜 이런 결과가 나오는가?

(5) 비정규분포는 데이터 변환으로 대부분 정규성이 성립하는가?

(6) 데이터 변환 이후에도 정규성이 성립하지 않는 경우
  추가적인 분석 메뉴 :   시그마수준 산정방법 :

Thickness
38
40
63
59
76
78
39
42
72
70
95
96
45
40
78
79
103
106
40
40
...

메뉴	13, 3	그래프	20, 4	세션창	

25 Johnson 변환 문제

자료: Pulse1, 부분군의 크기=4 ; Pulse.MTW

(1) 무엇을 알기 위한 분석인가?

(2) 정규성 검정을 실시한 후, 물음에 답하시오.
 P-Value :   정규성 판정 :

(3) Box-Cox 변환 후, 물음에 답하시오.
 람다(λ)값 :   정규성 판정 :

(4) Johnson 변환 후, 물음에 답하시오.
 미니탭 명령어 :   40.6846의 변환 값 :
 P-Value :   정규성 판정 :

(5) 변환결과가 동일하면, 어떤 변환방법을 선택하는가?

| 메뉴 | 27, 3, 13 | 그래프 | 22, 3, 18 | 세션창 | |

Pulse1
64
58
62
66
64
74
84
68
62
76
90
80
92
68
60
62
66
70
68
72
...

26 Johnson 변환 문제

자료: Length, 부분군의 크기=5 ; Bpcapa.MTW

(1) 무엇을 알기 위한 분석인가?

(2) 정규성 검정을 실시한 후, 물음에 답하시오.
 P-Value :   정규성 판정 :

(3) Box-Cox 변환 후, 물음에 답하시오.
 람다(λ)값 :   정규성 판정 :

(4) Johnson 변환 후, 물음에 답하시오.
 미니탭 명령어 :   P-Value :
 정규성 판정 :   P-Value와 통계량 AD의 관계 :

(5) 변환결과의 차이는 왜 발생하는가?

| 메뉴 | 27, 3, 13 | 그래프 | 21, 3, 18 | 세션창 | |

Length
132
130
120
124
138
148
101
102
124
119
120
123
101
121
133
138
113
119
128
103
...

27 Johnson 변환 문제

자료: Thickness, 부분군의 크기=3 ; Exh_aov.MTW

(1) 무엇을 알기 위한 분석인가?

(2) 정규성 검정을 실시한 후, 물음에 답하시오.
  P-Value :
  정규성 판정 :

(3) Box-Cox 변환 후, 물음에 답하시오.
  람다(λ)값 :   정규성 판정 :

(4) Johnson 변환 후, 물음에 답하시오.
  미니탭 명령어 :
  P-Value :   정규성 판정 :

(5) 변환결과 정규성이 만족되지 않은 경우
  가설검정방법 :   공정능력 산정방법 :

| 메뉴 | 27, 3, 13 | 그래프 | 23, 4, 20 | 세션창 | |

Thickness
38
40
63
59
76
78
39
42
72
70
95
96
45
40
78
79
103
106
40
40
...

28 1-Sample t 검정 문제

자료: Insolation, 기존의 평균=700 ; Exh_regr.MTW

(1) 무엇을 알기 위한 분석인가?

(2) 미니탭 명령어는 무엇인가?

(3) 귀무가설(H0)을 세우시오.

(4) Insolation의 평균은 얼마인가?

(5) 분석 결과 어떻게 되는가?

| 메뉴 | 18 | 그래프 | 37 | 세션창 | 10 |

Insolation
783.35
748.45
684.45
827.80
860.45
875.15
909.45
905.55
756.00
769.35
793.50
801.65
819.65
808.55
774.95
711.85
694.85
638.10
774.55
757.90
...

29 1-Sample t 검정 문제

자료: East, 기존의 평균=35 ; Exh_regr.MTW

(1) 무엇을 알기 위한 분석인가?

(2) P-Value 이외 무엇으로 유의성을 판정하는가?

(3) 대립가설(H1)을 세우시오.

(4) East의 95% 신뢰구간은 얼마인가?

(5) 분석 결과 어떻게 되는가?

East
33.53
36.50
34.66
33.13
35.75
34.46
34.60
35.38
35.85
35.68
35.35
35.04
34.07
32.20
34.32
31.08
35.73
34.11
34.79
35.77
…

| 메뉴 | 18 | 그래프 | 38 | 세션창 | 11 |

30 2-Sample t 검정 문제

자료: Employ, Health ; Exh_mvar.MTW

(1) 무엇을 알기 위한 분석인가?

(2) 2-Sample t 검정을 하기 전에 먼저 수행해야 할 검정은 무엇입니까?

(3) Box Plot을 작성한 후, 물음에 답하시오.
상자의 크기비교 :　　　　관련 통계도구 :
상자의 높낮이비교 :　　　관련 통계도구 :

(4) 2-Sample t 검정을 실시한 후, 물음에 답하시오.
귀무가설(H0) :
평균 차이가 있습니까?
평균 차이는 얼마인가?

(5) 만약, 비정규분포이면 어떤 분석도구가 적합한가?

Employ	Health
2.265	2.27
0.597	0.75
1.237	1.11
1.649	0.81
2.312	2.50
3.641	4.51
1.244	1.03
2.618	2.39
3.147	5.52
1.606	2.18
2.119	2.83
0.798	0.84
1.336	1.75
2.763	1.91

| 메뉴 | 19, 16 | 그래프 | 31 | 세션창 | 12 |

31 2-Sample t 검정 문제

자료: Score1, Score2 ; Exh_regr.MTW

Score1	Score2
4.1	2.1
2.2	1.5
2.7	1.7
6.0	2.5
8.5	3.0
4.1	2.1
9.0	3.2
8.0	2.8
7.5	2.5

(1) 무엇을 알기 위한 분석인가?

(2) 2-Sample t 검정을 하기 전에 먼저 정규성 검정을 실시했다.
Score 1 :   Score 2 :

(3) Box Plot을 작성한 후, 물음에 답하시오.
상자의 크기비교 :   관련 통계도구 :
상자의 높낮이비교 :   관련 통계도구 :

(4) 2-Sample t 검정을 실시한 후, 물음에 답하시오.
대립가설(H1) :   평균 차이가 있습니까?
어느 곳의 평균이 작은가?

(5) 만약, 비정규분포이면 어떤 분석도구가 적합한가?

| 메뉴 | 19, 16 | 그래프 | 32 | 세션창 | 13 |

32 2-Sample t 검정 문제

자료: Gloss, Extrusion ; Exh_mvar.MTW

Gloss	Extrusion
9.5	1
9.9	1
9.6	1
9.6	1
9.2	1
9.1	1
10.0	1
9.9	1
9.5	1
9.4	1
9.1	2
9.3	2
8.3	2
8.4	2
8.5	2
9.2	2
8.8	2
9.7	2
10.1	2
9.2	2

(1) 무엇을 알기 위한 분석인가?

(2) 2-Sample t 검정을 하기 전에 먼저 수행해야 할 검정은 무엇입니까?

(3) Box Plot을 작성한 후, 물음에 답하시오.
상자의 크기비교 :   관련 통계도구 :
상자의 높낮이비교 :   관련 통계도구 :

(4) 2-Sample t 검정을 실시한 후, 물음에 답하시오.
대립가설(H1) :   평균 차이가 있습니까?
평균차이는 얼마인가?

(5) 만약, 비정규분포이면 어떤 분석도구가 적합한가?

| 메뉴 | 20, 16 | 그래프 | 33 | 세션창 | 14 |

33. Paired t 검정 문제

자료: Employ, Health ; Exh_mvar.MTW

Employ	Health
2.265	2.27
0.597	0.75
1.237	1.11
1.649	0.81
2.312	2.50
3.641	4.51
1.244	1.03
2.618	2.39
3.147	5.52
1.606	2.18
2.119	2.83
0.798	0.84
1.336	1.75
2.763	1.91

(1) 무엇을 알기 위한 검정인가?

(2) 2-Sample t 검정을 실시한 후, 물음에 답하시오.
   P-Value :   검정결과 판정 :

(3) Paired t 검정을 실시한 후, 물음에 답하시오.
   미니탭 명령어 :   대립가설(H1) :
   P-Value :   검정결과 판정 :

(4) 두 가지 검정결과가 동일한가?

(5) Paired t 검정이 유효한 사례는 무엇인가?

| 메뉴 | 41, 19 | 그래프 | 46 | 세션창 | 18, 12 |

34. Paired t 검정 문제

자료: Mat-A, Mat-B ; Exh_stat.MTW

Mat-A	Mat-B
13.2	14.0
8.2	8.8
10.9	11.2
14.3	14.2
10.7	11.8
6.6	6.4
9.5	9.8
10.8	11.3
8.8	9.3
13.3	13.6

(1) 무엇을 알기 위한 검정인가?

(2) 2-Sample t 검정을 실시한 후, 물음에 답하시오.
   P-Value :   검정결과 판정 :

(3) Paired t 검정을 실시한 후, 물음에 답하시오.
   미니탭 명령어 :   귀무가설(H0) :
   P-Value :   검정결과 판정 :

(4) 두 가지 검정결과가 동일한가?

(5) 왜 이런 결과가 나오는가?

| 메뉴 | 41, 19 | 그래프 | 46 | 세션창 | 17, 13 |

35 2 Variances 검정 문제

자료: Employ, Health ; Exh_mvar.MTW

Employ	Health
2.265	2.27
0.597	0.75
1.237	1.11
1.649	0.81
2.312	2.50
3.641	4.51
1.244	1.03
2.618	2.39
3.147	5.52
1.606	2.18
2.119	2.83
0.798	0.84
1.336	1.75
2.763	1.91

(1) 무엇을 알기 위한 분석인가?

(2) 미니탭 명령어는 무엇인가?

(3) 분석 결과 어떻게 되는가?

(4) 귀무가설(H0)을 세우시오.

(5) 'Health'의 95% 신뢰구간은 대략 얼마인가?

메뉴	21	그래프	39	세션창	19

36 2 Variances 검정 문제

자료: Score1, Score2 ; Exh_regr.MTW

Score1	Score2
4.1	2.1
2.2	1.5
2.7	1.7
6.0	2.5
8.5	3.0
4.1	2.1
9.0	3.2
8.0	2.8
7.5	2.5

(1) 무엇을 알기 위한 분석인가?

(2) F-test와 Levene's test의 선택기준은 무엇인가?

(3) 분석 결과 어떻게 되는가?

(4) 대립가설(H1)을 세우시오.

(5) 어느 샘플의 분산이 더 작습니까?

메뉴	21	그래프	40	세션창	20

37 1 Proportion 검정 문제

자료: A 제품은 과거 10% 불량, 새로운 공정조건에서 100개를 조사한 결과 5개 불량

(1) 무엇을 알기 위한 분석인가?

(2) 미니탭 명령어는 무엇인가?

(3) 불량률의 95% 신뢰구간은 얼마인가?

(4) 귀무가설(H0)을 세우시오.

(5) 분석 결과 어떻게 되는가?

| 메뉴 | 22 | 그래프 | | 세션창 | 21 |

38 1 Proportion 검정 문제

자료: 세차 불량률이 과거 5% 불량, 개선 후 1주일간 100대를 조사한 결과 1대 불량

(1) 무엇을 알기 위한 분석인가?

(2) 미니탭 명령어는 무엇인가?

(3) 대립가설(H1)을 세우시오.

(4) 분석 결과 어떻게 되는가?

(5) 개선 후 불량률은 얼마인가?

| 메뉴 | 22 | 그래프 | | 세션창 | 22 |

39 1 Proportion 검정 문제 (미니탭에 자료 있음)

자료: 고객만족도는 과거 90% 만족, 개선 후 100명을
조사한 결과 4명이 불만족, 1장 마지막

(1) 무엇을 알기 위한 분석인가?

(2) 미니탭 명령어는 무엇인가?

(3) 분석 결과 어떻게 되는가?

(4) 대립가설(H1)을 세우시오.

(5) 개선 후 만족도는 얼마인가?

만족도
0
1
1
0
1
1
1
1
1
0
1
1
1
1
1
0
1
1
1
1
1
…

| 메뉴 | 22 | 그래프 | | 세션창 | 23 |

40 2 Proportions 검정 문제

자료: 샘플1 2500개 중 100개 불량,
샘플2 3500개 중 50개 불량

(1) 무엇을 알기 위한 분석인가?

(2) 미니탭 명령어는 무엇인가?

(3) 분석 결과 어떻게 되는가?

(4) 귀무가설(H0)을 세우시오.

(5) 어느 샘플의 불량률이 더 높은가?

| 메뉴 | 23 | 그래프 | | 세션창 | 24 |

41. 2 Proportions 검정 문제

자료: 샘플1 2500개 중 50개 불량,
      샘플2 3500개 중 65개 불량

(1) 무엇을 알기 위한 분석인가?

(2) 미니탭 명령어는 무엇인가?

(3) 분석 결과 어떻게 되는가?

(4) 대립가설(H1)을 세우시오.

(5) 두 샘플의 불량률 차이는 얼마인가?

| 메뉴 | 23 | 그래프 | | 세션창 | 25 |

42. Chi-square 검정 문제

자료: 5개 라인별 양품(Good), 불량품(Bad)

Line	Good	Bad
1	35	5
2	55	10
3	45	7
4	77	23
5	90	5

(1) 미니탭 명령어는 무엇인가?

(2) 분석결과 어떻게 되는가?

(3) 어느 라인의 불량률이 가장 낮은가?

(4) 어떤 지표로부터 불량률이 높고 낮음을 판단하는가?

(5) 귀무가설(H0)을 세우시오.

| 메뉴 | 24 | 그래프 | | 세션창 | 26 |

43 Chi-square 검정 문제

자료: 성별 정당지지도 ; Exh_tabl.MTW

성별	Democrat	Republican	Other
남성	28	18	4
여성	22	27	1

(1) 무엇을 알기 위한 분석인가?

(2) Chi-Square로 가능한 검정 유형은 무엇인가?

(3) 분석결과 어떻게 되는가?

(4) 어떤 지표로부터 지지도 차이의 유무를 판단합니까?

(5) 대립가설(H1)을 세우시오.

| 메뉴 | 24 | 그래프 | | 세션창 | 27 |

44 One-way ANOVA 문제 (Unstack 상태)

자료: East, South, North ; Exh_regr.MTW

East	South	North
33.53	40.55	16.66
36.50	36.19	16.46
34.66	37.31	17.66
33.13	32.52	17.50
35.75	33.71	16.40
34.46	34.14	16.28
34.60	34.85	16.06
35.38	35.89	15.93
35.85	33.53	16.60
35.68	33.79	16.41
35.35	34.72	16.17
35.04	35.22	15.92
34.07	36.50	16.04
32.20	37.60	16.19
34.32	37.89	16.62
31.08	37.71	17.37
35.73	37.00	18.12
34.11	36.76	18.53
34.79	34.62	15.54
35.77	35.40	15.70
...	...	...

(1) 무엇을 알기 위한 분석인가?

(2) 미니탭 명령어는 무엇인가?

(3) 분석결과 어떻게 되는가?

(4) 변수의 설명력은 얼마인가?

(5) 귀무가설(H0)을 세우시오.

| 메뉴 | 25 | 그래프 | | 세션창 | 28 |

45 One-way ANOVA 문제 (Unstack 상태)

자료: Pop, School, Employ, Health, Home ;
Exh_mvar.MTW

Pop	School	Employ	Health	Home
5.935	14.2	2.265	2.27	2.91
1.523	13.1	0.597	0.75	2.62
2.599	12.7	1.237	1.11	1.72
4.009	15.2	1.649	0.81	3.02
4.687	14.7	2.312	2.50	2.22
8.044	15.6	3.641	4.51	2.36
2.766	13.3	1.244	1.03	1.97
6.538	17.0	2.618	2.39	1.85
6.451	12.9	3.147	5.52	2.01
3.314	12.2	1.606	2.18	1.82
3.777	13.0	2.119	2.83	1.80
1.530	13.8	0.798	0.84	4.25
2.768	13.6	1.336	1.75	2.64
6.585	14.9	2.763	1.91	3.17

(1) 무엇을 알기 위한 분석인가?

(2) P-Value 이외 판단기준은 무엇인가?

(3) 대립가설(H1)을 세우시오.

(4) 어느 변수의 평균이 가장 높은가?

(5) 분석결과 어떻게 되는가?

메뉴	25	그래프		세션창	29

46 One-way ANOVA 문제 (1열로 Stack 상태)

자료: 밀도(Density), 강도(Strength) ; Exh_aov.MTW

Density	Strength
0	1
5	1
2	1
4	1
4	2
7	2
6	2
5	2
7	3
8	3
10	3
7	3
1	1
4	1
3	1
2	1
6	2
7	2
8	2
7	2
...	...

(1) 무엇을 알기 위한 분석인가?

(2) 미니탭 명령어는 무엇인가?

(3) 분석결과 어떻게 되는가?

(4) 어느 강도에서 평균이 가장 큰가?

(5) 귀무가설(H0)을 세우시오.

메뉴	26	그래프	41	세션창	30

47 One-way ANOVA 문제 (1열로 Stack 상태)

자료: 투명도(Clarity), 지역(Region) ; Wine.MTW

(1) 무엇을 알기 위한 분석인가?

(2) P-Value 이외 판단기준은 무엇인가?

(3) 대립가설(H1)을 세우시오.

(4) 어느 지역에서 평균이 가장 낮은가?

(5) 분석결과 어떻게 되는가?

Clarity	Region
1.0	1
1.0	1
1.0	1
1.0	1
1.0	1
1.0	1
1.0	1
1.0	3
1.0	3
1.0	3
0.5	2
0.8	3
0.7	3
1.0	3
0.9	3
1.0	3
1.0	3
1.0	1
0.9	2
...	...

메뉴	26	그래프	42	세션창	31

48 Test for Equal Variances 검정 문제

자료: 밀도(Density), 강도(Strength) ; Exh_aov.MTW

(1) 무엇을 알기 위한 분석인가?

(2) 미니탭 명령어는 무엇인가?

(3) 분석결과 어떻게 되는가?

(4) 등분산 검정의 판단기준은 무엇입니까?

(5) 귀무가설(H0)을 세우시오.

Density	Strength
0	1
5	1
2	1
4	1
4	2
7	2
6	2
5	2
7	3
8	3
10	3
7	3
1	1
4	1
3	1
2	1
6	2
7	2
8	2
7	2
...	...

메뉴	30	그래프	43	세션창	

49. Test for Equal Variances 검정 문제

자료: 투명도(Clarity), 지역(Region) ; Wine.MTW

(1) 무엇을 알기 위한 분석인가?

(2) 미니탭 명령어는 무엇인가?

(3) 분석결과 어떻게 되는가?

(4) 어느 지역의 분산이 가장 큽니까?

(5) 대립가설(H1)을 세우시오.

Clarity	Region
1.0	1
1.0	1
1.0	1
1.0	1
1.0	1
1.0	1
1.0	1
1.0	3
1.0	1
1.0	3
0.5	2
0.8	3
0.7	3
1.0	3
0.9	3
1.0	3
1.0	3
1.0	1
0.9	2
...	...

메뉴	30	그래프	44	세션창	

50. General Linear Model 문제

자료: Responses(Impact), Model(HelmetType, Location) ; Exh_stat.MTW

(1) 무엇을 알기 위한 분석인가?

(2) 미니탭 명령어는 무엇인가?

(3) 유의한 인자는 무엇인가?

(4) 모델의 설명력은 얼마인가?

(5) 유의한 인자의 판단 시 P-Value 외 다른 것은 무엇인가?

Impact	HelmetType	Location
47	1	1
43	1	1
46	1	2
40	1	2
62	2	1
68	2	1
67	2	2
71	2	2
41	3	1
39	3	1
42	3	2
46	3	2

메뉴	28	그래프	45	세션창	33

51 General Linear Model 문제

자료: Responses(Density), Model(Minutes, Strength)
 ; Exh_aov.MTW

(1) 무엇을 알기 위한 분석인가?

(2) 미니탭 명령어는 무엇인가?

(3) 세션창의 결과로부터 물음에 답하시오.
   유의한 인자 :   모델의 설명력 :
   영향력이 보다 큰 인자 :

(4) 그래프창의 결과로부터 물음에 답하시오.
   교호작용의 존재유무 :   판단기준 :
   최대로 하는 조건에서 Density 값 :

(5) GLM으로 분석 가능한 모델은 무엇인가?

Density	Minutes	Strength
0	10	1
5	10	1
2	10	1
4	10	1
4	10	2
7	10	2
6	10	2
5	10	2
7	10	3
8	10	3
10	10	3
7	10	3
1	15	1
4	15	1
3	15	1
2	15	1
6	15	2
7	15	2
8	15	2
7	15	2
...		

| 메뉴 | 28 | 그래프 | 45 | 세션창 | 32 |

52 General Linear Model 문제

자료: Responses(Thickness), Model(Time, Operator),
 Covariates(Setting) ; Exh_aov.MTW

(1) 무엇을 알기 위한 분석인가?

(2) 미니탭 명령어는 무엇인가?

(3) 공변량(Covariates)을 무시한 경우, 물음에 답하시오.
   유의한 인자 :   모델의 설명력 :
   영향력이 보다 큰 인자 :

(4) 공변량(Covariates)을 포함한 경우, 물음에 답하시오.
   유의한 인자 :   모델의 설명력 :
   공변량은 유의한가? :

(5) 공변량을 무시한 경우와 포함한 경우의 결과 차이에 대하여 설명하시오.

(6) 공변량의 의미는 무엇인가?

Thickness	Time	Operator	Setting
38	1	1	35
40	1	1	35
63	1	1	44
59	1	1	44
76	1	1	52
78	1	1	52
39	1	2	35
42	1	2	35
72	1	2	44
70	1	2	44
95	1	2	52
96	1	2	52
45	1	3	35
40	1	3	35
78	1	3	44
79	1	3	44
103	1	3	52
106	1	3	52
40	2	1	35
40	2	1	35
...			

| 메뉴 | 29 | 그래프 | 45 | 세션창 | 34 |

53 Run Chart 문제

자료: Insolation, 부분군의 크기=1 ; Exh_regr.MTW

(1) 무엇을 알기 위한 분석인가?

(2) 시계열 그래프를 작성한 후, 물음에 답하시오.
    미니탭 명령어 :   추세, 경향 :
    관련된 통계도구 :

(3) Run Chart를 작성한 후, 다음 물음에 답하시오.
    이 자료는 안정적인가?
    추세, 경향 :   귀무가설(H0) :

(4) 자료가 불안정하다면, 가능한 조치는 무엇인가?

(5) 가장 관련이 높은 통계도구는 무엇인가?

Insolation
783.35
748.45
684.45
827.80
860.45
875.15
909.45
905.55
756.00
769.35
793.50
801.65
819.65
808.55
774.95
711.85
694.85
638.10
774.55
757.90
...

| 메뉴 | 17, 31 | 그래프 | 47, 34 | 세션창 | |

54 Run Chart 문제

자료: Sampled, 부분군의 크기=1 ; Exh_qc.MTW

(1) 무엇을 알기 위한 분석인가?

(2) 시계열 그래프를 작성한 후, 물음에 답하시오.
    미니탭 명령어 :
    추세, 경향 :   관련된 통계도구 :

(3) Run Chart를 작성한 후, 다음 물음에 답하시오.
    이 자료는 안정적인가?
    추세, 경향 :   대립가설(H1) :

(4) 자료가 불안정하다면, 가능한 조치는 무엇인가?

(5) 가장 관련이 높은 통계도구는 무엇인가?

Sampled
98
104
97
99
97
102
104
101
55
48
50
53
56
49
56
53
52
51
52
47

| 메뉴 | 17, 31 | 그래프 | 48, 35 | 세션창 | |

55 Run Chart 문제

자료: Calls, 부분군의 크기=1 ; Bpcapa.MTW

(1) 무엇을 알기 위한 분석인가?

(2) 시계열 그래프를 작성한 후, 물음에 답하시오.
   미니탭 명령어 :
   추세, 경향 :   관련된 통계도구 :

(3) Run Chart를 작성한 후, 다음 물음에 답하시오.
   이 자료는 안정적인가?
   추세, 경향 :   귀무가설(H0) :

(4) 자료가 불안정하다면, 가능한 조치는 무엇인가?

(5) 가장 관련이 높은 통계도구는 무엇인가?

Calls
1908
1912
1934
1889
1922
1964
1944
1919
1938
1854
1937
1838
2025
1888
1894
1941
1868
1894
1933
1862

| 메뉴 | 17, 31 | 그래프 | 49, 36 | 세션창 | |

56 Pareto Chart 문제

자료: 결함유형(Defects), 결함건수(Counts) ; Exh_qc.MTW

(1) 미니탭 명령어는 무엇인가?

(2) 결함건수가 가장 많은 유형은 어느 것인가?

(3) 누적 비율이 80%가 되는 유형들은 무엇인가?

(4) 파레토 차트를 통해 무엇을 알고자 하는가?

Defects	Counts
Missing Screws	274
Missing Clips	59
Defective Housi	19
Leaky Gasket	43
Scrap	4
Unconnected Wir	8
Missing Studs	6
Incomplete Part	10

| 메뉴 | 32 | 그래프 | 50 | 세션창 | |

57. Pareto Chart 문제

자료: 결함유형(Flaws) ; Exh_qc.MTW (수정), 1장 마지막

(1) 미니탭 명령어는 무엇인가?

(2) 결함건수가 가장 많은 유형은 어느 것인가?

(3) 누적 비율이 80%가 되는 유형들은 무엇인가?

(4) 파레토 차트를 통해 무엇을 알고자 하는가?

Flaws
Scratch
Scratch
Peel
Peel
Peel
Peel
Peel
Peel
Smudge
Scratch
Other
Other
Peel
Peel
Peel
Smudge
Smudge
Smudge
...

메뉴	32	그래프	51	세션창	

58. 상관분석 문제

자료: Freshwater(Y축), Marine(X축) ; Exh_mvar.MTW

(1) 무엇을 알기 위한 분석인가?

(2) 산점도를 작성한 후, 물음에 답하시오.
   미니탭 명령어 :
   상관관계 :   통계분석 도구 :

(3) 상관분석을 실시한 후, 물음에 답하시오.
   미니탭 명령어 :
   상관계수 :   상관관계 판정 :
   귀무가설(H0) .

(4) 상관관계가 존재하지 않으면, 추가적인 조치는 무엇인가?

(5) 상관관계가 존재하는 경우 추가적인 분석은 무엇인가?

Freshwater	Marine
108	368
131	355
105	469
86	506
99	402
87	423
94	440
117	489
79	432
99	403
114	428
123	372
123	372
109	420
112	394
104	407
111	422
126	423
105	434
119	474
...	...

메뉴	15, 33	그래프	28	세션창	35

59 상관분석 문제

자료: Height(Y축), Weight(X축) ; Pulse.MTW

Height	Weight
66.00	140
72.00	145
73.50	160
73.00	190
69.00	155
73.00	165
72.00	150
74.00	190
72.00	195
71.00	138
74.00	160
72.00	155
70.00	153
67.00	145
71.00	170
72.00	175
69.00	175
73.00	170
74.00	180
66.00	135
…	…

(1) 무엇을 알기 위한 분석인가?

(2) 산점도를 작성한 후, 물음에 답하시오.
    미니탭 명령어 :
    상관관계 :   통계분석 도구 :

(3) 상관분석을 실시한 후, 물음에 답하시오.
    미니탭 명령어 :
    상관계수 :   상관관계 판정 :
    대립가설(H1) :

(4) 상관관계가 존재하지 않으면, 추가적인 조치는 무엇인가?

(5) 상관관계가 존재하는 경우 추가적인 분석은 무엇인가?

| 메뉴 | 15, 33 | 그래프 | 29 | 세션창 | 36 |

---

60 상관분석 문제

자료: Pulse1(Y축), Weight(X축) ; Pulse.MTW

Pulse1	Weight
64	140
58	145
62	160
66	190
64	155
74	165
84	150
68	190
62	195
76	138
90	160
80	155
92	153
68	145
60	170
62	175
66	175
70	170
68	180
72	135
…	…

(1) 무엇을 알기 위한 분석인가?

(2) 산점도를 작성한 후, 물음에 답하시오.
    미니탭 명령어 :
    상관관계 :   통계분석 도구 :

(3) 상관분석을 실시한 후, 물음에 답하시오.
    미니탭 명령어 :
    상관계수 :   상관관계 판정 :
    귀무가설(H0) :

(4) 상관관계가 존재하지 않으면, 추가적인 조치는 무엇인가?

(5) 상관관계가 존재하는 경우 추가적인 분석은 무엇인가?

| 메뉴 | 15, 33 | 그래프 | 30 | 세션창 | 37 |

61 회귀분석 문제 (선형방정식)

자료: Freshwater(Y축), Marine(X축) ; Exh_mvar.MTW

(1) 무엇을 알기 위한 분석인가?

(2) 분석 절차를 순서대로 쓰시오.

(3) 회귀분석 전, 물음에 답하시오.
　　미니탭 명령어 :　　　　　귀무가설(H0) :
　　상관계수와 설명력의 관계 :

(4) 회귀분석 후, 물음에 답하시오.
　　회귀방정식 :　　　　　　회귀식의 유의성 판정 :
　　회귀식의 설명력 :

(5) 회귀식이 유의하지 않을 경우 추가적인 조치는 무엇인가?

Freshwater	Marine
108	368
131	355
105	469
86	506
99	402
87	423
94	440
117	489
79	432
99	403
114	428
123	372
123	372
109	420
112	394
104	407
111	422
126	423
105	434
119	474
...	...

메뉴	35	그래프	52	세션창	38

62 회귀분석 문제 (선형방정식)

자료: Height(Y축), Weight(X축) ; Pulse.MTW

(1) 무엇을 알기 위한 분석인가?

(2) 분석 절차를 순서대로 쓰시오.

(3) 회귀분석 전, 물음에 답하시오.
　　미니탭 명령어 :　　　　　대립가설(H1) :
　　상관계수와 설명력의 관계 :

(4) 회귀분석 후, 물음에 답하시오.
　　회귀방정식 :　　　　　　회귀식의 유의성 판정 :
　　회귀식의 설명력 :

(5) 회귀식이 유의한 경우 추가적인 조치는 무엇인가?

Height	Weight
66.00	140
72.00	145
73.50	160
73.00	190
69.00	155
73.00	165
72.00	150
74.00	190
72.00	195
71.00	138
74.00	160
72.00	155
70.00	153
67.00	145
71.00	170
72.00	175
69.00	175
73.00	170
74.00	180
66.00	135
...	...

메뉴	34	그래프	53	세션창	39

63 회귀분석 문제 (선형방정식)

자료: Pulse1(Y축), Weight(X축) ; Pulse.MTW

(1) 회귀방정식을 쓰시오.

(2) 회귀방정식은 통계적으로 유의한가?

(3) 회귀식의 통계적 유의성의 판단기준은 무엇인가?

(4) 회귀방정식의 설명력은 얼마인가?

(5) 비선형 회귀분석 결과 회귀식은 유의한가?

Pulse1	Weight
64	140
58	145
62	160
66	190
64	155
74	165
84	150
68	190
62	195
76	138
90	160
80	155
92	153
68	145
60	170
62	175
66	175
70	170
68	180
72	135
...	...

메뉴	34	그래프	54	세션창	40

64 회귀분석 문제 (종속변수 예측)

자료: Freshwater(Y축), Marine(X축) ; Exh_mvar.MTW

(1) 미니탭 명령어는 무엇인가?

(2) 회귀방정식을 쓰시오.

(3) 회귀방정식은 통계적으로 유의한가?

(4) 두 변수의 상관계수를 구하고, 상관관계를 판정하시오.

(5) 독립변수(X) 'Marine'의 값이 550일 때 종속변수(Y) 'Freshwater'의 값을 예측하시오.

Freshwater	Marine
108	368
131	355
105	469
86	506
99	402
87	423
94	440
117	489
79	432
99	403
114	428
123	372
123	372
109	420
112	394
104	407
111	422
126	423
105	434
119	474
...	...

메뉴	36, 33	그래프		세션창	41

65. 회귀분석 문제 (종속변수 예측)

자료: Height(Y축), Weight(X축) ; Pulse.MTW

Height	Weight
66.00	140
72.00	145
73.50	160
73.00	190
69.00	155
73.00	165
72.00	150
74.00	190
72.00	195
71.00	138
74.00	160
72.00	155
70.00	153
67.00	145
71.00	170
72.00	175
69.00	175
73.00	170
74.00	180
66.00	135
...	...

(1) 무엇을 알기 위한 분석인가?

(2) 회귀분석을 실시한 후, 물음에 답하시오.
 미니탭 명령어 :
 회귀방정식 :   회귀식의 유의성 판정 :

(3) 상관분석을 실시한 후, 물음에 답하시오.
 상관계수 :   상관관계 판정 :

(4) 독립변수(X) 'Weight'의 값이 200일 때
 종속변수(Y) 'Height'의 값을 예측하시오.

(5) 회귀식의 설명력과 상관계수의 관계는?

| 메뉴 | 36, 33 | 그래프 | | 세션창 | 42, 35 |

66. 회귀분석 문제 (변수선택)

자료: HeatFlux (Y, 종속변수), East, South,
  North, Time (X, 독립변수) ; Exh_regr.MTW

HeatFlux	East	South	North	Time
271.8	33.53	40.55	16.66	13.20
264.0	36.50	36.19	16.46	14.11
238.8	34.66	37.31	17.66	15.68
230.7	33.13	32.52	17.50	10.53
251.6	35.75	33.71	16.40	11.00
257.9	34.46	34.14	16.28	11.31
263.9	34.60	34.85	16.06	11.96
266.5	35.38	35.89	15.93	12.58
229.1	35.85	33.53	16.60	10.66
239.3	35.68	33.79	16.41	10.85
258.0	35.35	34.72	16.17	11.41
257.6	35.04	35.22	15.92	11.91
267.3	34.07	36.50	16.04	12.85
...	...	...	...	...

(1) 무엇을 알기 위한 분석인가?

(2) 미니탭 명령어는 무엇인가?

(3) 변수선택을 위한 미니탭 명령어를 실행하시오.
 변수 2개 선택 :   선택기준과 그 값 :
 최적의 조건으로 변수선택 :

(4) 선택된 2개의 변수를 이용하여 회귀분석을 실행하시오.
 미니탭 명령어 :   회귀방정식 :
 회귀방정식은 통계적으로 유의한가?

(5) 변수가 늘어나면 R-sq는 계속 증가하는데, 그 이유는 무엇인가?

| 메뉴 | 37, 35 | 그래프 | | 세션창 | 43, 38 |

67 회귀분석 문제 (변수선택)

자료: Pop (Y, 종속변수), School, Employ,
Health, Home (X, 독립변수) ;
Exh_mvar.MTW

Pop	School	Employ	Health	Home
5.935	14.2	2.265	2.27	2.91
1.523	13.1	0.597	0.75	2.62
2.599	12.7	1.237	1.11	1.72
4.009	15.2	1.649	0.81	3.02
4.687	14.7	2.312	2.50	2.22
8.044	15.6	3.641	4.51	2.36
2.766	13.3	1.244	1.03	1.97
6.538	17.0	2.618	2.39	1.85
6.451	12.9	3.147	5.52	2.01
3.314	12.2	1.606	2.18	1.82
3.777	13.0	2.119	2.83	1.80
1.530	13.8	0.798	0.84	4.25
2.768	13.6	1.336	1.75	2.64
6.585	14.9	2.763	1.91	3.17

(1) 무엇을 알기 위한 분석인가?

(2) 미니탭 명령어는 무엇인가?

(3) 변수선택을 위한 미니탭 명령어를 실행하시오.
  변수 2개 선택 :   선택기준과 그 값 :
  최적의 조건으로 변수선택 :

(4) 선택된 2개의 변수를 이용하여 회귀분석을 실행하시오.
  미니탭 명령어 :   회귀방정식 :
  회귀방정식은 통계적으로 유의한가?

(5) R-sq(adj)는 증가하다가 정점을 통과한 후 감소하는데, 그 이유는 무엇인가?

| 메뉴 | 37, 35 | 그래프 | | 세션창 | 44, 38 |

68 1-Sample Sign 검정 문제

자료: 만족도(Values), 기존의 중앙값=4.5 ; Exh_stat.MTW

Values
4.9
5.1
4.6
5.0
5.1
4.7
4.4
4.7
4.6

(1) 무엇을 알기 위한 분석인가?

(2) 귀무가설(H0)을 세우시오.

(3) 만족도가 높아졌습니까?

(4) 새로운 방법에서 만족도의 중앙값은 얼마입니까?

(5) 만약, 정규성이 만족된다면, 어떤 분석도구가 적합한가?

| 메뉴 | 38 | 그래프 | | 세션창 | 45 |

69. 1-Sample Sign 검정 문제

자료: 달성도(Achievement), 기존의 중앙값=80 ; Exh_stat.MTW

Achievement
77
88
85
74
75
62
80
70
83

(1) 미니탭 명령어는 무엇인가?

(2) 대립가설(H1)을 세우시오.

(3) 만족도가 높아졌습니까?

(4) 새로운 방법에서 달성도의 중앙값은 얼마입니까?

(5) 만약, 정규성이 만족된다면, 어떤 분석도구가 적합한가?

| 메뉴 | 38 | 그래프 | | 세션창 | 46 |

---

70. Mann-Whitney 검정 문제

자료: Mat-A, Mat-B ; Exh_stat.MTW

Mat-A	Mat-B
13.2	14.0
8.2	8.8
10.9	11.2
14.3	14.2
10.7	11.8
6.6	6.4
9.5	9.8
10.8	11.3
8.8	9.3
13.3	13.6

(1) 무엇을 알기 위한 검정인가?

(2) 미니탭 명령어는 무엇인가?

(3) 귀무가설(H0)을 세우시오.

(4) 두 자료의 차이가 있는가?

(5) 만약, 정규성이 만족된다면 어떤 분석도구가 적합한가?

| 메뉴 | 40 | 그래프 | | 세션창 | 47 |

71 Mann-Whitney 검정 문제

자료: Score1, Score2 ; Exh_regr.MTW

Score1	Score2
4.1	2.1
2.2	1.5
2.7	1.7
6.0	2.5
8.5	3.0
4.1	2.1
9.0	3.2
8.0	2.8
7.5	2.5

(1) 무엇을 알기 위한 검정인가?

(2) 대립가설(H1)을 세우시오.

(3) 두 자료는 유의한 차이가 있는가?

(4) 95% 신뢰구간은 얼마인가?

(5) 유의한 차이가 있다면, 그 차이는 얼마인가?

메뉴	40	그래프		세션창	48

72 Kruscal-Wallis 검정 문제

자료: 충격량(Impact), 헬멧 종류(HelmetType) ; Exh_stat.MTW

Impact	Helmet
47	1
43	1
46	1
40	1
62	2
68	2
67	2
71	2
41	3
39	3
42	3
46	3

(1) 무엇을 알기 위한 분석인가?

(2) 귀무가설(H0)을 세우시오.

(3) 헬멧의 종류에 따라 충격량의 차이가 있는가?

(4) 만약, 존재한다면 어느 수준에서의 충격량이 가장 작은가?

(5) 만약, 정규성이 성립된다면, 어떤 도구를 사용하는가?

메뉴	39	그래프		세션창	49

73 Kruscal-Wallis 검정 문제

자료: 두께(Thickness), 작업자(Operator) ; Exh_aov.MTW

(1) 미니탭 명령어는 무엇인가?

(2) 대립가설(H1)을 세우시오.

(3) 작업자에 따라 두께의 차이가 있는가?

(4) 3번 작업자의 두께의 중앙값은 얼마입니까?

(5) 만약, 정규성이 성립된다면, 어떤 도구를 사용하는가?

Thickness	Operator
38	1
40	1
63	1
59	1
76	1
78	1
39	2
42	2
72	2
70	2
95	2
96	2
45	3
40	3
78	3
79	3
103	3
106	3
40	1
40	1
...	...

메뉴	39	그래프		세션창	50

74 실험계획 (DOE : 완전 요인설계) 문제

자료: 3인자, 2회 반복

(1) DOE를 위한 미니탭 명령어의 순서를 나열하시오.

(2) 1차 분석을 수행한 후, 다음 물음에 답하시오.
  중요한 인자 :   풀링 대상 :

(3) 2차 분석을 수행한 후, 다음 물음에 답하시오.
  선형방정식 :
  귀무가설(H0) :

(4) 최적화를 실행한 후, 다음 물음에 답하시오.(Minimize, Target-1, Upper=5)
  최적조건 :   최적값 :
  목표값의 충족율은 얼마인가? :

(5) 목표미달의 경우 다음 단계는 무엇인가?

Full 1
1
2
3
4
5
6
7
8
2
3
4
8
6
5
7
10

메뉴	42~49	그래프	55~66	세션창	51~58

75. 실험계획 (DOE : 완전 요인설계) 문제

자료: 2인자, 3회 반복

Full 2
10
6
8
4
8
6
10
6
8
8
10
6

(1) 실험의 목적은 무엇인가?

(2) 1차 분석을 수행한 후, 다음 물음에 답하시오.
중요한 인자 :   풀링 대상 :

(3) 2차 분석을 수행한 후, 다음 물음에 답하시오.
선형방정식 :   대립가설(H1) :

(4) 최적화를 실행한 후, 다음 물음에 답하시오. (Maximize, Lower=5, Target=10)
최적조건 :   최적값 :
목표값의 충족율은 얼마인가? :

(5) 요인배치 실험결과 목표달성의 경우 다음 단계는?

| 메뉴 | 42~49 | 그래프 | 55~66 | 세션창 | 51~58 |

76. 실험계획 (DOE : 부분 요인설계) 문제

자료: 4인자, 1/2 Fraction, 2회 반복

Fraction 1
3
4
5
6
7
8
2
3
4
8
6
5
7
10
1
2

(1) DOE를 위한 미니탭 명령어의 순서를 나열하시오.

(2) 1차 분석을 수행한 후, 다음 물음에 답하시오.
해상도 :   중요한 인자 :
풀링 대상 :

(3) 2차 분석을 수행한 후, 다음 물음에 답하시오.
선형방정식 :   귀무가설(H0) :
축소모형에 대한 검정결과 :

(4) 요인배치실험 결과 목표미달의 경우 다음 단계의 실험은 무엇인가?

| 메뉴 | 42~49 | 그래프 | 55~66 | 세션창 | 51~58 |

77 실험계획 (DOE : 부분 요인설계) 문제
자료: 7인자, 1/16 Fraction, 2회 반복

Fraction 2
2
10
1
8
2
2
6
12
3
15
5
6
2
6
9
12

(1) 실험의 목적은 무엇인가?

(2) 1차 분석을 수행한 후, 다음 물음에 답하시오.
　　해상도 :　　　　　　중요한 인자 :
　　풀링 대상 :

(3) 2차 분석을 수행한 후, 다음 물음에 답하시오.
　　선형방정식 :　　　　　대립가설(H1) :
　　축소모형에 대한 검정결과 :

(4) 요인배치실험 결과 목표달성의 경우 다음 단계의 실험은 무엇인가?

| 메뉴 | 42~49 | 그래프 | 55~66 | 세션창 | 51~58 |

78 실험계획 (DOE : Plackett-Burman 설계) 문제
자료: 15인자, Tear(반응치) ; Exh_mvar.MTW

Tear
6.5
6.2
5.8
6.5
6.5
6.9
7.2
6.9
6.1
6.3
6.7
6.6
7.2
7.1
6.8
7.1
7.0
7.2
7.5
7.6

(1) 실험의 목적은 무엇인가?

(2) 최소 실험으로 설계하면, 실험회수는 얼마인가?

(3) 1차 분석을 수행한 후, 상위 5개 인자만 선별하시오.
　　상위 선발인자 :　　　　풀링 대상 :

(4) 상위 선별인자로 2차 분석을 수행한 후, 물음에 답하시오.
　　최종 선정인자 :　　　　귀무가설(H0) :
　　기여율 :

(5) 다음 단계의 실험은 무엇인가?

| 메뉴 | 50, 51 | 그래프 | 67, 68 | 세션창 | 59, 60 |

79 실험계획 (DOE : Plackett-Burman 설계) 문제

자료: 12인자, Gloss(반응치) ; Exh_mvar.MTW

(1) 실험의 목적은 무엇인가?

(2) 최소 실험으로 설계하면, 실험회수는 얼마인가?

(3) 1차 분석을 수행한 후, 상위 6개 인자만 선별하시오.
    상위 선발인자 :   풀링 대상 :

(4) 상위 선발인자로 2차 분석을 수행한 후, 물음에 답하시오.
    최종 선정인자 :   대립가설(H1) :
    기여율 :

(5) 다음 단계의 실험은 무엇인가?

| 메뉴 | 50, 51 | 그래프 | 67, 68 | 세션창 | 59, 60 |

Gloss
9.5
9.9
9.6
9.6
9.2
9.1
10.0
9.9
9.5
9.4
9.1
9.3
8.3
8.4
8.5
9.2
8.8
9.7
10.1
9.2

80 실험계획 (DOE : Define Custom Design) 문제

자료: 15인자, Tear(반응치) ; Exh_mvar.MTW

(1) 앞의 Plackett-Burman 설계(반응변수 : Tear) 문제에서
    상위 5개 인자로 2수준 요인배치설계를 정의하시오.
    미니탭 명령어 :   해상도 :

(2) 1차 분석을 수행한 후, 상위 3개 인자만 선별하시오.

(3) 3개 인자로 2차 분석을 수행한 후, 물음에 답하시오.
    최종 선정인자 :   축소모형에 대한 검정결과 :

(4) 최적화를 실행한 후, 다음 물음에 답하시오.(Maximize, Lower=7, Target=7.5)
    최적조건 :   최적값 :

(5) 본 실험 이후의 단계는 무엇인가?

| 메뉴 | 61, 42~49 | 그래프 | 74, 55~56 | 세션창 | 51~58 |

Tear
6.5
6.2
5.8
6.5
6.5
6.9
7.2
6.9
6.1
6.3
6.7
6.6
7.2
7.1
6.8
7.1
7.0
7.2
7.5
7.6

81. 실험계획 (DOE : RSM_Central composite 설계) 문제
자료: 2인자, 13회 실험

Central
10
15
15
20
10
12
15
20
8
10
8
10
12

(1) 반응표면분석(RSM)은 언제 적용하는 실험인가?

(2) 1차 분석을 수행한 후, 중요 인자를 선별하시오.
   중요한 인자 :   풀링 대상 :

(3) 풀링 후 2차 분석을 수행하고, 다음 물음에 답하시오.
   최종 방정식 :   귀무가설(H0) :

(4) 최적화를 실행한 후, 다음 물음에 답하시오.(Minimize, Target=5, Upper=10)
   최적조건 :   최적값 :

(5) 실험 결과 목표미달의 경우 다음 단계는 무엇인가?

| 메뉴 | 52~55 | 그래프 | 69, 70 | 세션창 | 61~64 |

---

82. 실험계획 (DOE : RSM_Box-Behnken 설계) 문제
자료: 3인자, 15회 실험

Behnken
5
10
2
10
15
10
5
20
15
10
10
8
10
8
12

(1) 반응표면분석(RSM)은 언제 적용하는 실험인가?

(2) 1차 분석을 수행한 후, 중요 인자를 선별하시오.
   중요한 인자 :   풀링 대상 :

(3) 풀링 후 2차 분석을 수행하고, 다음 물음에 답하시오.
   최종 방정식 :   대립가설(H1) :

(4) 최적화를 실행한 후, 다음 물음에 답하시오.(Maximize, Lower=15, Target=20)
   최적조건 :   최적값 :

(5) 실험 결과 목표달성의 경우 다음 단계는 무엇인가?

| 메뉴 | 52~55 | 그래프 | 69, 70 | 세션창 | 61~64 |

83 실험계획 (DOE : 2^N → RSM 설계) 문제

자료: 3인자, 2회 반복실험(Full_1) + 축점 + 중심점

Corner Pt	Axial Pt	Center Pt
1	5	8
2	5	7
3	2	6
4	7	8
5	2	7
6	5	6
7		
8		
2		
3		
4		
8		
6		
5		
7		
10		

(1) 2인자 요인설계에서 축점과 중심점을 추가하여 반응표면분석으로 설계를 변경하시오.
   미니탭 명령어 :   설계의 종류 :

(2) 축점과 중심점의 실험값을 입력한 후, 1차 분석을 실시하시오.
   중요한 인자 :   블록의 유의성 검정 :

(3) 2차 분석을 실시한 후, 다음 물음에 답하시오.
   R-Sq(adj) 변화 :   축소모형의 검정결과 :

(4) 최적화를 실행하시오.(Minimize, Target=1, Upper=5)
   최적조건 :   최적값 :
   최소값의 조건 :   최소값 :

(5) 어떤 경우에 적용하는가?

| 메뉴 | 62, 52~55 | 그래프 | 75, 69, 70 | 세션창 | 70, 61~64 |

---

84 실험계획 (DOE : Taguchi 설계_망소특성) 문제

자료: 제어인자 A, B, C, D, A*B ; 잡음인자 N
   ; 2수준 2회 반복 실험

N1y1	N1y2	N2y1	N2y2
5	8	9	7
9	9	8	4
9	15	10	12
12	8	10	14
9	13	5	12
20	23	19	9
6	5	7	7
9	4	12	11

(1) 다구찌(Taguchi) 기법의 가장 큰 특징은 무엇인가?

(2) 미니탭 명령어를 순서대로 나열하시오.

(3) 분석을 수행하고, 다음 물음에 답하시오.
   최적조건 :   영향이 가장 큰 인자 :

(4) 최적조건에서 특성치를 예측하고, 다음 물음에 답하시오.
   현재의 SN 비 :   최적조건에서 예측값 :

(5) SN비와 손실금액의 개선량을 구하시오.
   SN비 개선 :   손실금액 개선 :

| 메뉴 | 56~60 | 그래프 | 71~73 | 세션창 | 65~69 |

85. 실험계획 (DOE : Taguchi 설계_망대특성) 문제
자료: Golfball.MTW

Driver	Iron
247.5	234.3
224.4	214.5
59.4	9.5
75.9	72.6
155.1	148.5
39.6	29.7
92.4	82.5
21.9	18.6

(1) 제어인자 :　　　　　　　잡음인자 :

(2) 분석을 수행하고, 다음 물음에 답하시오.
　　최적조건 :　　　　　　　영향이 가장 큰 인자 :

(3) 최적조건에서 특성치를 예측하고, 다음 물음에 답하시오.
　　현재의 SN 비 :　　　　　최적조건의 예측값 :

(4) SN비와 손실금액의 개선량을 구하시오.
　　SN비 개선 :　　　　　　손실금액 개선 :

(5) 최적조건에서 평균 비거리는 얼마인가?

| 메뉴 | 56~60 | 그래프 | 71~73 | 세션창 | 65~69 |

86. 실험계획 (DOE : Taguchi → 요인배치설계) 문제
자료: 반응치(Driver, Iron) ; Golfball.MTW

Driver	Iron
247.5	234.3
224.4	214.5
59.4	49.5
75.9	72.6
155.1	148.5
39.6	29.7
92.4	82.5
21.9	18.6

(1) 실험을 요인배치법으로 재설계하시오.
　　미니탭 명령어 :　　　　　해상도 :

(2) 1차 분석을 수행하고, 다음 물음에 답하시오.
　　중요인자 :　　　　　　　영향력이 가장 큰 인자 :
　　하위 2개만 poolong :

(3) 2차 분석을 수행하고, 다음 물음에 답하시오.
　　중요인자(Driver 기준) :　　　R-Sq(adj)(Driver 기준) :

(4) 최적화를 실행하시오.(Maximize, Lower=200, Target=300)
　　최적조건 :　　　　　　　최적값 :

(5) 다구찌 실험의 결과와 일치하는가?

| 메뉴 | 63, 42~49 | 그래프 | 76, 55~56 | 세션창 | 51~58 |

87. Xbar-R 관리도 문제

자료: 두께(Coating), 부분군의 크기=3 ; Bwcapa.MTW

(1) 미니탭 명령어는 무엇인가?

(2) 데이터의 종류는 무엇인가? (연속형/이산형)

(3) 관리도의 해석순서는 어떻게 되는가?

(4) 산포 관리도의 관리하한선이 "0"으로 고정되는 이유?

(5) 관리도를 해석하시오.

Coating
50.3175
50.1432
50.4081
49.5077
50.2715
49.4091
49.3587
49.1436
49.5229
49.5005
50.4829
49.7904
47.9110
47.9221
48.6716
49.8851
50.1697
49.8762
50.4223
50.7303
…

| 메뉴 | 66 | 그래프 | 77 | 세션창 | |

88. Xbar-R 관리도 문제

자료: 편차(Faults), 부분군의 크기=5 ; Exh_qc.MTW

(1) 무엇을 알기 위한 분석인가?

(2) 편차(Faults)의 평균은 얼마인가?

(3) 관리도의 해석순서는 어떻게 되는가?

(4) 평균 관리도의 관리한계선을 쓰시오.

(5) 관리도를 해석하시오.

Faults
−0.22435
0.29532
0.35517
−0.25060
0.04660
−0.01963
0.12111
−0.72188
−0.77907
0.08592
0.85706
0.76707
−1.74551
1.03661
1.55849
0.80987
1.16753
1.69012
0.08032
0.71976
…

| 메뉴 | 65 | 그래프 | 78 | 세션창 | |

89. Xbar-R 관리도 문제

자료: 키(Height), 부분군의 크기=4 ; Pulse.MTW

(1) 미니탭 명령어는 무엇인가?

(2) 관리상태의 판정방법은 무엇인가?

(3) 관리도의 해석순서는 어떻게 되는가?

(4) 산포 관리도의 관리한계선을 쓰시오.

(5) 관리도를 해석하시오.

Height
66.00
72.00
73.50
73.00
69.00
73.00
72.00
74.00
72.00
71.00
74.00
72.00
70.00
67.00
71.00
72.00
69.00
73.00
74.00
66.00
...

메뉴	65	그래프	79	세션창	

90. I-MR 관리도 문제

자료: 세차 대기시간(Unavailable, 초) ; Bpcapa.MTW

(1) 무엇을 알기 위한 분석인가?

(2) 세차 대기시간의 평균은 얼마인가?

(3) 부분군의 크기는 얼마인가?

(4) 평균(I) 관리도의 관리한계선을 쓰시오.

(5) 관리도를 해석하시오.

Unavailable
432
392
497
459
433
424
470
455
427
424
410
386
496
431
425
428
392
460
425
405

메뉴	66	그래프	80	세션창	

91 I-MR 관리도 문제

자료: 주유량 오차(Home) ; Exh_mvar.MTW

(1) 무엇을 알기 위한 분석인가?

(2) 미니탭 명령어는 무엇인가?

(3) 관리도의 해석순서는 어떻게 되는가?

(4) 산포(MR) 관리도의 관리한계선을 쓰시오.

(5) 관리도를 해석하시오.

| 메뉴 | 66 | 그래프 | 81 | 세션창 | |

Home
2.91
2.62
1.72
3.02
2.22
2.36
1.97
1.85
2.01
1.82
1.80
4.25
2.64
3.17

92 I-MR 관리도 문제

자료: 주유량(South) ; Exh_regr.MTW

(1) 미니탭 명령어는 무엇인가?

(2) 데이터의 종류는 무엇인가? (연속형/이산형)

(3) 관리상태의 판정방법은 무엇인가?

(4) 산포 관리도의 관리하한선(LCL)이 "0"으로 고정되는 이유를 설명하시오.

(5) 관리도를 해석하시오.

| 메뉴 | 66 | 그래프 | 82 | 세션창 | |

South
40.55
36.19
37.31
32.52
33.71
34.14
34.85
35.89
33.53
33.79
34.72
35.22
36.50
37.60
37.89
37.71
37.00
36.76
34.62
35.40
...

93. P 관리도 문제

자료: 세차대수(Calls), 사고건수(Unavailable) ; Bpcapa.MTW

(1) 무엇을 알기 위한 분석인가?

(2) 평균 사고비율은 얼마인가?

(3) 부분군의 크기(sample size)는 동일한가?

(4) P 관리도의 관리한계선을 쓰시오.

(5) 관리도를 해석하시오.

Unavailable	Calls
432	1908
392	1912
497	1934
459	1889
433	1922
424	1964
470	1944
455	1919
427	1938
424	1854
410	1937
386	1838
496	2025
424	1888
425	1894
428	1941
392	1868
460	1894
425	1933
405	1862

메뉴	67	그래프	83	세션창	

94. P 관리도 문제

자료: 주유대수(Sampled), 경차 대수(Rejects) ; Exh_qc.MTW

(1) 미니탭 명령어는 무엇인가?

(2) 평균 경차비율은 얼마인가?

(3) 부분군의 크기(sample size)는 동일한가?

(4) P 관리도의 관리한계선이 들쭉날쭉한 이유를 설명하시오.

(5) 관리도를 해석하시오.

Rejects	Sampled
20	98
18	104
14	97
16	99
13	97
18	102
21	104
14	101
6	55
6	48
7	50
7	53
9	56
5	49
8	56
9	53
9	52
10	51
9	52
10	47

메뉴	67	그래프	84	세션창	

95 NP 관리도 문제

자료: 불량개수(Density), 샘플 크기=100 ; Exh_aov.MTW

(1) 무엇을 알기 위한 분석인가?

(2) 관리하한선이 "0"으로 고정되는 이유를 설명하시오.

(3) 평균 불량개수는 얼마인가?

(4) NP 관리도의 관리한계선을 쓰시오.

(5) 관리도를 해석하시오.

Density
0
5
2
4
4
7
6
5
7
8
10
7
1
4
3
2
6
7
8
7
…

| 메뉴 | 68 | 그래프 | 85 | 세션창 | |

96 NP 관리도 문제

자료: 통화지연건수(Unavailable), 샘플 크기=1,000 ; Bpcapa.MTW

(1) 미니탭 명령어는 무엇인가?

(2) 데이터의 종류는 무엇인가? (연속형/이산형)

(3) 평균 통화지연 건수는 얼마인가?

(4) NP 관리도의 관리한계선을 쓰시오.

(5) 관리도를 해석하시오.

Unavailable
432
392
497
459
433
424
470
455
427
424
410
386
496
424
425
428
392
460
425
405

| 메뉴 | 68 | 그래프 | 86 | 세션창 | |

97 개선 전후 비교 관리도 문제

자료: 대기시간(Advertis), 분류(AdAgency) ; ABCSales.MTW

(1) 무엇을 알기 위한 분석인가?

(2) 시간이 지남에 따른 평균의 변화는 어떻게 되는가?

(3) 시간이 지남에 따른 산포의 변화는 어떻게 되는가?

(4) 관리상태를 해석하시오.

(5) 분류의 'Omega'의 평균 대기시간은 얼마인가?

Advertis	AdAgency
30	Alpha
25	Alpha
55	Alpha
43	Alpha
60	Alpha
50	Alpha
60	Alpha
43	Alpha
34	Alpha
36	Alpha
38	Alpha
34	Alpha
30	Omega
25	Omega
36	Omega
36	Omega
30	Omega
35	Omega
45	Omega
29	Omega
...	...

메뉴	69	그래프	87	세션창	

98 개선 전후 비교 관리도 문제

자료: 판매량(Freshwater), 분류(SalmonOrigin) ; Exh_mvar.MTW

(1) 미니탭 명령어는 무엇인가?

(2) 시간이 지남에 따른 평균의 변화는 어떤가?

(3) 시간이 지남에 따른 산포의 변화는 어떤가?

(4) 관리상태를 해석하시오.

(5) 분류의 'Canada'의 평균 판매량은 얼마인가?

Freshwater	SalmonOrigin
108	Alaska
131	Alaska
105	Alaska
86	Alaska
99	Alaska
87	Alaska
94	Alaska
117	Alaska
79	Alaska
99	Alaska
114	Alaska
123	Alaska
123	Alaska
109	Alaska
112	Alaska
104	Alaska
111	Alaska
126	Alaska
105	Alaska
119	Alaska
...	...

메뉴	69	그래프	88	세션창	

99. Zone 관리도 문제

자료: Coating, 부분군의 크기=3 ; Bwcapa.MTW

Coating	Roll
50.3175	1
50.1432	1
50.4081	1
49.5077	2
50.2715	2
49.4091	2
49.3587	3
49.1436	3
49.5229	3
49.5005	4
50.4829	4
49.7904	4
47.9110	5
47.9221	5
48.6716	5
49.8851	6
50.1697	6
49.8762	6
50.4223	7
50.7303	7
...	

(1) 관리도의 원리는 무엇인가?

(2) 누적점수 산정방법은 어떻게 하는가?

(3) Zone score는 몇 점 이상을 이상치로 보는가?

(4) Zone 관리도를 실행한 후, 물음에 답하시오.
　　미니탭 명령어 :
　　관리상태 판정 :

(5) Zone 관리도를 대체할 수 있는 관리도는 무엇인가?

메뉴	70	그래프	89	세션창	

100. Zone 관리도 문제

자료: Home, 부분군의 크기=1 ; Exh_mvar.MTW

Home
2.91
2.62
1.72
3.02
2.22
2.36
1.97
1.85
2.01
1.82
1.80
4.25
2.64
3.17

(1) 관리도의 원리는 무엇인가?

(2) 누적점수 산정방법은 어떻게 하는가?

(3) Zone score는 몇 점 이상을 이상치로 보는가?

(4) Zone 관리도를 실행한 후, 물음에 답하시오.
　　미니탭 명령어 :
　　관리상태 판정 :

(5) I-MR 관리도와 비교하시오.
　　관리한계선의 일치여부 :　　　　결과의 일치여부 :

메뉴	70	그래프	90	세션창	

Gage R&R Data file

계량치 (순서대로 문제 15, 16, 17)

Part	Operator#1			Operator#2			Operator#3		
	measure#1	measure#2	measure#3	measure#1	measure#2	measure#3	measure#1	measure#2	measure#3
1	0.29	0.41	0.64	0.08	0.25	0.07	0.04	−0.11	−0.15
2	−0.56	−0.68	−0.58	−0.47	−1.22	−0.68	−1.38	−1.13	−0.96
3	1.34	1.17	1.27	1.19	0.94	1.34	0.88	1.09	0.67
4	0.47	0.50	0.64	0.01	1.03	0.20	0.14	0.20	0.11
5	−0.80	−0.92	−0.84	−0.56	−1.20	−1.28	−1.46	−1.07	−1.45
6	0.02	−0.11	−0.21	−0.20	0.22	0.06	−0.29	−0.67	−0.49
7	0.59	0.75	0.66	0.47	0.55	0.83	0.02	0.01	0.21
8	−0.31	−0.20	−0.17	−0.63	0.08	−0.34	−0.46	−0.56	−0.49
9	2.26	1.99	2.01	1.80	2.12	2.19	1.77	1.45	1.87
10	−1.36	−1.25	−1.31	−1.68	−1.62	−1.50	−1.49	−1.77	−2.16

Part	Operator#1			Operator#2			Operator#3		
	measure#1	measure#2	measure#3	measure#1	measure#2	measure#3	measure#1	measure#2	measure#3
1	3.00	3.00	3.00	0.08	0.25	0.07	0.04	−0.11	−0.15
2	1.00	1.00	1.00	−0.47	−1.22	−0.68	−1.38	−1.13	−0.96
3	0.00	0.00	0.00	1.19	0.94	1.34	0.88	1.09	0.67
4	0.47	0.50	0.64	0.01	1.03	0.20	0.14	0.20	0.11
5	−0.80	−0.92	−0.84	−0.56	−1.20	−1.28	−1.46	−1.07	−1.45
6	0.02	−0.11	−0.21	−0.20	0.22	0.06	−0.29	−0.67	−0.49
7	0.59	0.75	0.66	0.47	0.55	0.83	0.02	0.01	0.21
8	−0.31	−0.20	−0.17	−0.63	0.08	−0.34	−0.46	−0.56	−0.49
9	2.26	1.99	2.01	1.80	2.12	2.19	1.77	1.45	1.87
10	−1.36	−1.25	−1.31	−1.68	−1.62	−1.50	−1.49	−1.77	−2.16

Part	Operator#1			Operator#2			Operator#3		
	measure#1	measure#2	measure#3	measure#1	measure#2	measure#3	measure#1	measure#2	measure#3
1	0.00	0.00	0.00	0.08	0.25	0.07	0.04	−0.11	−0.15
2	−1.00	−1.00	−1.00	−0.47	−1.22	−0.68	−1.38	−1.13	−0.96
3	0.00	0.00	0.00	1.19	0.94	1.34	0.88	1.09	0.67
4	0.47	0.50	0.64	0.01	1.03	0.20	0.14	0.20	0.11
5	−0.80	−0.92	−0.84	−0.56	−1.20	−1.28	−1.46	−1.07	−1.45
6	0.02	−0.11	−0.21	−0.20	0.22	0.06	−0.29	−0.67	−0.49
7	0.59	0.75	0.66	0.47	0.55	0.83	0.02	0.01	0.21
8	−0.31	−0.20	−0.17	−0.63	0.08	−0.34	−0.46	−0.56	−0.49
9	2.26	1.99	2.01	1.80	2.12	2.19	1.77	1.45	1.87
10	−1.36	−1.25	−1.31	−1.68	−1.62	−1.50	−1.49	−1.77	−2.16

※ 원본파일 Gageaiag.MTW에서 푸른색(굵은체, Part 1,2,3) 부분만 변경함.

Gage R&R Data file

계수치, 참값이 있는 경우 (문제 18, 19)

Known Population		Appraiser1			Appraiser2			Appraiser3			Total
SampleNo	Standard	Try1	Try2	Check	Try1	Try2	Check	Try1	Try2	Check	Check
1	pass	pass	pass	O	pass	pass	O	pass	pass	O	O
2	pass	pass	pass	O	pass	pass	O	pass	pass	O	O
3	pass	pass	pass	O	pass	pass	O	pass	pass	O	O
4	pass	pass	pass	O	pass	pass	O	pass	pass	O	O
5	fail	fail	fail	O	fail	fail	O	fail	fail	O	O
6	fail	fail	fail	O	fail	fail	O	fail	fail	O	O
7	fail	fail	fail	O	fail	fail	O	fail	fail	O	O
8	pass	pass	pass	O	pass	pass	O	pass	pass	O	O
9	pass	pass	pass	O	pass	pass	O	pass	pass	O	O
10	pass	pass	pass	O	pass	pass	O	pass	pass	O	O
11	pass	pass	pass	O	pass	pass	O	pass	pass	O	O
12	pass	pass	pass	O	pass	pass	O	pass	pass	O	O
13	pass	pass	pass	O	pass	pass	O	pass	pass	O	O
14	pass	pass	pass	O	pass	pass	O	pass	**fail**	X	X
15	pass	pass	pass	O	pass	pass	O	**fail**	**fail**	X	X
16	pass	pass	pass	O	pass	pass	O	**fail**	**fail**	X	X
17	fail	**pass**	fail	X	fail	**pass**	X	**pass**	**pass**	X	X
18	fail	fail	fail	O	fail	fail	O	**pass**	**pass**	X	X
19	fail	fail	fail	O	fail	fail	O	**pass**	**pass**	X	X
20	pass	pass	pass	O	pass	pass	O	pass	pass	O	O

※ 참값(Standard)과 다른 것은 평가자1의 Try1의 17번, 평가자2의 Try2의 17번, 평가자3의 Try1의 15~19번과 Try2의 14~19번 항목임(굵은체).

Known Population		Appraiser1			Appraiser2			Appraiser3			Total
SampleNo	Standard	Try1	Try2	Check	Try1	Try2	Check	Try1	Try2	Check	Check
1	pass	pass	pass	O	pass	pass	O	pass	pass	O	O
2	pass	pass	pass	O	pass	pass	O	pass	pass	O	O
3	pass	pass	pass	O	pass	pass	O	pass	pass	O	O
4	pass	pass	pass	O	pass	pass	O	pass	pass	O	O
5	fail	fail	fail	O	fail	fail	O	fail	fail	O	O
6	fail	fail	fail	O	fail	fail	O	fail	fail	O	O
7	fail	fail	fail	O	fail	fail	O	fail	fail	O	O
8	pass	pass	pass	O	pass	pass	O	pass	pass	O	O
9	pass	pass	pass	O	pass	pass	O	pass	pass	O	O
10	pass	pass	pass	O	pass	pass	O	pass	pass	O	O
11	pass	pass	pass	O	pass	pass	O	pass	pass	O	O
12	pass	pass	pass	O	pass	pass	O	pass	pass	O	O
13	pass	pass	pass	O	pass	pass	O	pass	pass	O	O
14	pass	pass	pass	O	pass	pass	O	pass	pass	O	O
15	pass	pass	pass	O	pass	pass	O	pass	pass	O	O
16	pass	pass	pass	O	pass	pass	O	pass	pass	O	O
17	fail	**pass**	fail	X	fail	fail	O	**pass**	**pass**	X	X
18	fail	fail	fail	O	fail	fail	O	fail	fail	O	O
19	fail	fail	fail	O	fail	fail	O	fail	fail	O	O
20	pass	pass	pass	O	pass	pass	O	pass	pass	O	O

※ 참값(Standard)과 다른 것은 평가자1의 Try1의 17번, 평가자3의 Try1의 17번과 Try2의 17번 항목임(굵은체).

Gage R&R Data file

계수치, 참값이 없는 경우 (문제 20, 21)

부품	측정자 1				측정자 2				측정자 3				Total Check
	반복1	반복2	반복3	Check	반복1	반복2	반복3	Check	반복1	반복2	반복3	Check	
1	Yes	Yes	Yes	O	No	No	No	O	Yes	Yes	Yes	O	X
2	Yes	Yes	Yes	O	Yes	Yes	Yes	O	Yes	Yes	Yes	O	O
3	Yes	Yes	Yes	O	Yes	No	Yes	X	Yes	Yes	Yes	O	X
4	Yes	Yes	Yes	O	Yes	Yes	No	X	No	No	Yes	X	X
5	Yes	Yes	Yes	O	Yes	Yes	Yes	O	Yes	Yes	Yes	O	O
6	Yes	Yes	Yes	O	Yes	Yes	Yes	O	Yes	Yes	Yes	O	O
7	Yes	Yes	Yes	O	Yes	No	Yes	X	Yes	Yes	Yes	O	X
8	Yes	Yes	Yes	O	Yes	Yes	Yes	O	No	No	Yes	X	X
9	Yes	Yes	Yes	O	Yes	Yes	Yes	O	Yes	Yes	Yes	O	O
10	Yes	Yes	Yes	O	Yes	Yes	Yes	O	Yes	Yes	Yes	O	O

※ 측정자1은 모두 'Yes'이며, 측정자2는 부품1, 3, 4, 7번에 'No'가 포함되어 있으며, 측정자3은 부품 4, 8번에 'No'가 포함되어 있음(푸른색, 굵은체).

부품	측정자 1				측정자 2				측정자 3				Total Check
	반복1	반복2	반복3	Check	반복1	반복2	반복3	Check	반복1	반복2	반복3	Check	
1	Yes	Yes	Yes	O	No	Yes	No	X	Yes	Yes	Yes	O	X
2	Yes	Yes	Yes	O	Yes	Yes	Yes	O	Yes	Yes	Yes	O	O
3	Yes	Yes	Yes	O	Yes	Yes	Yes	O	Yes	Yes	Yes	O	O
4	Yes	Yes	Yes	O	Yes	Yes	Yes	O	Yes	Yes	Yes	O	O
5	Yes	Yes	Yes	O	Yes	Yes	Yes	O	Yes	Yes	Yes	O	O
6	Yes	Yes	Yes	O	Yes	Yes	Yes	O	Yes	Yes	Yes	O	O
7	Yes	Yes	Yes	O	Yes	Yes	Yes	O	Yes	Yes	Yes	O	O
8	Yes	Yes	Yes	O	Yes	Yes	Yes	O	No	No	No	X	X
9	Yes	Yes	Yes	O	Yes	Yes	Yes	O	Yes	Yes	Yes	O	O
10	Yes	Yes	Yes	O	Yes	Yes	Yes	O	Yes	Yes	Yes	O	O

※ 측정자1은 모두 'Yes'이며, 측정자2는 부품 1번에 'No'가 포함되어 있으며, 측정자3은 부품8번에 'No'가 포함되어 있음(푸른색, 굵은체).

1 Proportion (문제 39번)

[범례 : 0 불만족, 1 만족]

	1	2	3	4	5	6	7	8	9	10
1	0	1	1	1	1	1	1	1	1	1
2	1	1	1	1	1	1	1	1	1	1
3	1	1	1	1	1	1	1	1	1	1
4	0	1	1	1	1	1	1	1	1	1
5	1	0	1	1	1	1	1	1	1	1
6	1	1	1	1	1	1	1	1	1	1
7	1	1	1	1	1	1	1	1	1	1
8	1	1	1	1	1	1	1	1	1	1
9	0	1	1	1	1	1	1	1	1	1
10	1	1	1	1	1	1	1	1	1	1

※ 100개 항목 중 96개가 만족(1)이며, 4개만 불만족(0)으로 1, 2열에 굵은체로 표시되어 있음.

Pareto Chart (문제 57번)

	1	2	3	4	5	6	7	8	9	10
1	Scratch	Scratch	Scratch	Other	Peel	Scratch	Smudge	Smudge	Scratch	Peel
2	Scratch	Other	Scratch	Other	Peel	Scratch	Smudge	Smudge	Scratch	Peel
3	Peel	Other	Peel	Scratch	Peel	Scratch	Smudge	Smudge	Scratch	Peel
4	Peel	Peel	Scratch	Scratch	Peel	Scratch	Other	Peel	Scratch	Peel
5	Peel	Peel	Smudge	Peel	Peel	Scratch	Peel	Peel	Scratch	Peel
6	Peel	Peel	Scratch	Scratch	Peel	Scratch	Peel	Peel	Scratch	Peel
7	Peel	Peel	Peel	Smudge	Peel	Scratch	Peel	Peel	Peel	Peel
8	Peel	Smudge	Peel	Scratch	Peel	Peel	Peel	Peel	Peel	Peel
9	Peel	Smudge	Peel	Other	Peel	Peel	Peel	Peel	Peel	Peel
10	Smudge	Smudge	Peel	Peel	Scratch	Peel	Peel	Scratch	Peel	Peel

※ 원본파일 Exh_qc.MTW에서 일부 수정.

2장 미니탭 메뉴 문제

> ▷ 문제의 구성 : 미니탭 메뉴 70문제, 240문항
>
> ▷ 문제의 배치 : 1문제당 3~4문항 배치
>
> ▷ 정답의 표기 : 이 책의 마지막에 표기

　미니탭 실행을 위한 미니탭 명령어의 메뉴 사용법에 대해 다루고 있다. 미니탭 명령어, 데이터 열 및 옵션의 사용법 등을 구체적으로 제시하고 있다.

　이 문제는 필자의 다른 책 『6시그마 핸드북』의 미니탭 도구 100과 함께 비교하면서 보면 미니탭 메뉴에 좀 더 친숙해질 것이다. 즉, 데이터 열과 옵션에 대한 사용법의 설명과 메뉴 창을 통해 미니탭 메뉴를 익힐 수 있도록 했다.

　미니탭 실행의 해답 중 미니탭 메뉴 사용에 대한 답은 이곳을 참고하면 된다. 미니탭 메뉴 문제는 한 가지 메뉴에 한 가지만 제시되지만, 데이터 유형을 달리하여 적용하면 된다.

1. 기술통계량의 미니탭 메뉴이다. 물음에 답하시오.

Stat 〉 Basic Statistics 〉 Display Descriptive Statistics

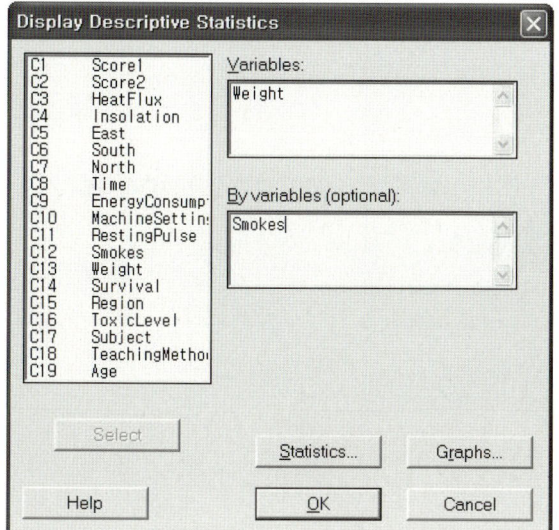

(1) 무엇을 알기 위한 분석인가?

(2) By variables에 'Smokes'를 지정하면, 결과는 어떤 모습이 되는가?

(3) 'Smokes' 자료의 종류는 무엇인가?
(연속형/이산형)

2. Graphical Summary의 미니탭 메뉴이다. 물음에 답하시오.

Stat 〉 Basic Statistics 〉 Graphical Summary

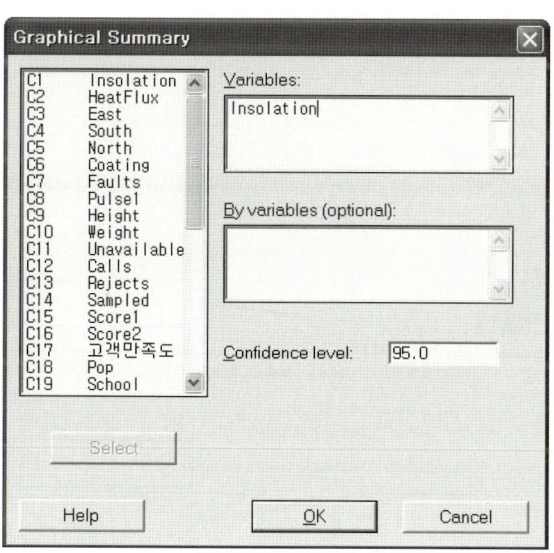

(1) 무엇을 알기 위한 분석인가?

(2) 'Confidence level : 95.0'의 의미는?

(3) 자료의 종류는 무엇인가?
(연속형/이산형)

3 Normality Test의 미니탭 메뉴이다. 물음에 답하시오.

Stat > Basic Statistics > Normality Test

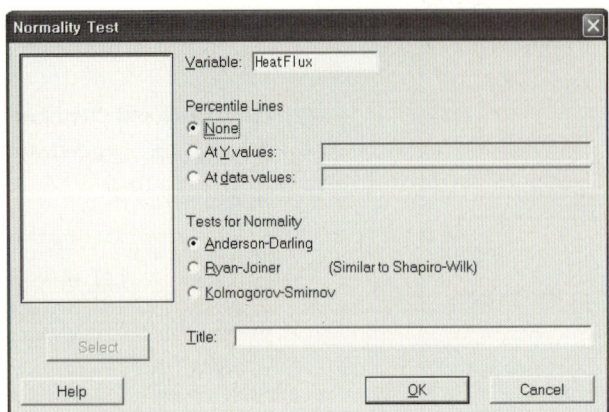

(1) 무엇을 알기 위한 검정인가?

(2) 귀무가설(H0)을 세우시오.

(3) 대립가설(H1)을 세우시오.

(4) 가장 엄격한 검정방법은 무엇인가?

4 Capability Analysis의 미니탭 메뉴이다. 빈칸에 적합한 분포의 이름을 쓰시오.

Stat > Quality Tools > Capability Analysis

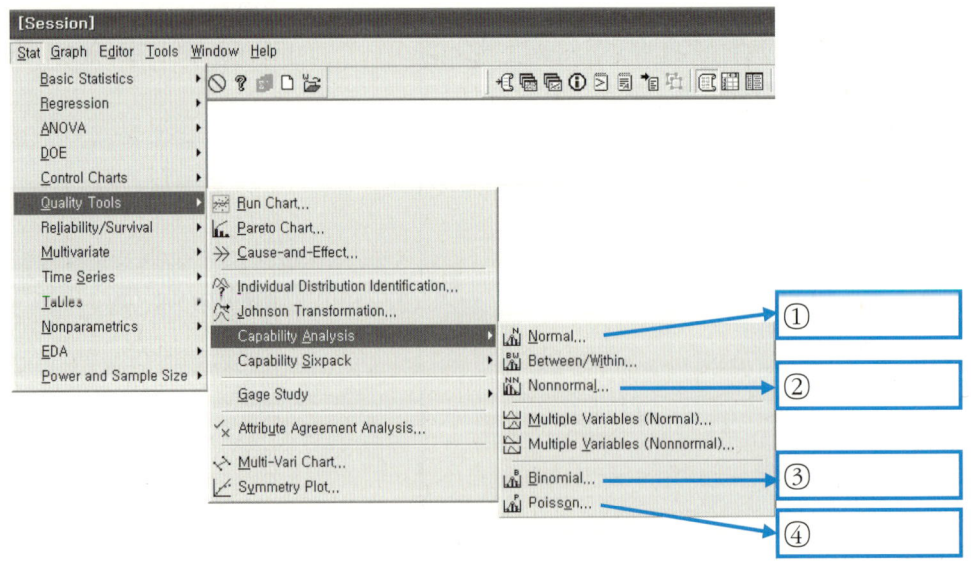

5. Capability Analysis의 미니탭 메뉴이다. 물음에 답하시오.

Stat > Quality Tools > Capability Analysis > Normal

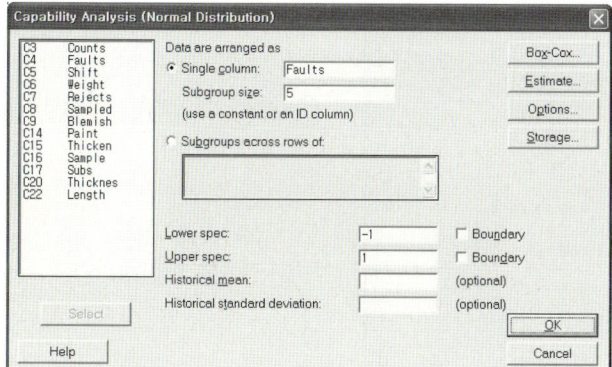

(1) 무엇을 알기 위한 분석인가?

(2) 부분군의 크기는 얼마인가?

(3) 규격 하한과 상한은 얼마인가?

(4) 자료의 종류는? (연속형/이산형)

6. Capability Analysis의 미니탭 메뉴이다. 물음에 답하시오.

Stat > Quality Tools > Capability Analysis > Binomial

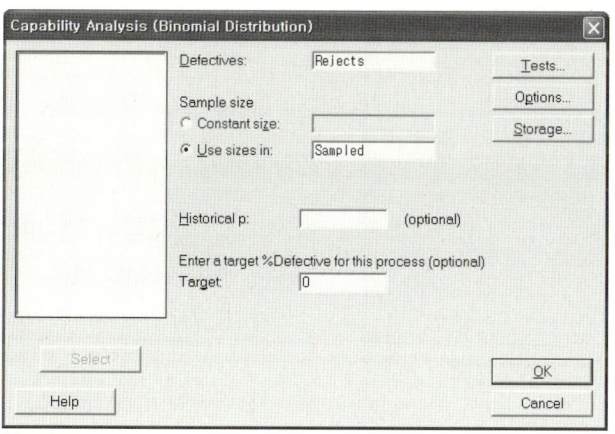

(1) 무엇을 알기 위한 분석인가?

(2) 샘플의 크기는 일정한가? 변동적인가?

(3) 자료의 종류는? (연속형/이산형)

7. Capability Analysis의 미니탭 메뉴이다. 물음에 답하시오.

Stat > Quality Tools > Capability Analysis > Poisson

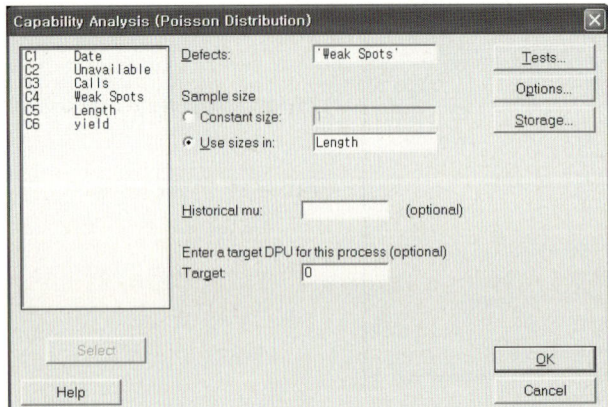

(1) 무엇을 알기 위한 분석인가?

(2) 샘플의 크기는 일정한가? 변동적인가?

(3) 자료의 종류는?
(연속형/이산형)

8. 표준정규분포의 미니탭 메뉴이다. 물음에 답하시오.

Calc > Probability Distributions > Normal

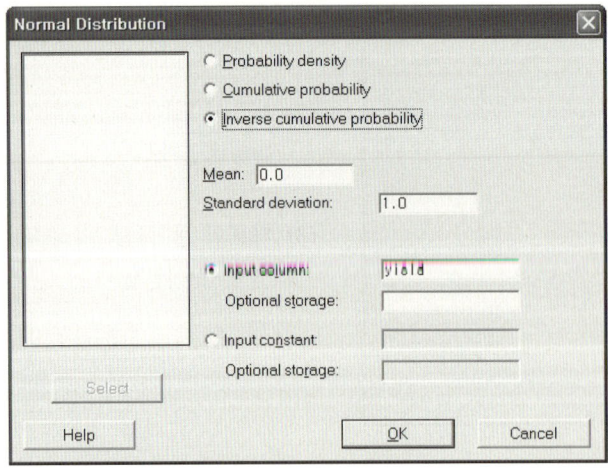

(1) 무엇을 알기 위한 분석인가?

(2) 누적확률을 얻기 위한 방법은?

(3) Input column:의 'yield'는 어떤 범위의 값을 가지는가?

(4) 이 메뉴에서 추가적으로 가능한 분석은 무엇인가?

9. Capability Analysis의 미니탭 메뉴이다. 물음에 답하시오.

Stat > Quality Tools > Capability Analysis > Nonnormal

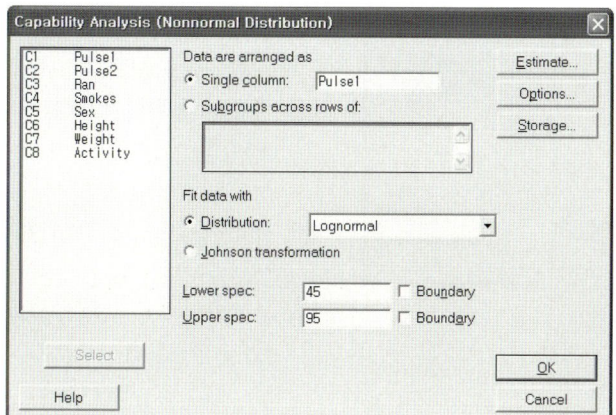

(1) 무엇을 알기 위한 분석인가?

(2) 규격은 어떻게 되는가?

(3) 적합한 분포는 무엇인가?

(4) 적합한 분포를 찾기 위한 분석도구는 무엇인가?

10. Individual Distribution Identification의 미니탭 메뉴이다. 물음에 답하시오.

Stat > Quality Tools > Individual Distribution Identification

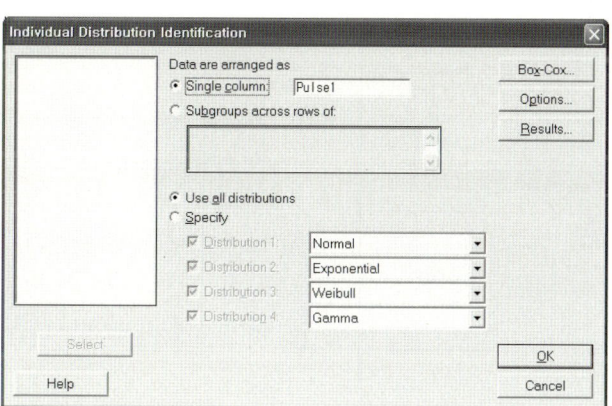

(1) 무엇을 알기 위한 분석인가?

(2) 자료의 종류는?
    (연속형/이산형)

(3) 이후의 절차는 무엇인가?

11. Gage R&R의 미니탭 메뉴이다. 물음에 답하시오.

Stat 〉 Quality Tools 〉 Gage Study 〉 Gage R&R (Crossed)

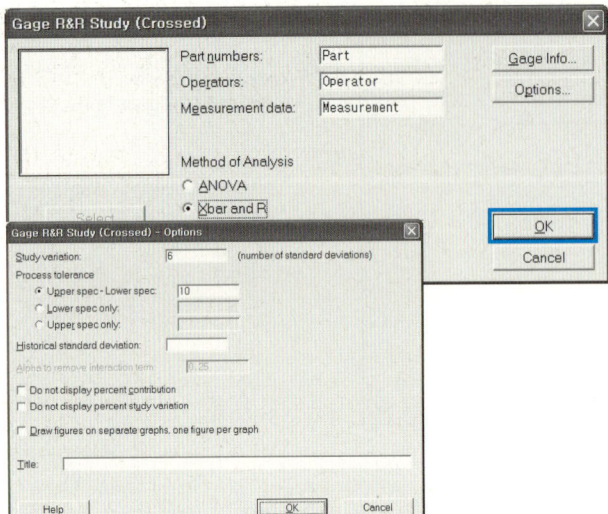

(1) 무엇을 알기 위한 분석인가?

(2) 자료의 종류는?
(연속형/이산형)

(3) 규격 범위는 얼마인가?

(4) 분석방법에서 'ANOVA'와 'Xbar-R'의 차이점은?

12. Gage R&R의 미니탭 메뉴이다. 물음에 답하시오.

Stat 〉 Quality Tools 〉 Attribute Agreement Analysis

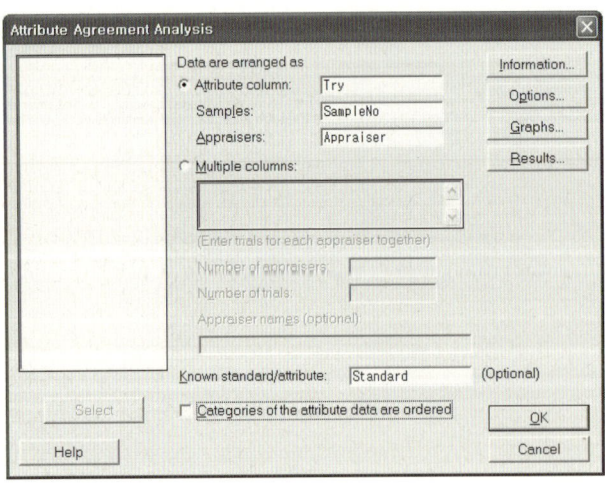

(1) 무엇을 알기 위한 분석인가?

(2) 자료의 종류는?
(연속형/이산형)

(3) 참값이 있는가? 없는가?

(4) 옳고 그름의 판정방법은?

13. Box-Cox 변환의 미니탭 메뉴이다. 물음에 답하시오.

Stat 〉 Control Charts 〉 Box-Cox Transformation

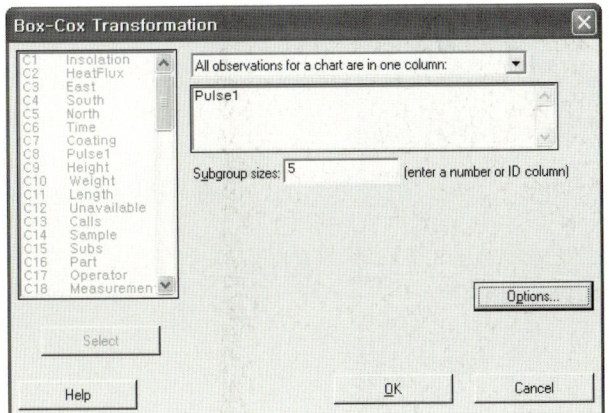

(1) 무엇을 알기 위한 분석인가?

(2) 부분군의 크기는 얼마인가?

(3) 이후의 분석단계를 기술하시오.

14. Histogram의 미니탭 메뉴이다. 물음에 답하시오.

Graph 〉 Histogram

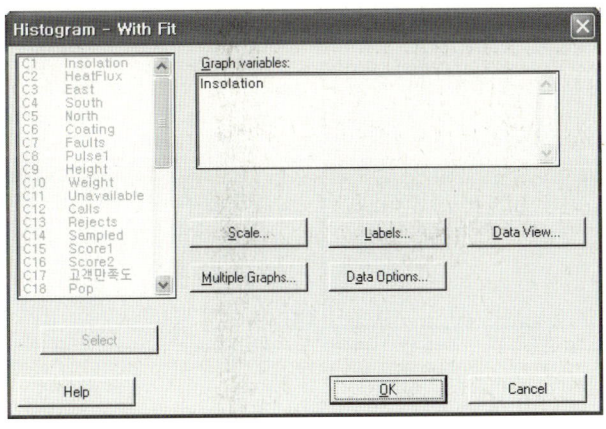

(1) 무엇을 알기 위한 그래프인가?

(2) 자료의 종류는? (연속형/이산형)

(3) 관련된 통계도구는 무엇인가?

15. Scatter plot의 미니탭 메뉴이다. 물음에 답하시오.

▣ Graph 〉 Scatterplot

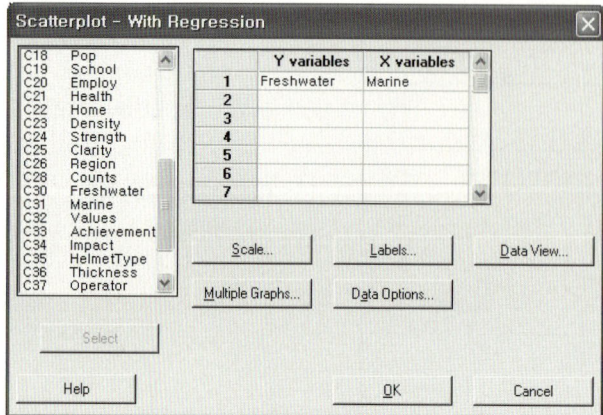

(1) 무엇을 알기 위한 그래프인가?

(2) 자료의 종류는?
(연속형/이산형)

(3) 관련된 통계도구는 무엇인가?

16. Box plot의 미니탭 메뉴이다. 물음에 답하시오.

▣ Graph 〉 Boxplot

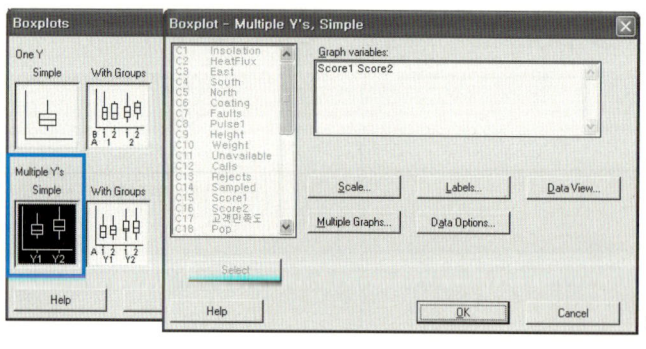

(1) 무엇을 알기 위한 그래프인가?

(2) 그래프 분석결과 무엇으로부터 차이를 알 수 있는가?

(3) 관련된 통계도구는 무엇인가?

17. Time series plot의 미니탭 메뉴이다. 물음에 답하시오.

Graph > Time Series Plot

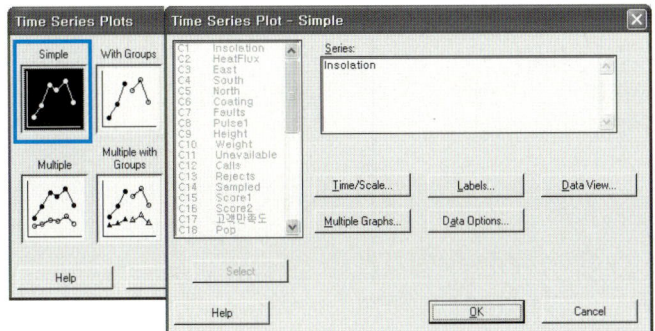

(1) 무엇을 알기 위한 그래프인가?

(2) 분석결과 그래프 모양이 어떻게 되면 변화가 있다고 판단하는가?

(3) 관련된 통계도구는 무엇인가?

18. 1-Sample t 검정의 미니탭 메뉴이다. 물음에 답하시오.

Stat > Basic Statistics > 1-Sample t

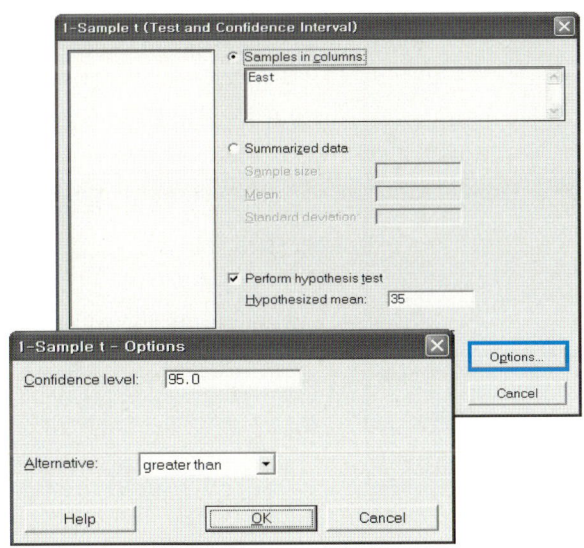

(1) 무엇을 알기 위한 검정인가?

(2) 귀무가설(H0)을 세우시오.

(3) 대립가설(H1)을 세우시오.

(4) 기존 값은 얼마인가?

19. 2-Sample t 검정의 미니탭 메뉴이다. 물음에 답하시오.

Stat 〉 Basic Statistics 〉 2-Sample t

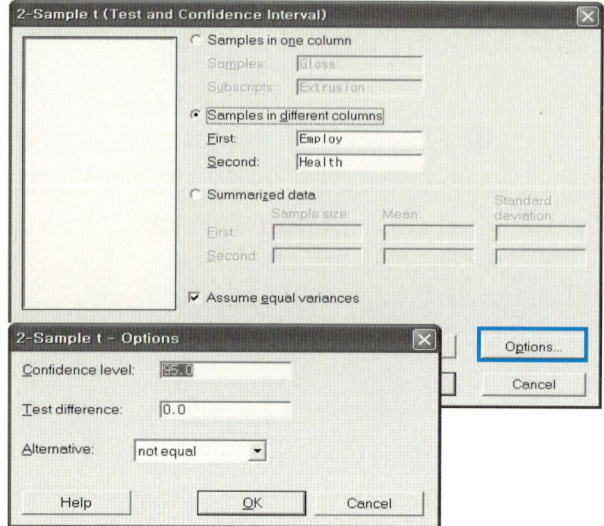

(1) 무엇을 알기 위한 검정인가?

(2) 귀무가설(H0)을 세우시오.

(3) 두 변수의 분산이 동일합니까?

20. 2-Sample t 검정의 미니탭 메뉴이다. 물음에 답하시오.

Stat 〉 Basic Statistics 〉 2-Sample t

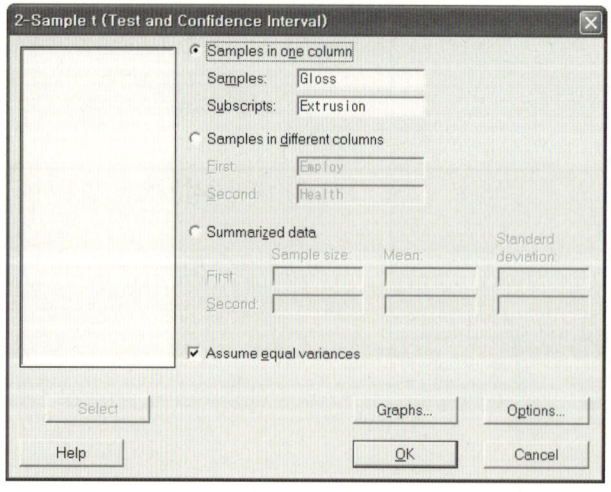

(1) 무엇을 알기 위한 검정인가?

(2) 귀무가설(H0)을 세우시오.

(3) 자료는 어떻게 정렬되어 있는가?

(4) 두 변수의 분산이 동일합니까?

21 2 Variances 검정의 미니탭 메뉴이다. 물음에 답하시오.

Stat 〉 Basic Statistics 〉 2 Variances

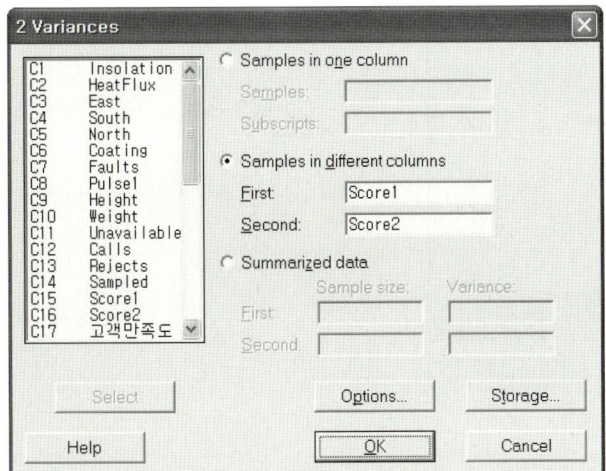

(1) 무엇을 알기 위한 검정인가?

(2) 귀무가설(H0)을 세우시오.

(3) 대립가설(H1)을 세우시오.

(4) 변수의 개수가 많은 경우 검정방법은?

22 1 Proportion 검정의 미니탭 메뉴이다. 물음에 답하시오.

Stat 〉 Basic Statistics 〉 1 Proportion

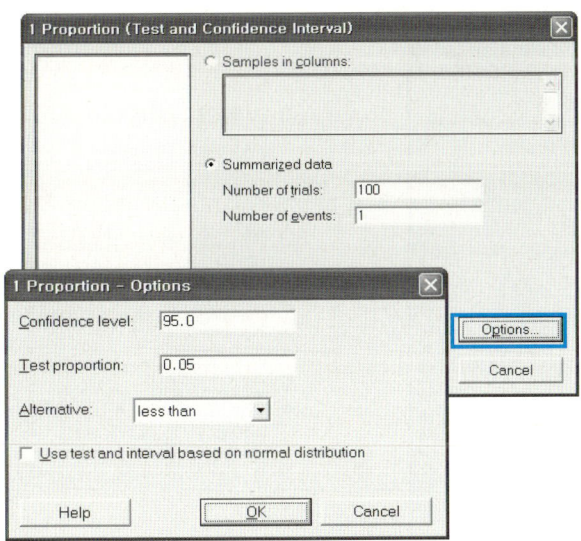

(1) 무엇을 알기 위한 검정인가?

(2) 기존 불량률은 몇 %입니까?

(3) 대립가설(H1)을 세우시오.

(4) 현재 수집한 자료의 불량률은 몇 %입니까?

23 2 Proportions 검정의 미니탭 메뉴이다. 물음에 답하시오.

Stat 〉 Basic Statistics 〉 2 Proportions

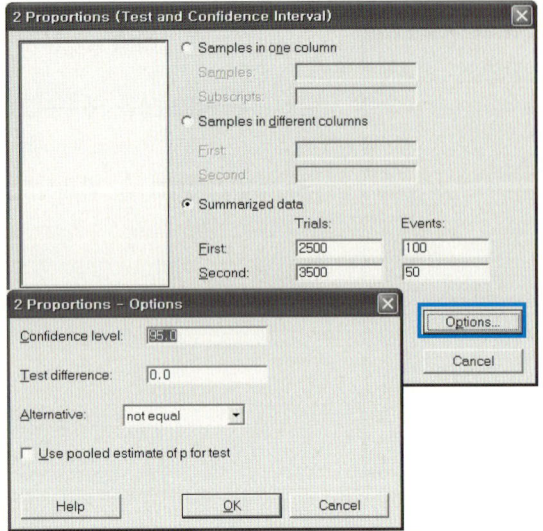

(1) 무엇을 알기 위한 검정인가?

(2) 귀무가설(H0)을 세우시오.

(3) 대립가설(H1)을 세우시오.

(4) 두 자료의 불량률 중 어느 것이 더 높은가?

24 Chi-square 검정의 미니탭 메뉴이다. 물음에 답하시오.

Stat 〉 Tables 〉 Chi-square Test (Two-Way Table in Worksheet)

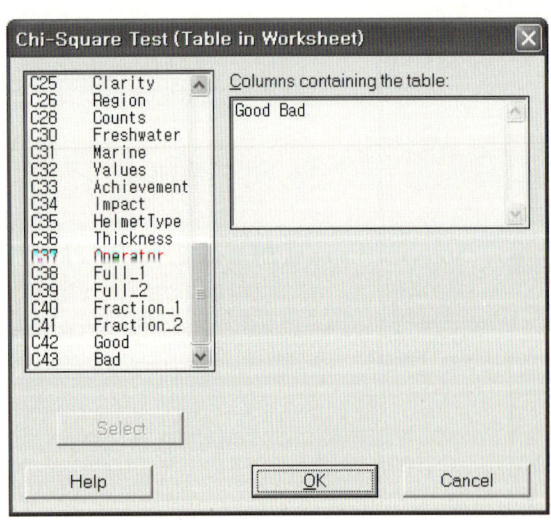

(1) 무엇을 알기 위한 검정인가?

(2) 자료의 종류는?
(연속형/이산형)

(3) 자료가 어떤 방식으로 있어야 하는가?
(그림으로 표시할 것)

(4) 동일한 비율에서 샘플 크기의 영향은?

25. One-way ANOVA의 미니탭 메뉴이다. 물음에 답하시오.

Stat > ANOVA > One-Way (Unstacked)

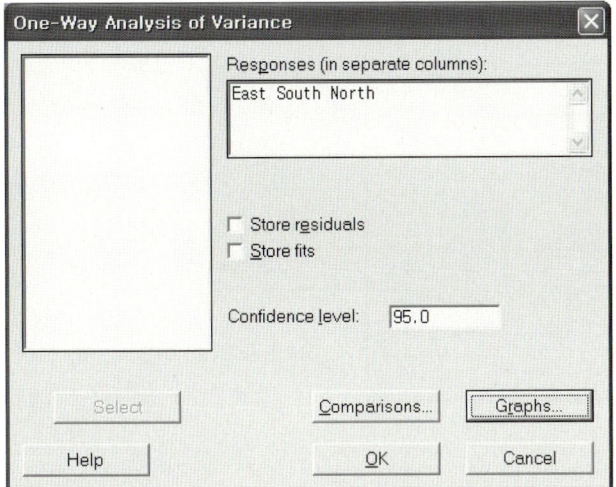

(1) 무엇을 알기 위한 검정인가?

(2) 귀무가설(H0)을 세우시오.

(3) 자료가 어떤 방식으로 되어 있는가?

26. One-way ANOVA의 미니탭 메뉴이다. 물음에 답하시오.

Stat > ANOVA > One-Way

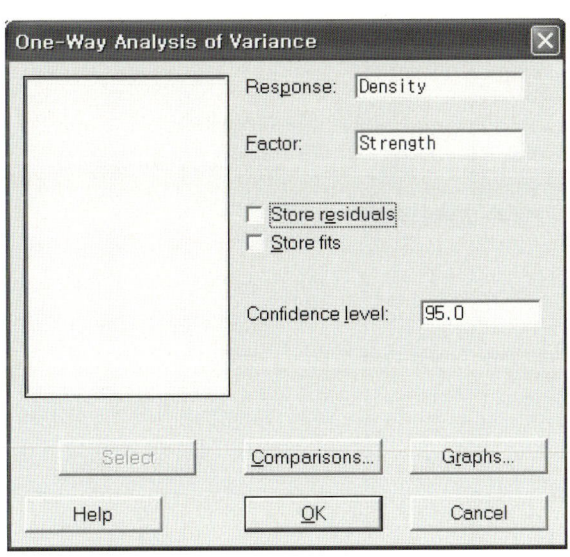

(1) 무엇을 알기 위한 검정인가?

(2) 귀무가설(H0)을 세우시오.

(3) 대립가설(H1)을 세우시오.

(4) 자료형태는 어떻게 되어 있는가?

27. Johnson 변환의 미니탭 메뉴이다. 물음에 답하시오.

≧ Stat 〉 Quality Tools 〉 Johnson Transformation

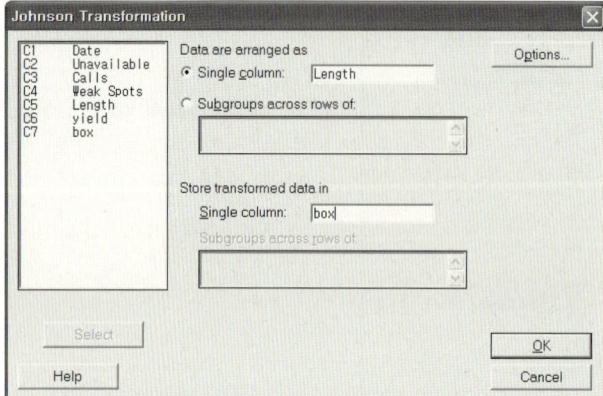

(1) 무엇을 알기 위한 검정인가?

(2) 데이터의 종류는?
(연속형/이산형)

(3) 이후의 분석단계는 무엇인가?

(4) Johnson 변환과 유사한 메뉴는 무엇인가?

28. General Linear Model의 미니탭 메뉴이다. 물음에 답하시오.

≧ Stat 〉 ANOVA 〉 General Linear Model

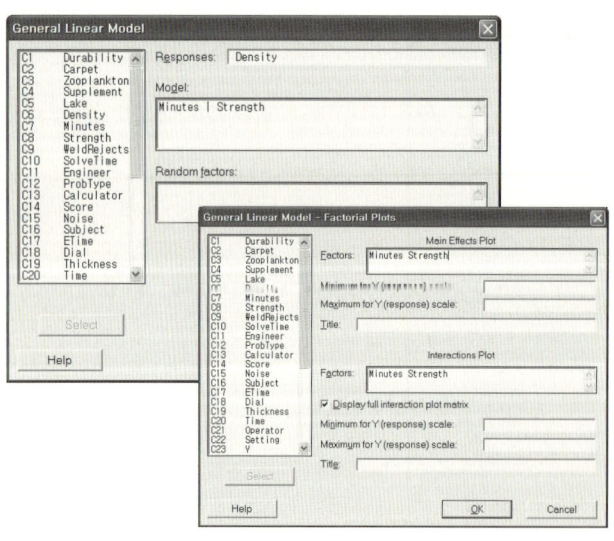

(1) 무엇을 알기 위한 검정인가?

(2) Model:에서 Minutes | Strength의 의미는?

(3) Random Factors:에는 무엇을 입력하는가?

(4) 주효과, 교호효과 그래프는 어떤 메뉴로 실행되는가?

29. General Linear Model의 미니탭 메뉴이다. 물음에 답하시오.

Stat > ANOVA > General Linear Model

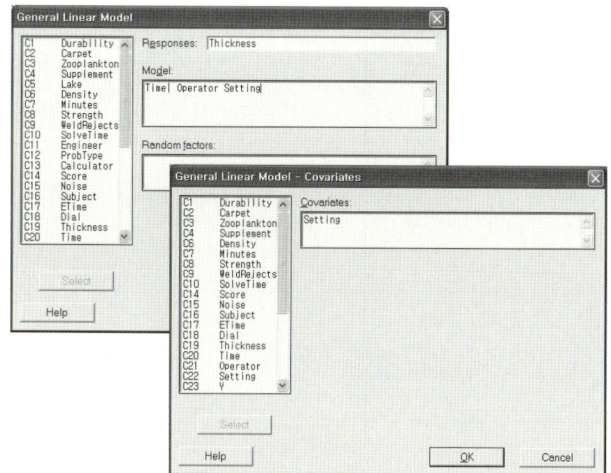

(1) 무엇을 알기 위한 검정인가?

(2) 분석대상이 되는 인자는 몇 개인가?

(3) Covariates:에서 Setting은 무엇인가?

(4) Covariates의 의미는 무엇인가?

30. Test for Equal Variances 검정의 미니탭 메뉴이다. 물음에 답하시오.

Stat > ANOVA > Test for Equal Variances

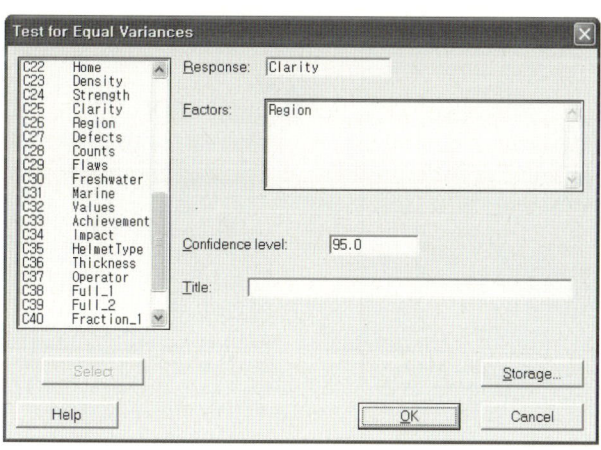

(1) 무엇을 알기 위한 검정인가?

(2) 귀무가설(H0)을 세우시오.

(3) Factors: Region의 자료는 어떤 형식으로 구성되어 있는가? (연속형/이산형)

31. Run chart의 미니탭 메뉴이다. 물음에 답하시오.

Stat 〉 Quality Tools 〉 Run Chart

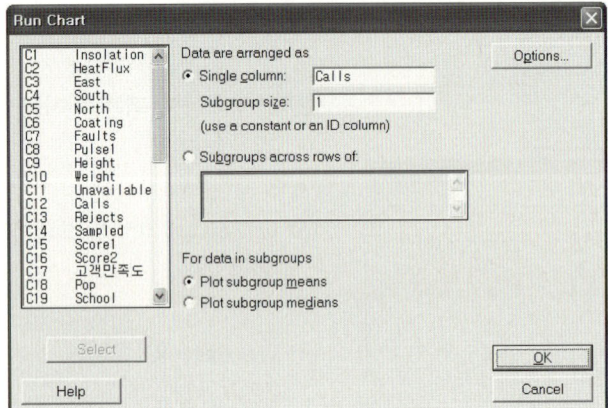

(1) 무엇을 알기 위한 검정인가?

(2) 부분군의 크기는 얼마인가?

(3) 귀무가설(H0)을 세우시오.

32. Pareto chart의 미니탭 메뉴이다. 물음에 답하시오.

Stat 〉 Quality Tools 〉 Pareto Chart

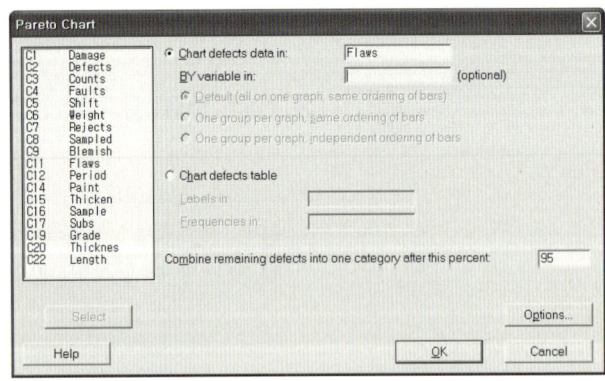

(1) 무엇을 알기 위한 검정인가?

(2) Pareto chart 작성을 위한 데이터는 어떻게 구성되어 있는가?
(그림으로 표시할 것)

(3) 자료의 종류는?
(연속형/이산형)

33. Correlation 검정의 미니탭 메뉴이다. 물음에 답하시오.

➤ Stat > Basic Statistics > Correlation

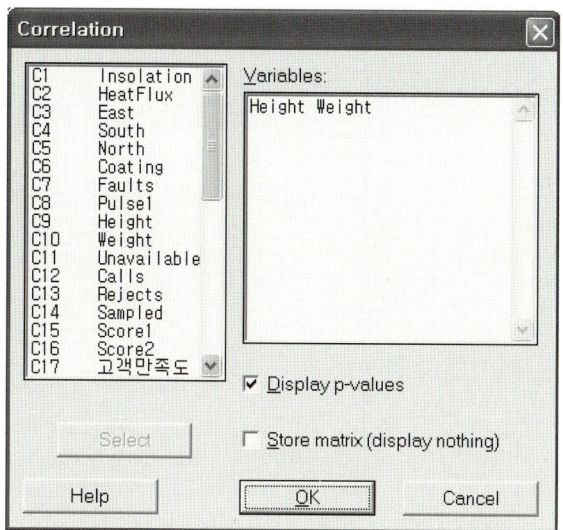

(1) 무엇을 알기 위한 검정인가?

(2) 귀무가설(H0)을 세우시오.

(3) 관련된 그래프는 무엇인가?

34. Regression의 미니탭 메뉴이다. 물음에 답하시오.

➤ Stat > Regression > Fitted Line Plot

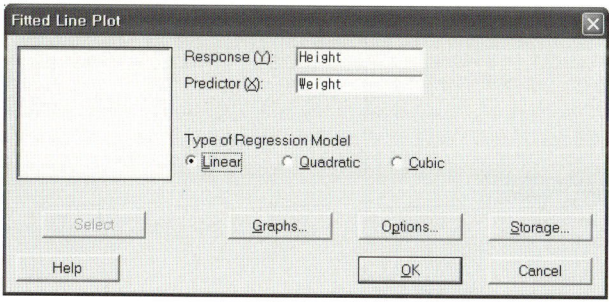

(1) 무엇을 알기 위한 검정인가?

(2) 분석결과 나오는 방정식의 모습은 어떻게 되는가?

(3) 회귀모형의 타입(유형)은 무엇인가?

(4) 비선형 회귀분석을 위한 방법은?

35. Regression의 미니탭 메뉴이다. 물음에 답하시오.

Stat > Regression > Regression

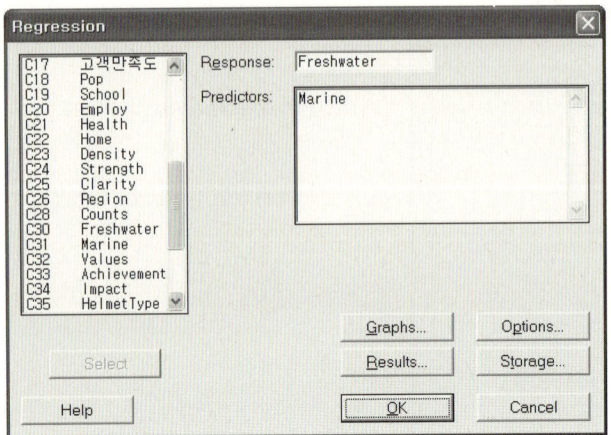

(1) 무엇을 알기 위한 검정인가?

(2) 귀무가설(H0)을 세우시오.

(3) 자료 수집은 실험을 통해서 인가? 관찰을 통해서 인가?

36. Regression의 미니탭 메뉴이다. 물음에 답하시오.

Stat > Regression > Regression

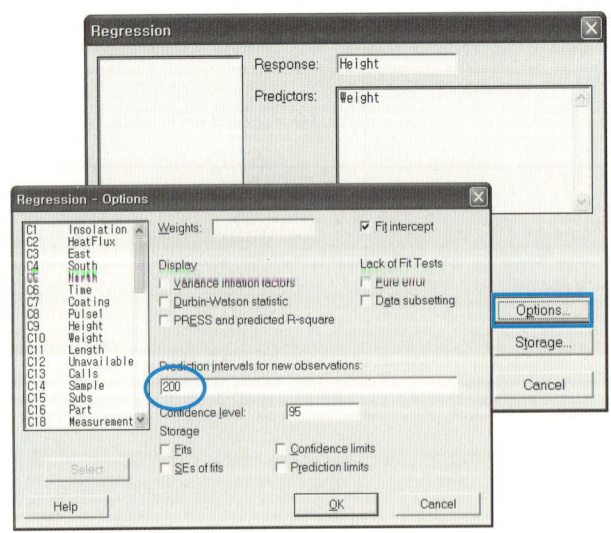

(1) 무엇을 알기 위한 검정인가?

(2) 비선형 회귀분석을 위해서 어떻게 하는가?

(3) '200'의 의미는 무엇인가?

37 Regression의 미니탭 메뉴이다. 물음에 답하시오.

Stat > Regression > Best Subsets

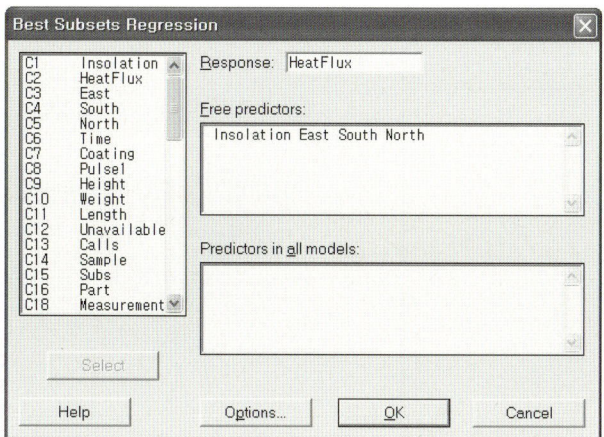

(1) 무엇을 알기 위한 분석인가?

(2) 독립변수(x)의 개수는 몇 개인가?

(3) 이 분석을 실행한 후, 추가적으로 실행되어야 하는 분석은?

38 1-Sample Sign 검정의 미니탭 메뉴이다. 물음에 답하시오.

Stat > Nonparametrics > 1-Sample Sign

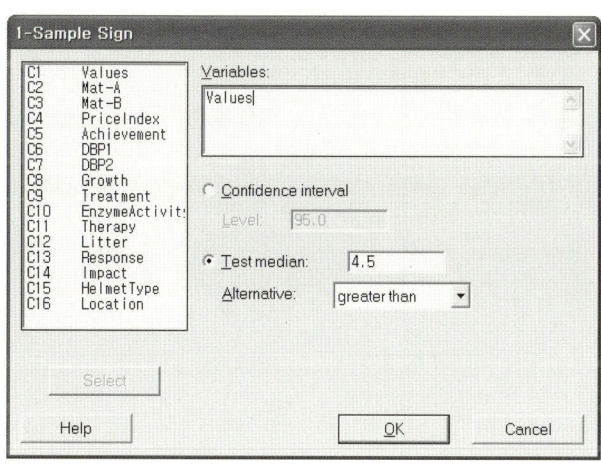

(1) 어떤 경우에 적용되는가?

(2) 무엇을 알기 위한 검정인가?

(3) 귀무가설(H_0)을 세우시오.

(4) 만약, 정규성이 성립되면, 어떤 검정을 사용해야 하는가?

39 Kruskal-Wallis 검정의 미니탭 메뉴이다. 물음에 답하시오.

Stat 〉 Nonparametrics 〉 Kruscal-Wallis

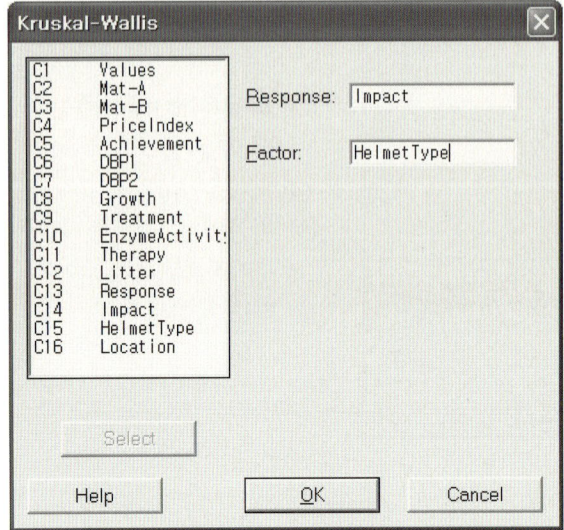

(1) 어떤 경우에 적용되는가?

(2) 무엇을 알기 위한 검정인가?

(3) 대립가설(H_1)을 세우시오.

(4) 만약, 정규성이 성립되면, 어떤 검정을 사용해야 하는가?

40 Mann-Whitney 검정의 미니탭 메뉴이다. 물음에 답하시오.

Stat 〉 Nonparametrics 〉 Mann-Whitney

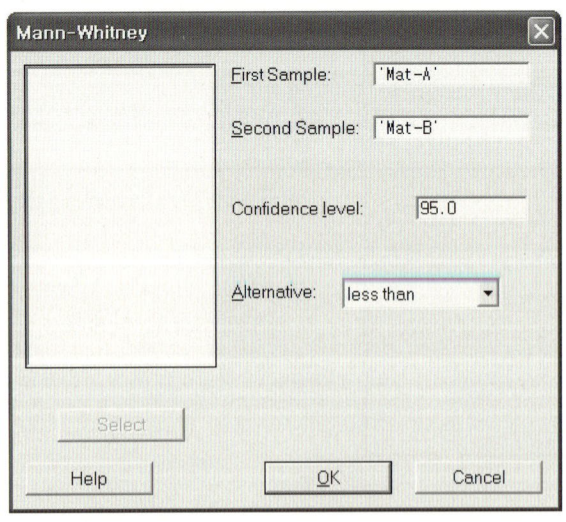

(1) 분포형태는 무엇인가?

(2) 무엇을 알기 위한 검정인가?

(3) 대립가설(H_1)을 세우시오.

(4) 만약, 정규성이 성립되면, 어떤 검정을 사용해야 하는가?

41 Paired t 검정의 미니탭 메뉴이다. 물음에 답하시오.

Stat > Basic Statistics > Paired t

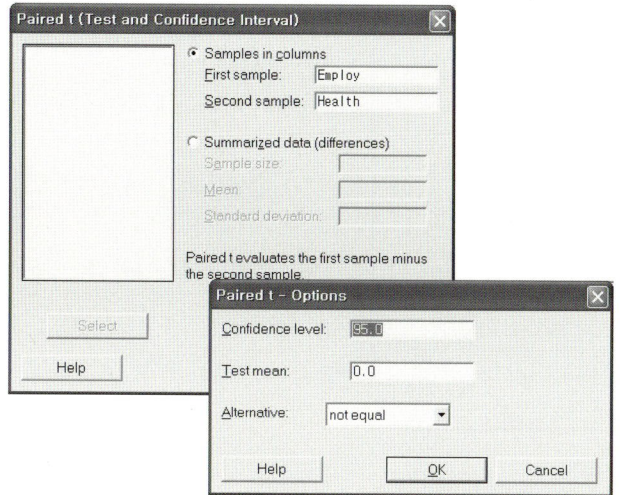

(1) 무엇을 알기 위한 검정인가?

(2) 대립가설(H1)을 세우시오.

(3) 자료는 어떻게 정렬되어 있는가?

42 요인배치실험과 관련된 미니탭 메뉴이다. 빈칸을 채우시오.

Stat > DOE > Factorial

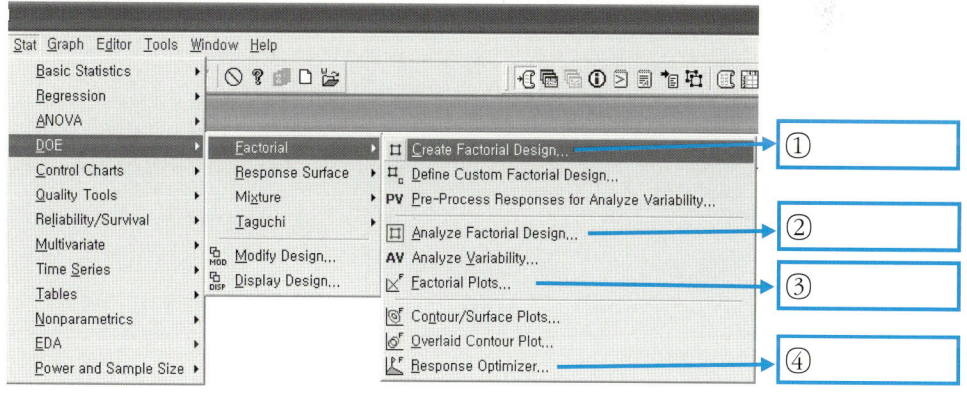

43 요인배치실험의 설계 내용이다. 물음에 답하시오.

Stat 〉 DOE 〉 Factorial 〉 Create Factorial Design

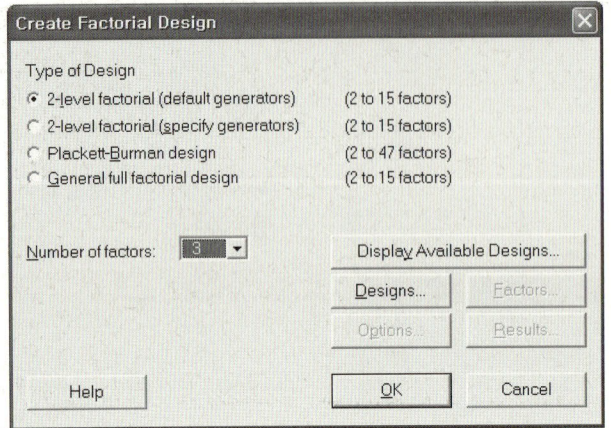

(1) 인자(요인, Factor)의 수는 몇 개인가?

(2) 인자를 몇 개까지 실험설계가 가능한가?

(3) 인자의 수준은 얼마인가?

44 완전 요인배치실험의 설계 내용이다. 물음에 답하시오.

Stat 〉 DOE 〉 Factorial 〉 Create Factorial Design

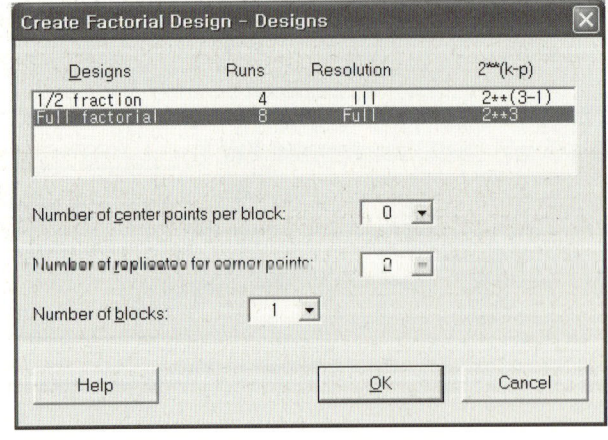

(1) 인자(요인, Factor)의 수는 몇 개인가?

(2) 총 실험횟수는 얼마인가?

(3) 반복회수는 얼마인가?

(4) 실험의 해상도는?

45 부분 요인배치실험의 설계 내용이다. 물음에 답하시오.

➤ Stat 〉 DOE 〉 Factorial 〉 Create Factorial Design

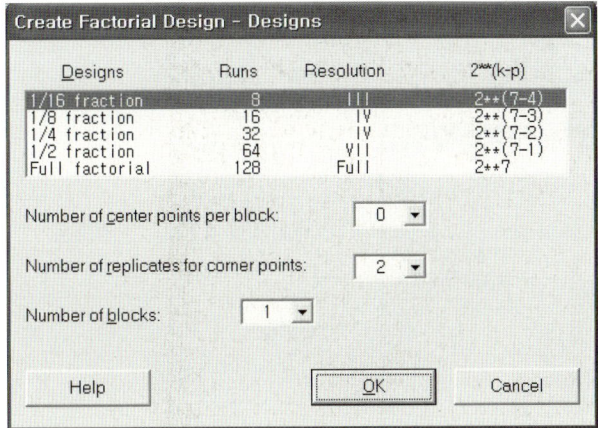

(1) 인자(요인, Factor)의 수는 몇 개인가?

(2) 전체 실험의 얼마를 실험하는 것인가?

(3) 총 실험횟수는 얼마인가?

(4) 무엇을 알기 위한 설계인가?

46 요인배치실험의 분석 내용이다. 물음에 답하시오.

➤ Stat 〉 DOE 〉 Factorial 〉 Analyze Factorial Design

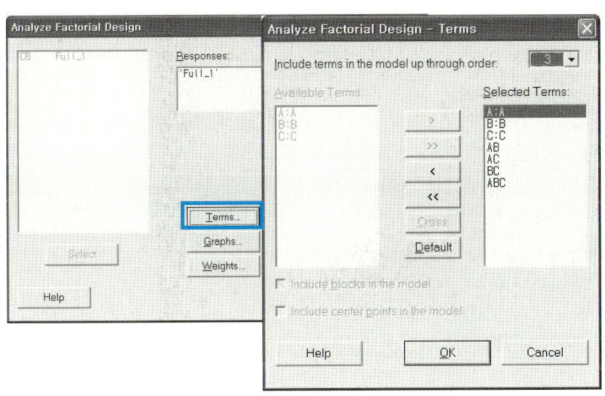

(1) 인자(요인, Factor)의 수는 몇 개인가?

(2) 분석결과 선형방정식의 표기방법은?

(3) 귀무가설(H0)을 세우시오.

47. 요인배치실험의 효과 그래프 내용이다. 물음에 답하시오.

Stat 〉 DOE 〉 Factorial 〉 Factorial Plots

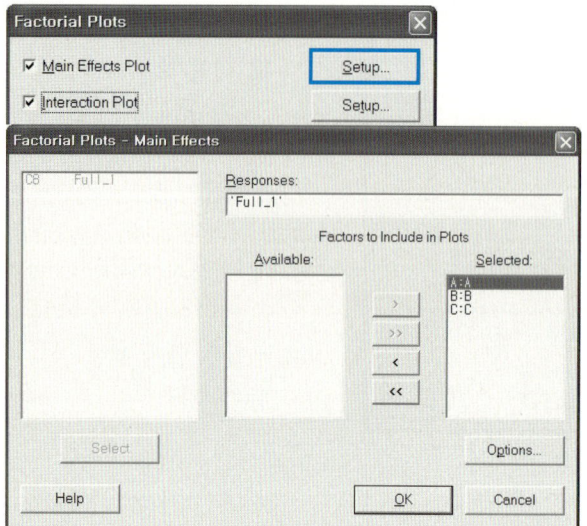

(1) 무엇을 알기 위한 분석인가?

(2) 주효과는 무엇으로 알 수 있는가?

(3) 교호효과는 무엇으로 알 수 있는가?

48. 요인배치실험의 등고선 그림이다. 물음에 답하시오.

Stat 〉 DOE 〉 Factorial 〉 Contour/Surface Plots

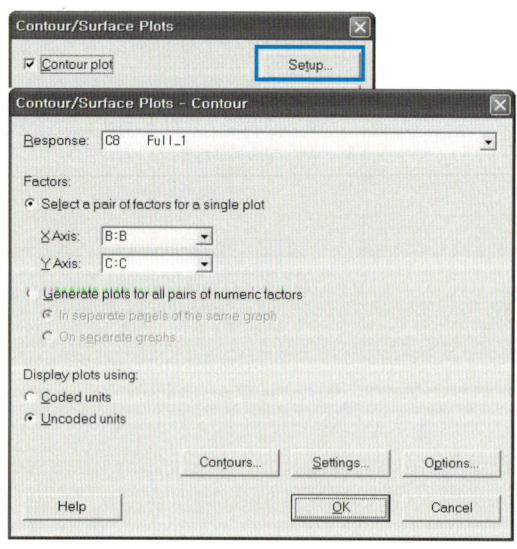

(1) 무엇을 알기 위한 분석인가?

(2) 최적화 방향은 어느 곳인가?

(3) 등고선 모양은 직선인가? 곡선인가?

49. 요인배치실험의 최적화 내용이다. 물음에 답하시오.

Stat 〉 DOE 〉 Factorial 〉 Response Optimizer

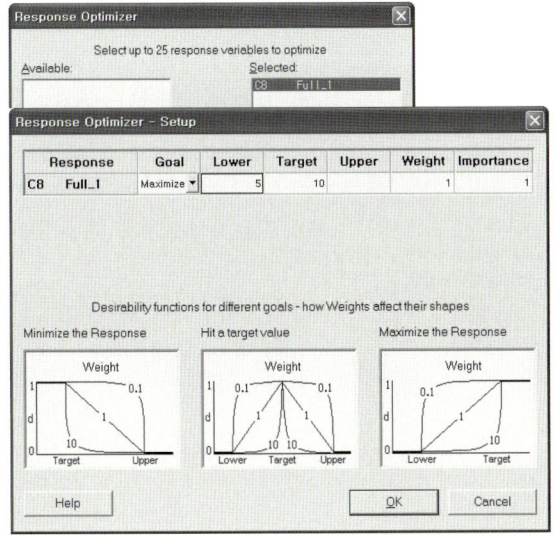

(1) 무엇을 알기 위한 분석인가?

(2) Goal의 종류는 어떤 것이 있는가?

(3) 항상 최적조건에 도달하는가?

(4) 규격은 어떻게 되는가?

50. Plackett-Burman 실험의 설계 내용이다. 물음에 답하시오.

Stat 〉 DOE 〉 Factorial 〉 Create Factorial Design

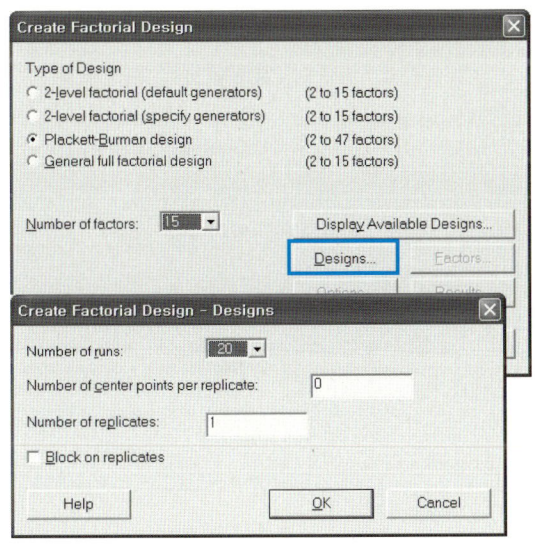

(1) 인자(요인, Factor)의 수는 몇 개인가?

(2) 총 실험회수는 얼마인가?

(3) 반복회수는 얼마인가?

(4) 본 실험의 목적은 무엇인가?

51. Plackett-Burman 실험의 분석 내용이다. 물음에 답하시오.

Stat > DOE > Factorial > Analyze Factorial Design

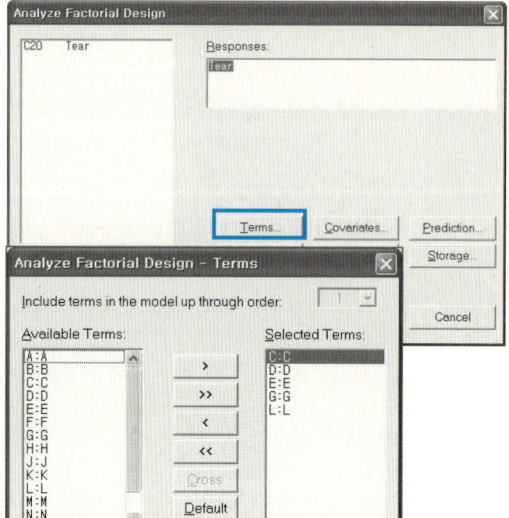

(1) 분석대상 인자는 몇 개인가?

(2) 본 분석 이후 교호작용을 포함하는 실험설계방법은?

(3) 귀무가설(H0)을 세우시오.

(4) 본 실험에서 분석 가능한 효과는 무엇인가?

52. 반응표면분석(RSM) 실험의 설계 내용이다. 물음에 답하시오.

Stat > DOE > Response Surface > Create Response Surface Design

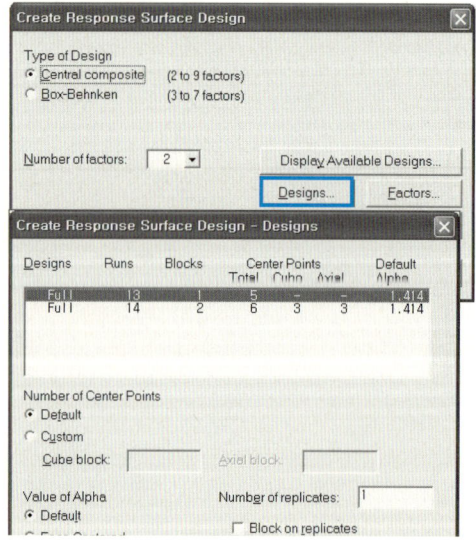

(1) 인자(요인, Factor)의 수는 몇 개인가?

(2) 총 실험회수는 얼마인가?

(3) 반복회수는 얼마인가?

(4) 본 실험의 목적은 무엇인가?

53 반응표면분석(RSM) 실험의 분석 내용이다. 물음에 답하시오.

Stat > DOE > Response Surface > Analyze Response Surface Design

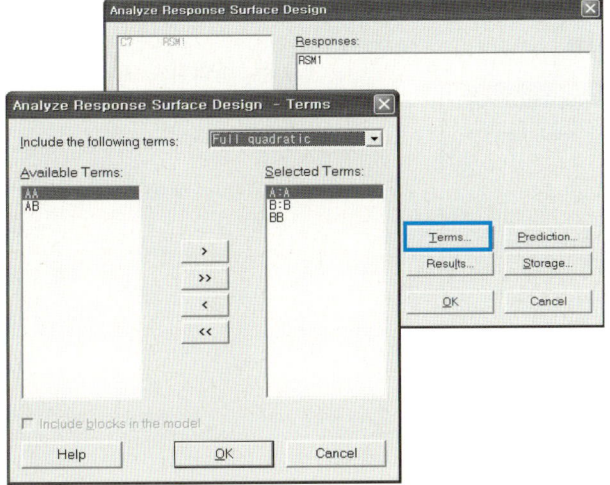

(1) 분석대상 인자는 몇 개인가?

(2) 분석결과 방정식의 표기방법은?

(3) 귀무가설(H0)을 세우시오.

54 반응표면분석(RSM) 실험의 그래프 내용이다. 물음에 답하시오.

Stat > DOE > Response Surface > Contour/Surface Plots

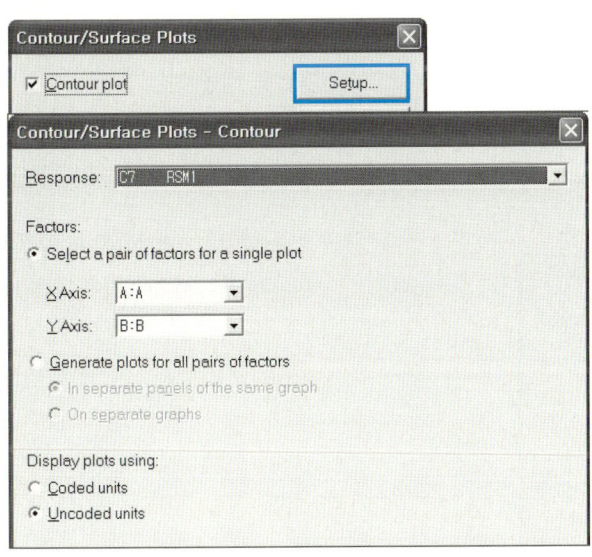

(1) 무엇을 알기 위한 분석인가?

(2) 등고선의 축은 무엇인가?

(3) 등고선 모양은 직선인가? 곡선인가?

55. 반응표면분석(RSM) 실험의 최적화 내용이다. 물음에 답하시오.

Stat > DOE > Response Surface > Response Optimizer

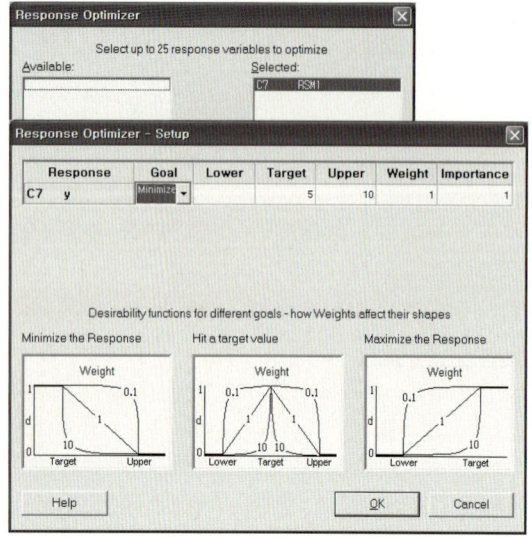

(1) 무엇을 알기 위한 분석인가?

(2) 본 실험의 Goal의 종류는 무엇인가?

(3) 규격은 어떻게 되는가?

56. 다구찌 실험의 설계 내용이다. 물음에 답하시오.

Stat > DOE > Taguchi > Create Taguchi Design

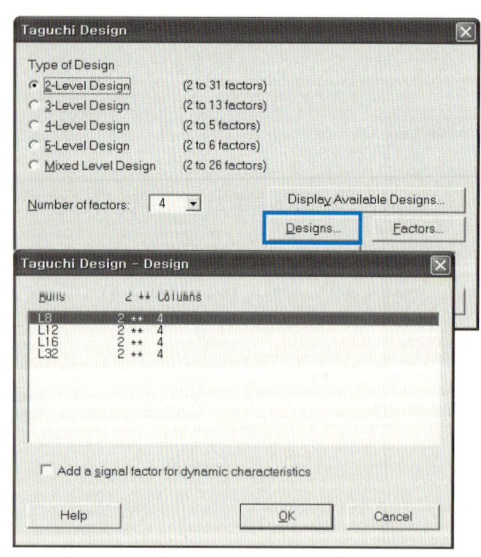

(1) 인자(요인, Factor)의 수는 몇 개인가?

(2) 총 실험회수는 얼마인가?

(3) 다구찌 실험의 목적 또는 특징은 무엇인가?

57 다구찌 실험의 설계 내용이다. 물음에 답하시오.

Stat 〉 DOE 〉 Taguchi 〉 Create Taguchi Design 〉 Factors Tab

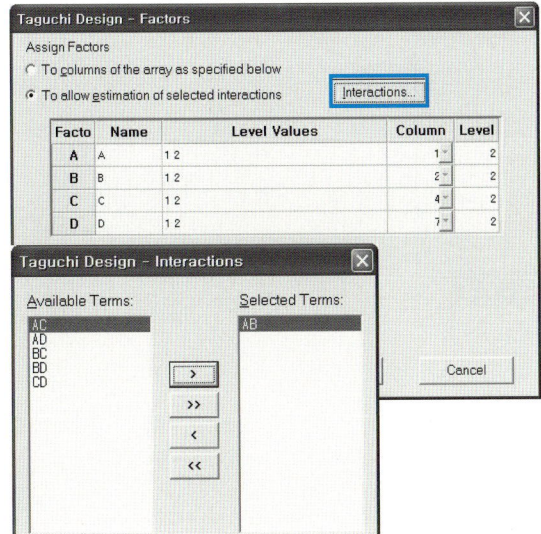

(1) 인자(요인, Factor)의 수준은?

(2) 할당된 교호작용은 무엇인가?

(3) 잡음인자는 어떻게 배치하는가?

58 다구찌 실험의 분석 내용이다. 물음에 답하시오.

Stat 〉 DOE 〉 Taguchi 〉 Analyze Taguchi Design

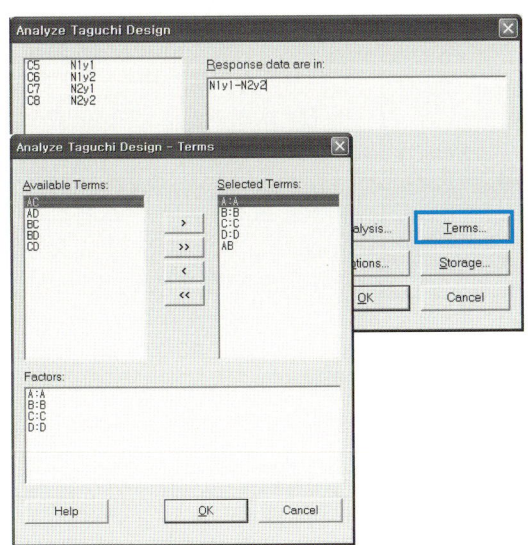

(1) 하나의 실험점에서 몇 회의 실험이 이루어지는가?

(2) N을 잡음인자, y를 실험값이라고 할 때 잡음의 수준은?

(3) 분석대상 인자는 무엇인가?

59 다구찌 실험의 분석 내용이다. 물음에 답하시오.

Stat 〉 DOE 〉 Taguchi 〉 Analyze Taguchi Design

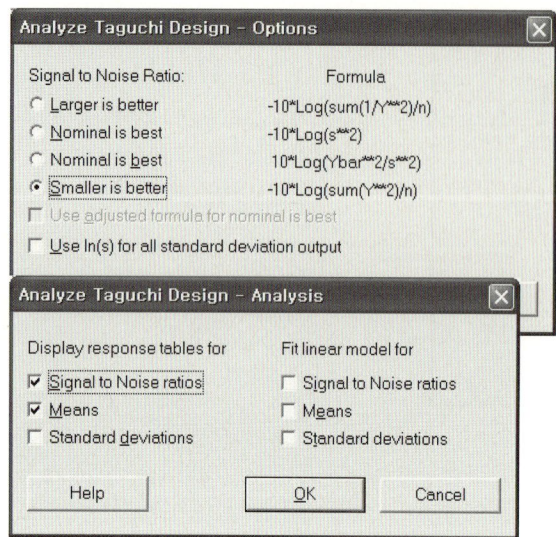

(1) 다구찌에서 특성치의 종류는 어떤 것이 있는가?

(2) 이 문제에서 특성치의 종류는 무엇인가?

(3) 특성치의 종류에 따라 SN비의 목표는 무엇인가?

60 다구찌 실험의 예측 내용이다. 물음에 답하시오.

Stat 〉 DOE 〉 Taguchi 〉 Predict Taguchi Results

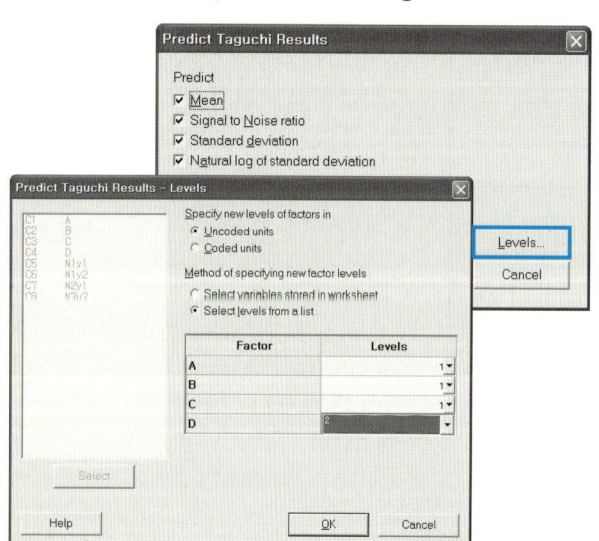

(1) 무엇을 알기 위한 분석인가?

(2) 최적조건은 무엇인가?

(3) 현재조건은 무엇인가?

(4) SN비가 비슷한 경우 최적조건의 선정은?

61 실험계획(DOE : Define Custom Design) 문제이다. 물음에 답하시오.

Stat 〉 DOE 〉 Factorial 〉 Define Custom Factorial Design

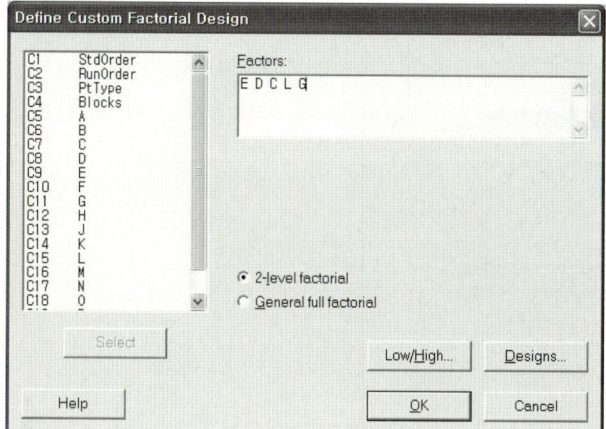

(1) 무엇을 알기 위한 분석인가?

(2) 인자는 몇 개인가?

(3) 인자의 수준은 얼마인가?

62 실험계획 (DOE : 2^N → RSM 설계) 문제이다. 물음에 답하시오.

Stat 〉 DOE 〉 Modify Design

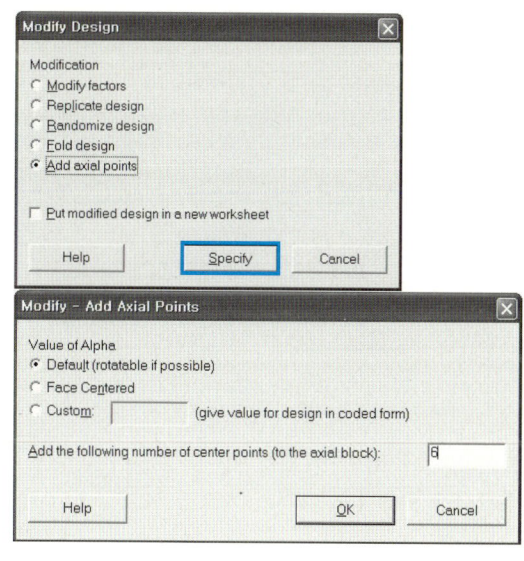

(1) 무엇을 알기 위한 분석인가?

(2) 중심점의 개수는 몇 개인가?

(3) RSM 중 어떤 설계로 변경되는가?

(4) 어떤 경우에 이런 실험이 검토되는가?

63 실험계획 (DOE : Taguchi → 요인배치설계) 문제이다. 물음에 답하시오.

Stat 〉 DOE 〉 Factorial 〉 Analyze Factorial Design

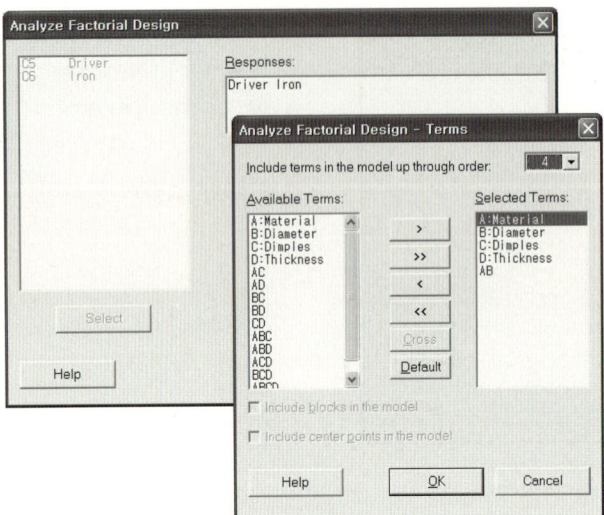

(1) 무엇을 알기 위한 분석인가?

(2) 반응변수는 몇 개인가?

(3) 모델에 포함된 효과는 몇 개인가?

64 관리도 작성과 관련된 내용이다. 빈칸을 채우시오.

Stat 〉 Control Charts

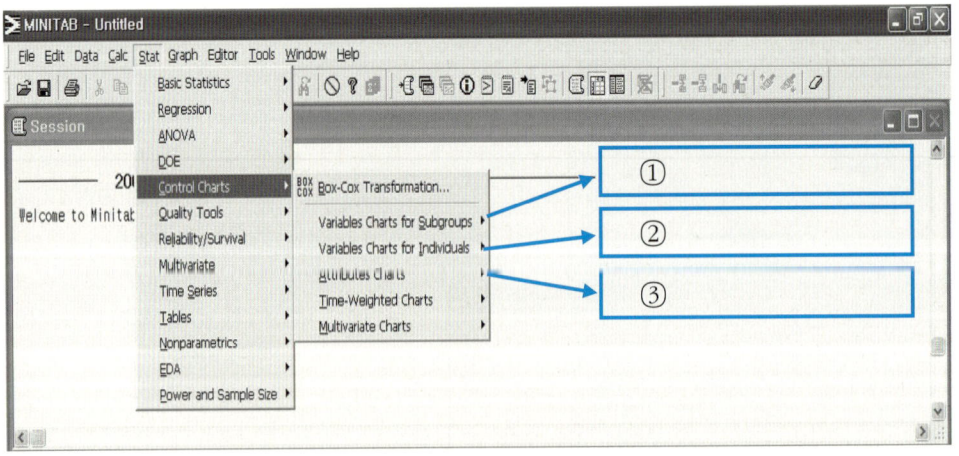

※ 힌트 : 계량형, 이산형, 부분군 등의 용어를 사용하여 답하시오.

65 Xbar-R 관리도의 미니탭 메뉴이다. 물음에 답하시오.

➢ Stat 〉 Control Charts 〉 Variables Charts for Subgroups 〉
Xbar-R Chart

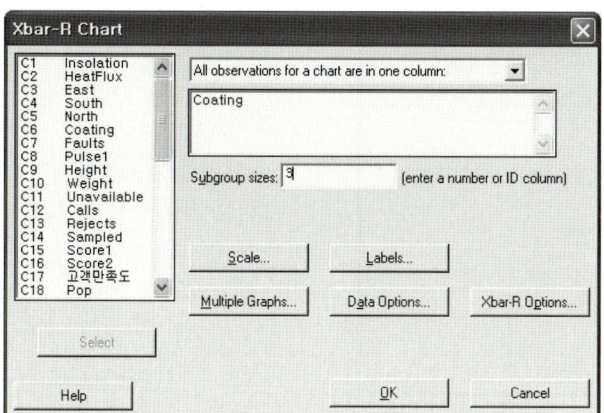

(1) 데이터의 종류는 무엇인가?
(연속형/이산형)

(2) 부분군(Subgroup)의
크기는 얼마인가?

(3) 부분군이 일정한가?
(일정/변동)

66 I-MR 관리도의 미니탭 메뉴이다. 물음에 답하시오.

➢ Stat 〉 Control Charts 〉 Variables Charts for Individuals 〉
I-MR Chart

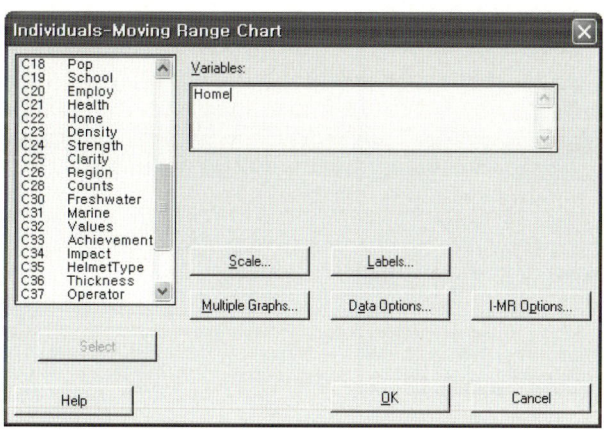

(1) 데이터의 종류는 무엇인가?
(연속형/이산형)

(2) 부분군(Subgroup)의
크기는 얼마인가?

(3) 관리상태의 판정방법은?

67 P 관리도의 미니탭 메뉴이다. 물음에 답하시오.

Stat 〉 Control Charts 〉 Attribute Charts 〉 P Charts

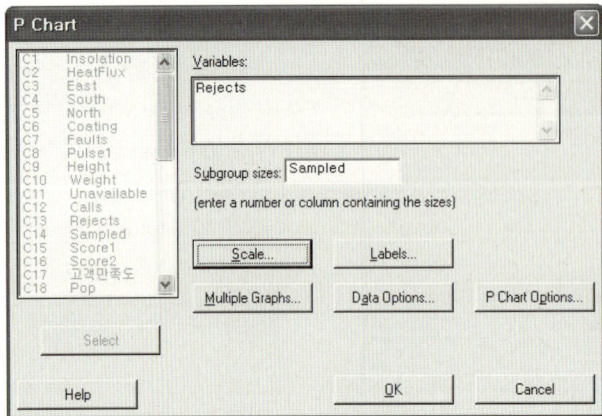

(1) 데이터의 유형은 무엇인가?
(연속형/이산형)

(2) 부분군(Subgroup)이
일정한가?
(일정/변동)

(3) 표본 크기의 변수는
어느 것인가?
(Rejects/Sampled)

68 NP 관리도의 미니탭 메뉴이다. 물음에 답하시오.

Stat 〉 Control Charts 〉 Attribute Charts 〉 NP Charts

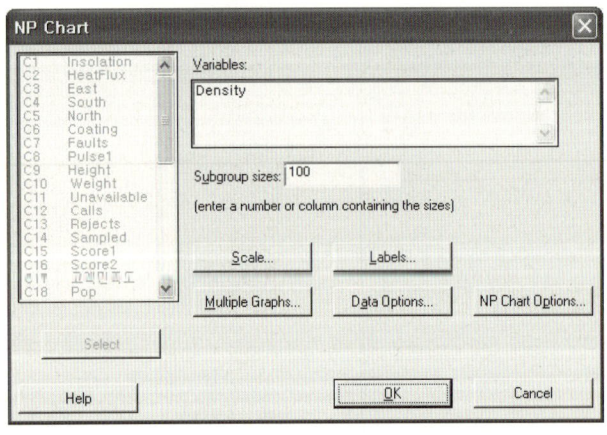

(1) 데이터의 종류는 무엇인가?
(연속형/이산형)

(2) 부분군(Subgroup)의
크기는 얼마인가?

(3) 부분군이 일정한가?
(일정/변동)

69 개선전후 비교를 위한 관리도의 미니탭 메뉴이다. 물음에 답하시오.

▶ Stat > Control Charts > Variables Charts for Individuals > I-MR Chart

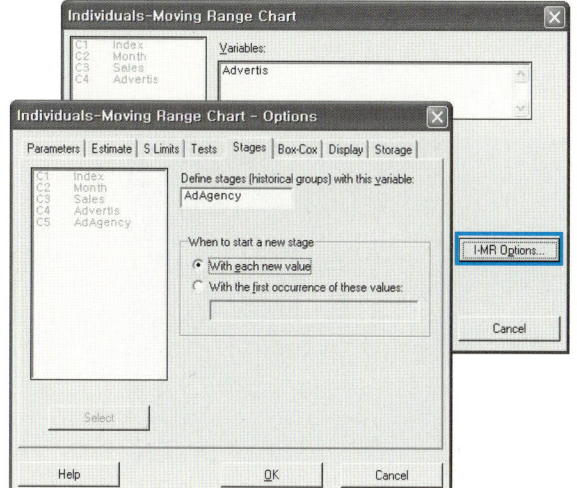

(1) 무엇을 알기 위한 분석인가?

(2) 분석결과 모습은?

(3) 다른 관리도에도 적용 가능한가?

70 Zone 관리도의 미니탭 메뉴이다. 물음에 답하시오.

▶ Stat > Control Charts > Variables Charts for Subgroups > Zone

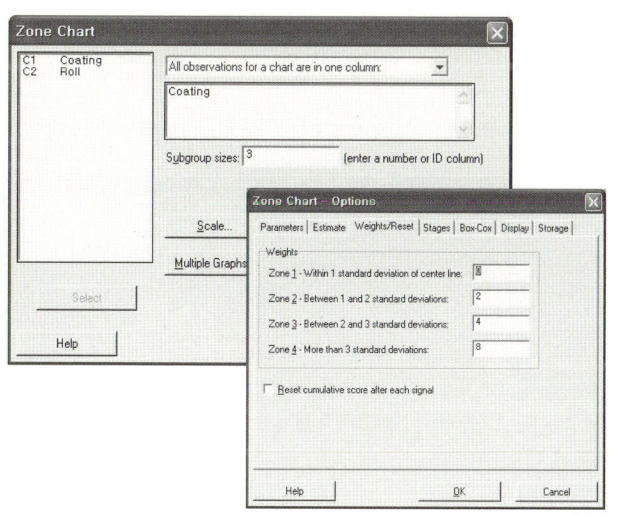

(1) 무엇을 알기 위한 분석인가?

(2) 부분군의 크기는 얼마인가?

(3) Zone score 몇 점 이상을 이상치로 보는가?

3장 그래프 해석 문제

> ▷ 문제의 구성 : 그래프 해석 90문제, 330문항
>
> ▷ 문제의 배치 : 1문제당 3~4문항 배치
>
> ▷ 정답의 표기 : 이 책의 마지막에 표기

　미니탭 실행결과는 그래프와 세션창으로 출력되는데, 두 가지 모두 나오는 경우와 한 가지만 나오는 경우가 있는데, 여기서는 그래프 해석 부문을 다루고 있다.

　미니탭 실행의 해답 중 그래프 해석에 대한 답은 이곳을 참고하면 된다. 그래프 해석 문제는 데이터 유형에 따라 몇 가지 경우를 함께 제시하여 단순히 암기하는 것이 아니라, 그래프의 이해를 통해 학습해야 한다.

　이 문제는 6시그마를 학습한 이후에 미니탭의 결과 해석문제로 간단히 취급할 수 있으며, 특히 컴퓨터를 활용하지 않는 GB 시험에 적합한 문제 유형이다.

1. ○○라인의 생산성 Data를 미니탭을 이용하여 다음과 같은 기술통계 자료를 얻었다.

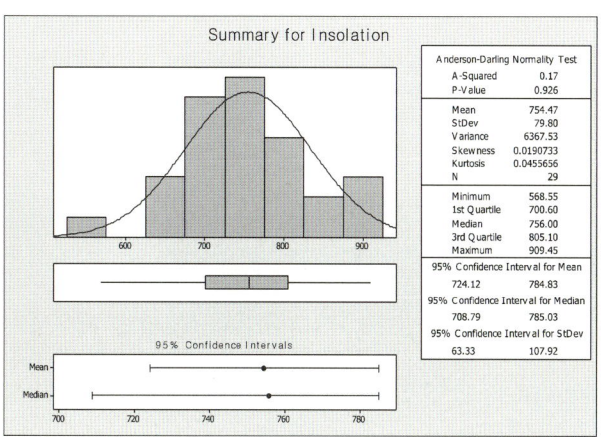

(1) 이 분포는 정규분포인가?

(2) 평균값, 중앙값은?

(3) 95% 신뢰수준에서 모집단 평균값의 신뢰구간은?

(4) 정규분포 유무의 판정방법은?

2. ○○라인의 생산성 Data를 미니탭을 이용하여 다음과 같은 기술통계 자료를 얻었다.

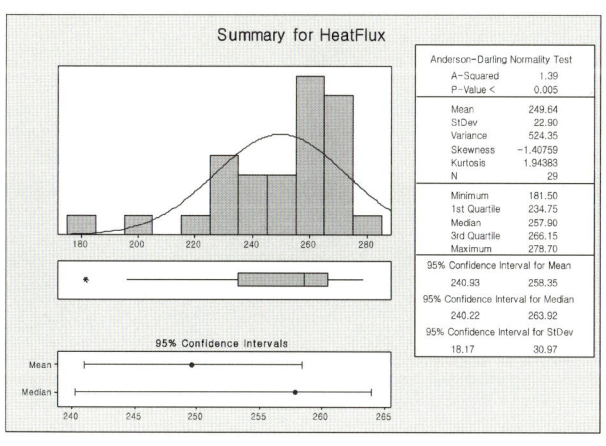

(1) 이 분포는 정규분포인가?

(2) 평균값, 표준편차는?

(3) 95% 신뢰수준에서 모집단 표준편차의 신뢰구간은?

3. 시그마수준 계산 이전에 수집한 자료의 정규성을 검토한다. 먼저, 히스토그램을 그려보니 전체적으로 정규분포 모양을 띠고 있지만, 좀 더 명확하게 확인하기 위해 정규성 검정을 실시했다.

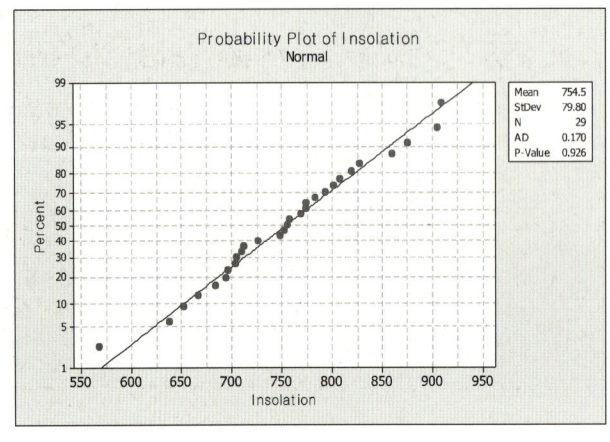

(1) 정규분포를 따르고 있는가?

(2) 판단근거는 무엇인가?

(3) 평균은 얼마인가?

(4) 귀무가설(H0)을 세우시오.

4. 공정능력 분석 이전에 수집한 자료의 정규성을 검토한다. 먼저, 히스토그램을 그려보니 분포의 형태를 잘 몰라, 좀 더 명확하게 확인하기 위해 정규성 검정을 실시했다.

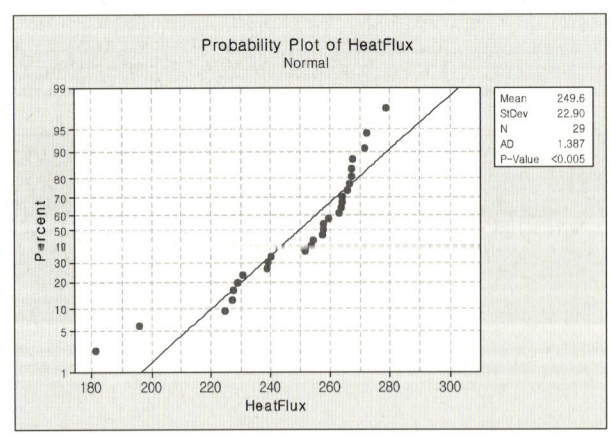

(1) 정규분포를 따르고 있는가?

(2) 판단근거는 무엇인가?

(3) 표준편차는 얼마인가?

(4) 대립가설(H1)을 세우시오.

5. 부분군(Subgroup) n=3으로 장기간 수집한 자료를 이용하여 시그마 수준을 계산한 것이다.

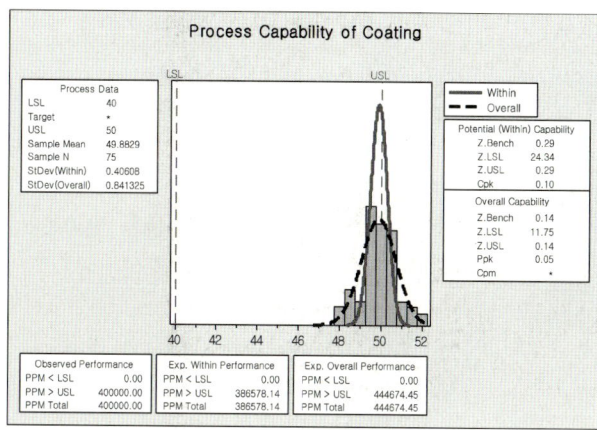

(1) 장기 시그마수준은 얼마인가?

(2) 단기 시그마수준은 얼마인가?

(3) 시그마수준 향상을 위해 무엇을 해야 하는가?

(4) 평균이 규격의 중앙에 위치할 경우 불량률은?

6. 부분군(Subgroup) n=5로 장기간 수집한 자료를 이용하여 시그마 수준을 계산한 것이다.

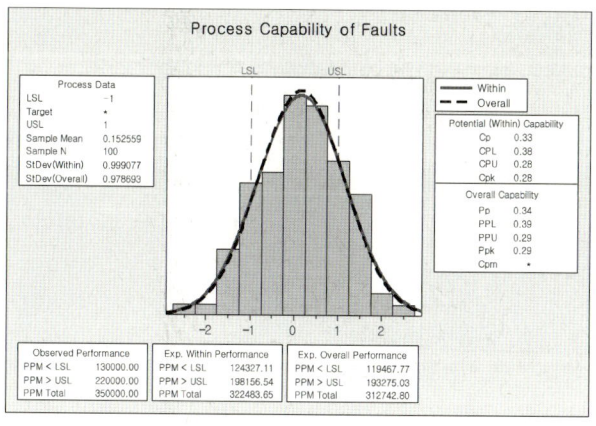

(1) 장기 시그마수준은 얼마인가?

(2) 규격(Spec.)은 얼마인가?

(3) 시그마수준 향상을 위해 무엇을 해야 하는가?

(4) 공정능력 산정 전에 수행되어야 할 검정은 무엇인가?

7. ○○라인의 생산성 데이터를 미니탭을 이용하여 다음과 같은 공정능력 자료를 얻었다.

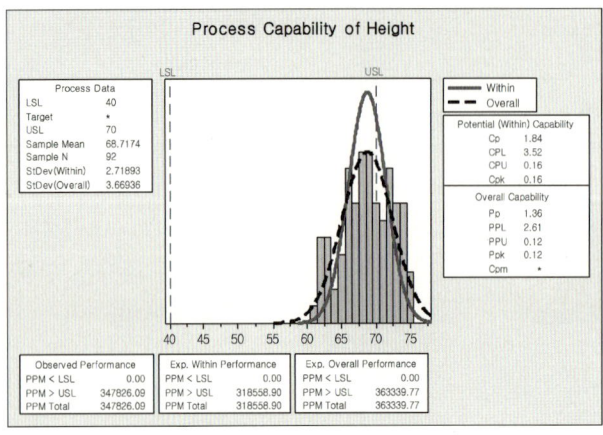

(1) 장기 시그마수준을 구하시오.

(2) 관측된 불량률은 얼마인가?

(3) 개선방향 또는 공정의 문제점은 무엇인가?

(4) 공정능력 산정 전에 수행되어야 할 검정은 무엇인가?

8. 한 달 동안 원단회사에서 수집한 자료를 이용하여 시그마수준을 구한 것이다.

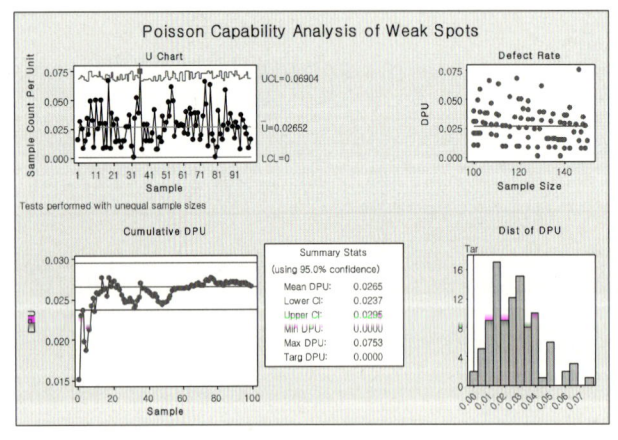

(1) 평균 결함률은 얼마인가?

(2) 수율은 얼마인가?

(3) 자료는 관리상태에 있는가?

(4) 샘플 크기는 동일한가?

9. 철판의 흠집 자료를 이용하여 시그마 수준을 구한 것이다.

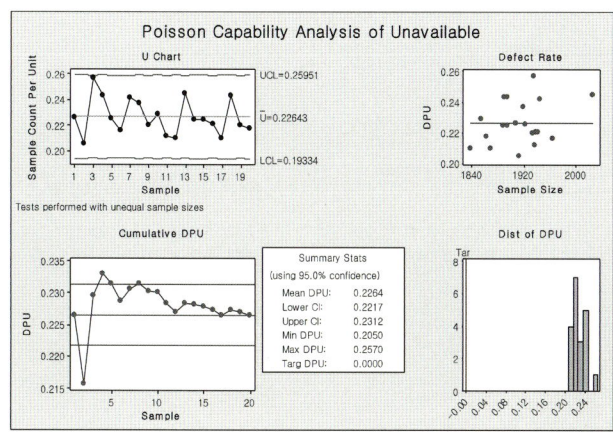

(1) 평균 결함률은 얼마인가?

(2) 자료는 관리상태에 있는가?

(3) 분포의 종류는 무엇인가?

(4) 시그마수준을 산정하기 위한 다음 단계는 무엇인가?

10. 비정규분포 자료를 이용하여 시그마수준을 계산한 결과 다음과 같다.

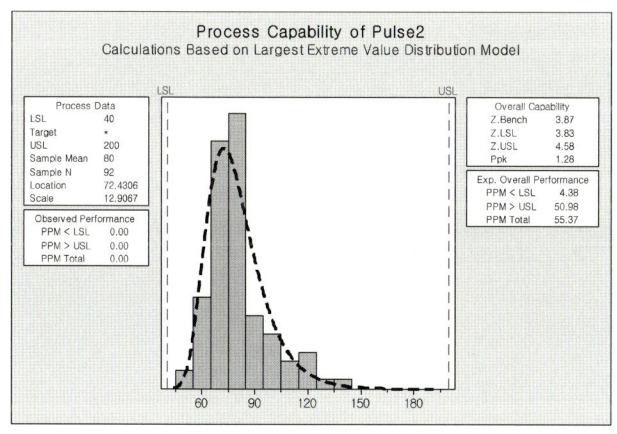

(1) 시그마수준은 얼마인가?

(2) 적용된 분포는 무엇인가?

(3) 규격은 얼마인가?

(4) 공정능력을 향상하기 위한 방안은?

11. 비정규분포 데이터를 미니탭을 이용하여 다음과 같은 공정능력 자료를 얻었다.

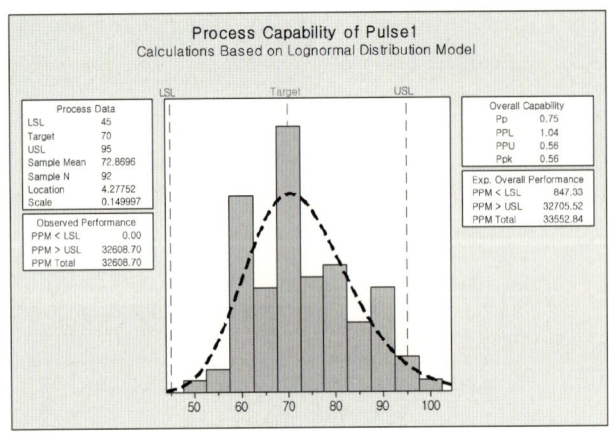

(1) 시그마수준은 얼마인가?

(2) 적용된 분포는 무엇인가?

(3) 기대되는 전체 불량률은 얼마인가?

(4) 공정능력 산정 전에 수행되어야 할 절차는 무엇인가?

12. 한 달 동안 Call center에서 수집한 자료를 이용하여 시그마수준을 구한 것이다.

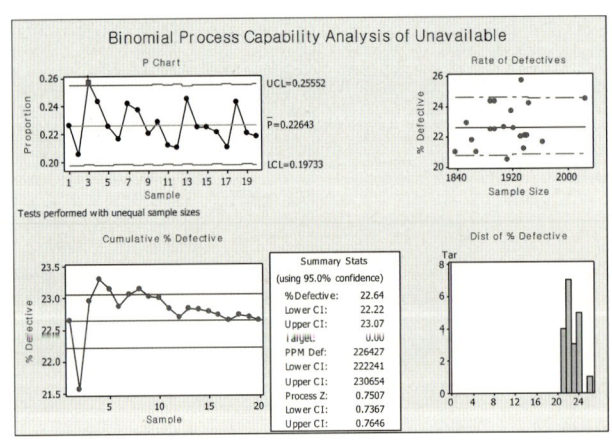

(1) 시그마수준은 얼마인가?

(2) 평균 불량률은 얼마인가?

(3) 자료는 관리상태에 있는가?

(4) 분포의 종류는 무엇인가?

13 한 달 동안 세차장에서 수집한 자료를 이용하여 시그마수준을 구한 것이다.

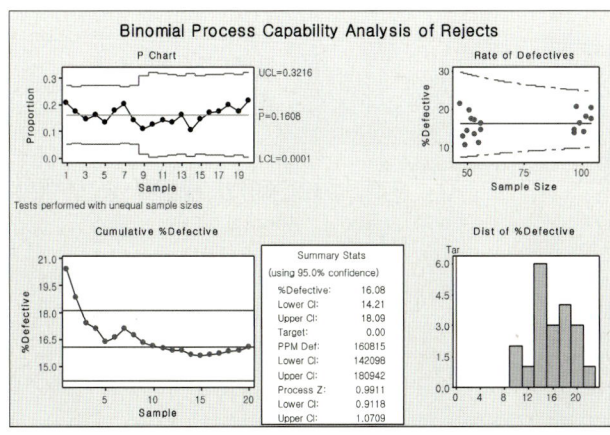

(1) 시그마수준은 얼마인가?

(2) 평균 불량률은 얼마인가?

(3) 자료는 관리상태에 있는가?

(4) 자료의 샘플 크기는 동일한가?

14 3명의 평가자가 20개의 샘플에 대해 2번씩 반복 측정한 결과이다. 측정시스템의 분석에 대하여 물음에 답하시오.

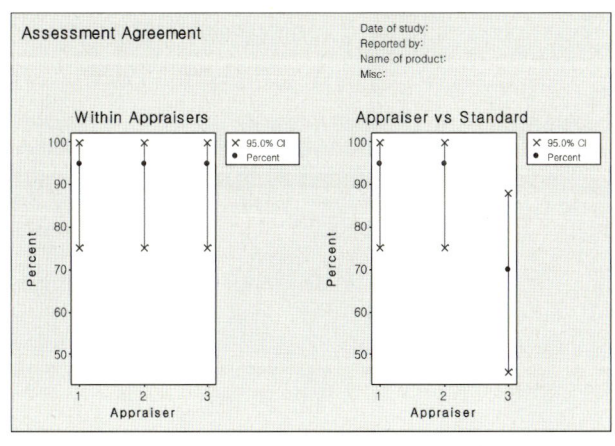

(1) 표준(참값)이 있는 경우인가? 아닌가?

(2) 3명의 평가자 중 능력이 가장 떨어지는 사람은?

(3) 모든 평가자가 일치하는 경우는 몇 %인가?

(4) 평가결과로부터 종합판정을 내리시오.

15. 3명의 평가자가 20개의 샘플에 대해 2번씩 반복 측정한 결과이다. 측정시스템의 분석에 대하여 물음에 답하시오.

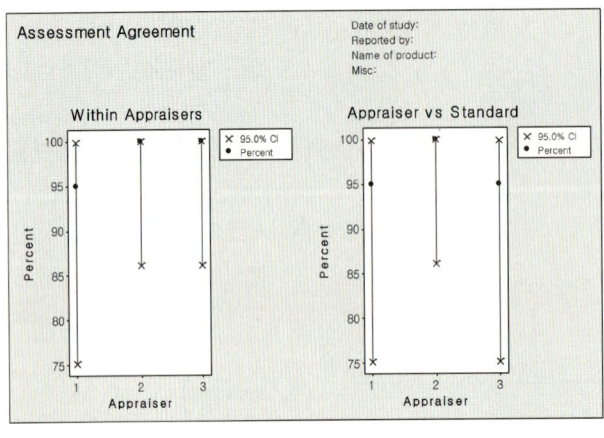

(1) 표준(참값)이 있는 경우인가? 아닌가?

(2) 3명의 평가자 중 능력이 가장 높은 사람은?

(3) 모든 평가자가 일치하는 경우는 몇 %인가?

(4) 본 자료는 연속형인가? 이산형인가?

16. 3명의 평가자가 10개의 샘플에 대해 3번씩 반복 측정한 결과이다. 측정시스템의 분석에 대하여 물음에 답하시오.

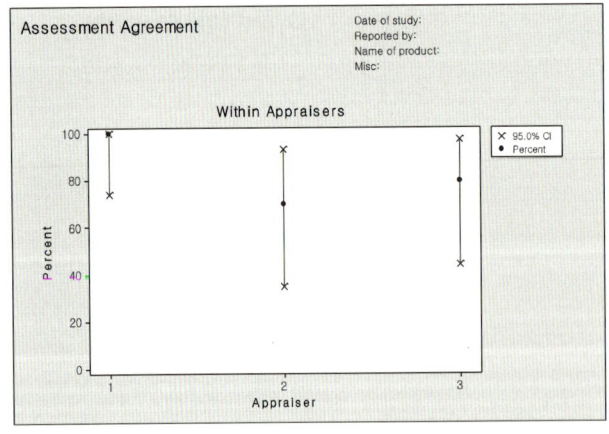

(1) 표준(참값)이 있는 경우인가? 아닌가?

(2) 3명의 평가자 중 능력이 가장 떨어지는 사람은?

(3) 모든 평가자가 일치하는 경우는 몇 %인가?

(4) 본 자료는 연속형인가? 이산형인가?

17. 3명의 평가자가 10개의 샘플에 대해 3번씩 반복 측정한 결과이다. 측정시스템의 분석에 대하여 물음에 답하시오.

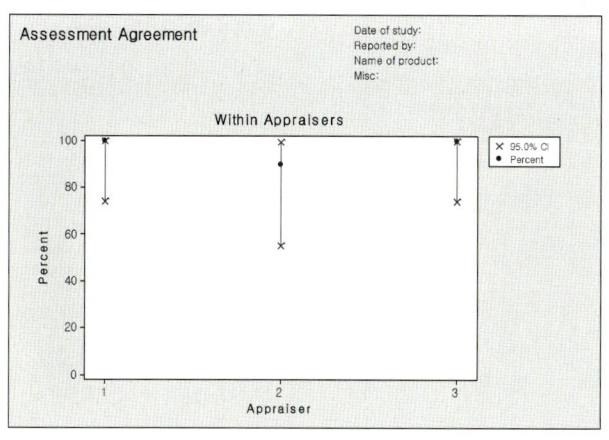

(1) 표준(참값)이 있는 경우인가? 아닌가?

(2) 3명의 평가자 중 능력이 가장 떨어지는 사람은?

(3) 모든 평가자가 일치하는 경우는 몇 %인가?

(4) 평가결과로부터 종합판정을 내리시오.

18. 시그마수준을 구하기 전에 수집된 자료로 정규성을 검정해 보니 비정규분포를 따랐다. 먼저, 데이터 변환(Box-Cox)을 실시한 결과 아래와 같다.

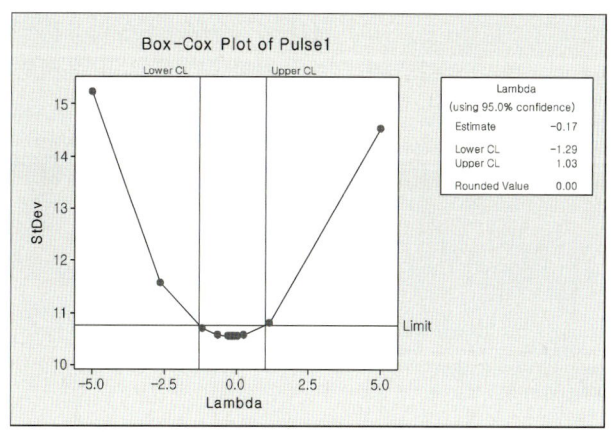

(1) 변환승수(λ)는 얼마인가? 가장 근접한 값을 쓰시오.

(2) 이후의 분석단계를 기술하시오.

(3) 데이터 변환으로 대부분의 자료는 정규성이 만족하는가?

(4) 원 데이터 100의 변환 후 값은?

19. 시그마수준을 구하기 전에 수집된 자료로 정규성을 검정해 보니 비정규분포를 따랐다. 먼저, 데이터 변환(Box-Cox)을 실시한 결과 아래와 같다.

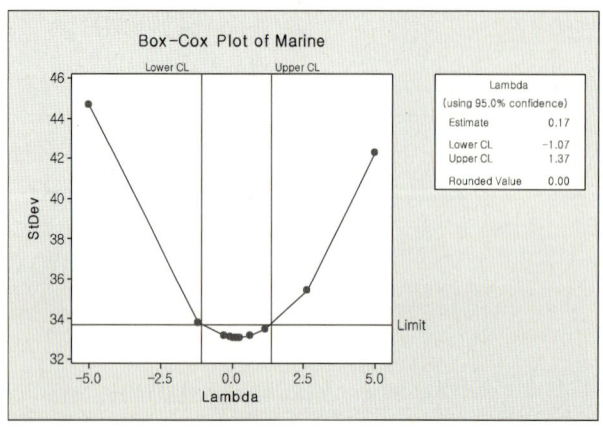

(1) 변환승수(λ)는 얼마인가? 가장 근접한 값을 쓰시오.

(2) 이후의 분석단계를 기술하시오.

(3) 데이터 변환 이후에도 정규성이 성립하지 않으면, 시그마수준을 어떻게 구하는가?

20. 시그마수준을 구하기 전에 수집된 자료로 정규성을 검정해 보니 비정규분포를 따랐다. 먼저, 데이터 변환(Box-Cox)을 실시한 결과 아래와 같다.

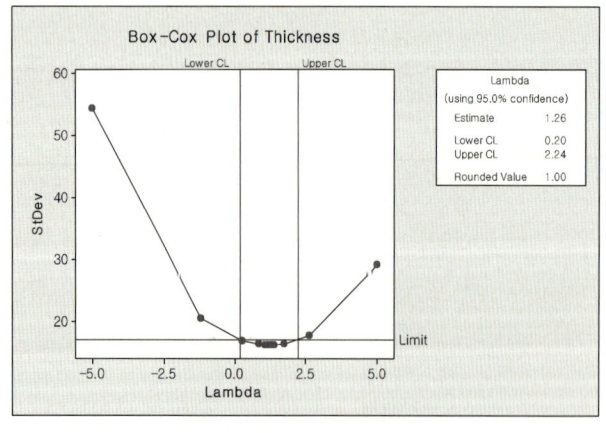

(1) 변환승수(λ)는 얼마인가? 가장 근접한 값을 쓰시오.

(2) 이 경우 정규성이 성립하는가?

(3) 비정규분포는 데이터 변환으로 대부분 정규성이 성립하는가?

(4) 추가적인 분석메뉴는 무엇인가?

21. 시그마수준을 구하기 전에 수집된 자료로 정규성을 검정해 보니 비정규분포를 따랐다. 먼저, 데이터 변환(Johnson)을 실시한 결과 아래와 같다.

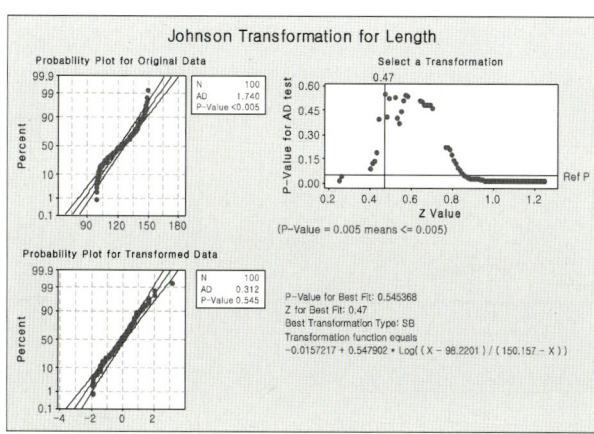

(1) 원 데이터는 정규성이 만족하는가?

(2) 변환된 데이터는 정규성이 만족하는가?

(3) 정규성 판단 시 P-Value와 AD의 관계는?

22. 비정규분포 자료를 이용하여 Johnson 변환의 그래프 결과물이다.

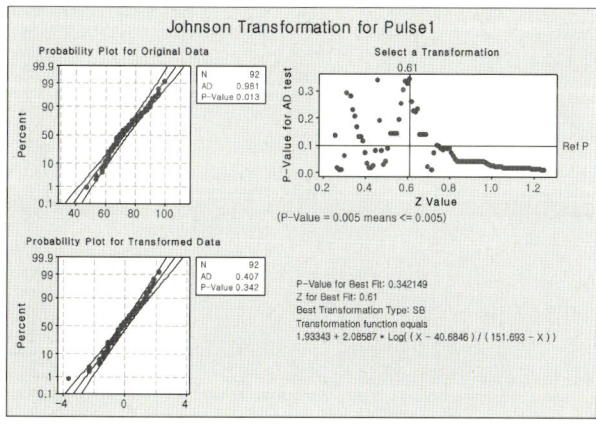

(1) 원 데이터는 정규성이 만족하는가?

(2) 변환된 데이터는 정규성이 만족하는가?

(3) 원 자료 40.6846의 변환 값은?

23. 비정규분포 자료를 이용하여 Johnson 변환의 그래프 결과물이다.

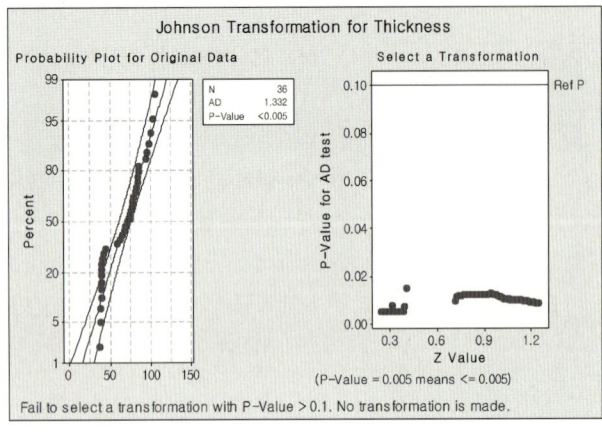

(1) 원 데이터는 정규성이 만족하는가?

(2) 변환된 데이터는 정규성이 만족하는가?

(3) 다음 단계는 어떻게 하는가?

24. 적합한 분포를 찾기 위하여 미니탭을 실행한 결과 다음과 같다.

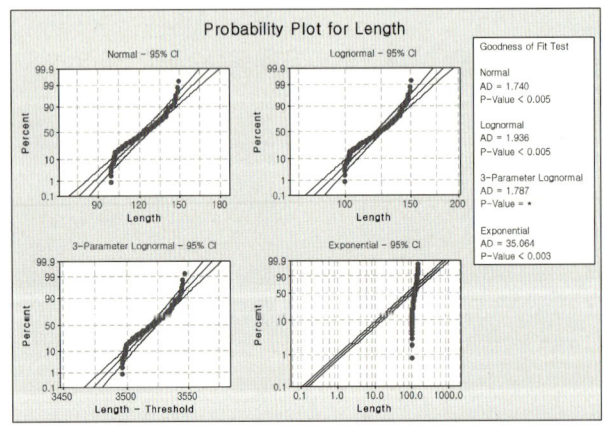

(1) 적합한 분포는 무엇인가?

(2) 판단근거는 무엇인가?

(3) 이후의 공정능력 산정절차는?

25. 비정규분포의 시그마수준을 구하기 이전에 적합한 분포를 확인하는 과정이 필요하다.

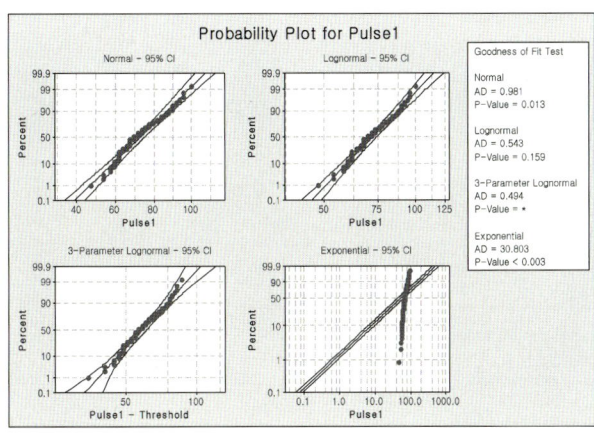

(1) 적합한 분포는 무엇인가?

(2) 판단근거는 무엇인가?

(3) 또 다른 판단근거는 무엇인가?

26. 다음은 29명의 자료를 이용하여 정규성 검정 이전에 분포의 대략적인 모습을 나타내기 위하여 히스토그램(Histogram)을 작성한 것이다.

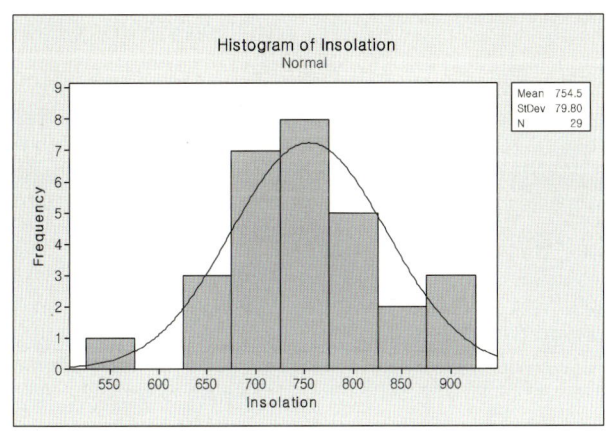

(1) 표준편차는 얼마인가?

(2) 평균과 표준편차 이외 히스토그램으로부터 무엇을 알 수 있는가?

(3) 정규분포와 유사한가?

27. 다음은 29개의 매출 자료를 이용하여 정규성 검정 이전에 분포의 대략적인 모습을 나타내기 위하여 히스토그램(Histogram)으로 나타낸 것이다.

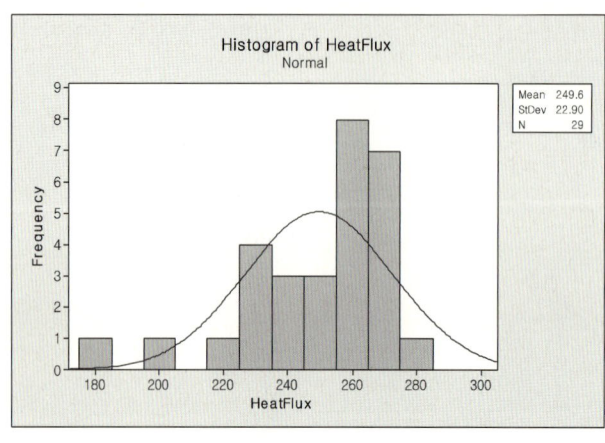

(1) 평균은 얼마인가?

(2) 평균과 표준편차 이외 히스토그램으로부터 무엇을 알 수 있는가?

(3) 관련된 통계도구는 무엇인가?

28. 다음은 두 변수의 관계를 Scatter plot으로 나타낸 것이다.

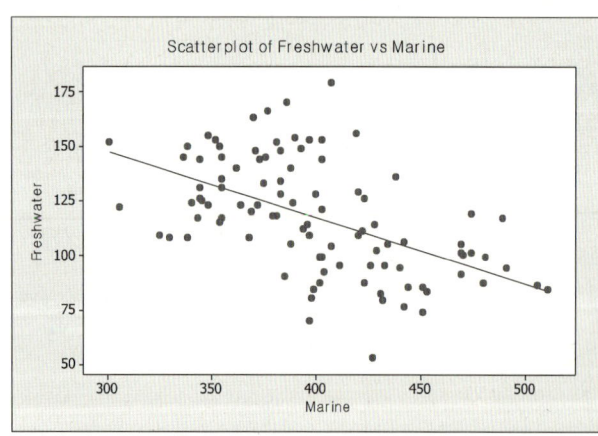

(1) 양의 상관관계 또는 음의 상관관계가 있는가?

(2) Scatter plot 이후 적합한 통계도구는 무엇인가?

(3) 회귀방정식의 식은 어떻게 되는가?

(4) 만약, 상관관계가 존재하지 않는다면 추가적인 조치는?

29. 몸무게의 변화에 따라 키의 변화량을 측정하여 산점도로 나타낸 것이다.

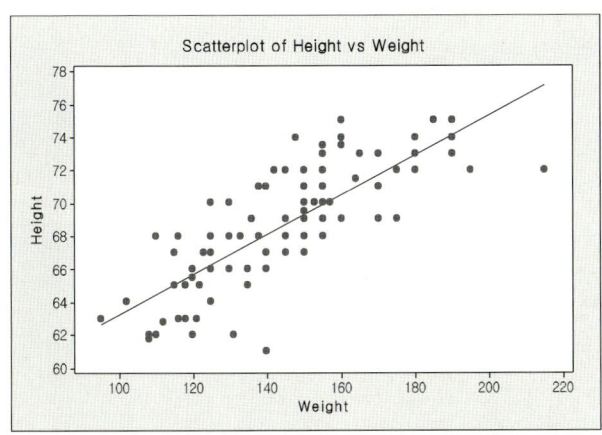

(1) 어떤 관계를 보이는가?

(2) 산점도의 판단결과 이후에 분석 가능한 도구는 무엇인가?

(3) 회귀방정식의 식은 어떻게 되는가?

(4) 만약, 상관관계가 존재하지 않는다면 추가적인 조치는?

30. 두 변수의 관계를 산점도로 나타낸 것이다.

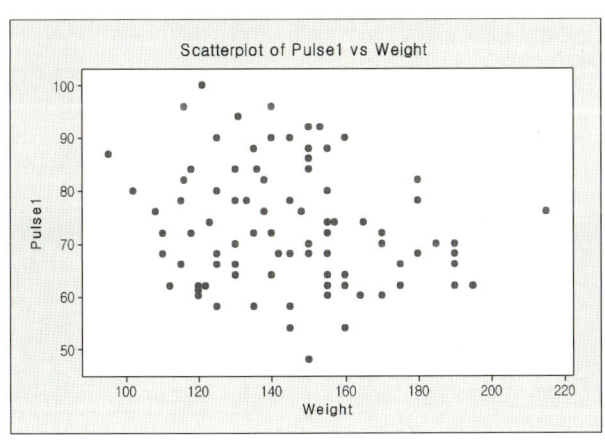

(1) 어떤 관계를 보이는가?

(2) 산점도의 판단결과 이후에 분석 가능한 도구는 무엇인가?

(3) 그래프 분석결과 의미하는 것은 무엇인가?

(4) 만약, 상관관계가 존재하지 않는다면 추가적인 조치는?

31 다음은 어느 공정의 품질특성을 Box plot으로 나타낸 것이다.

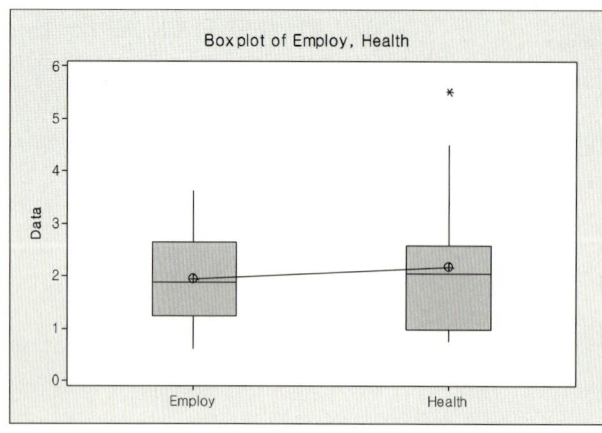

(1) 평균 차이는 있는가?

(2) 산포 차이는 있는가?

(3) 'Health'의 " * "는 무엇을 나타내는 것인가?

32 다음은 어느 공정의 품질특성을 Box plot으로 나타낸 것이다.

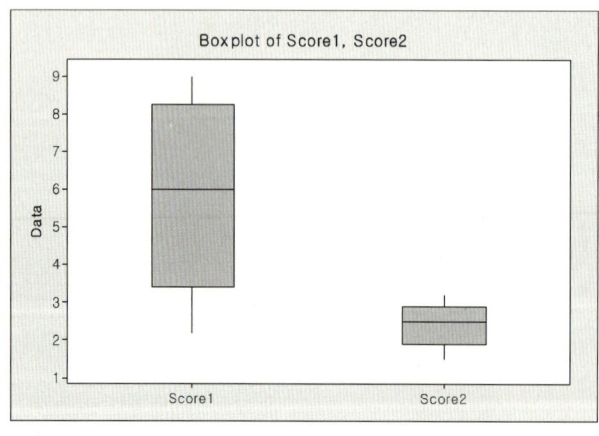

(1) 평균 차이는 무엇으로 알 수 있는가?

(2) 산포 차이는 있는가?

(3) 이후의 통계적 검정방법은 무엇인가?

(4) Score1의 평균은 대략 얼마인가?

33. 다음은 어느 공정의 품질특성을 Box plot으로 나타낸 것이다.

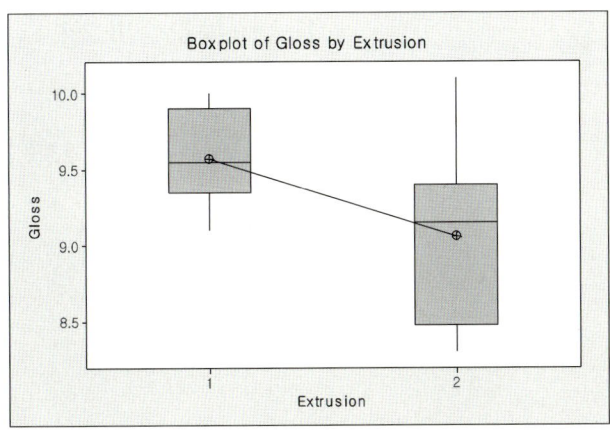

(1) 평균 차이는 있는가?

(2) 산포 차이는 무엇으로 알 수 있는가?

(3) 이후의 통계적 검정방법은 무엇인가?

(4) 상자 안의 ⊕는 무엇인가?

34. 자료의 추세, 경향을 확인하기 위해 Time series plot을 작성했다.

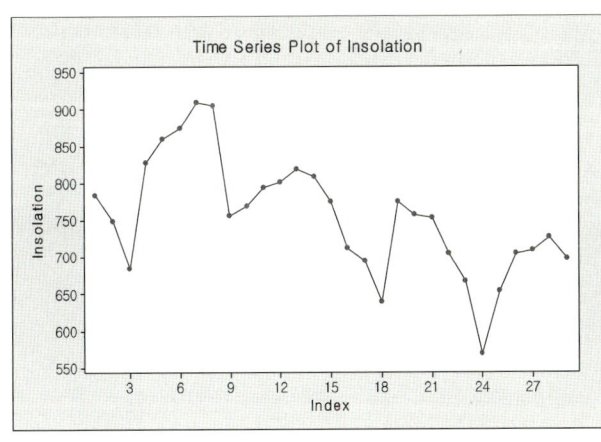

(1) 이 자료는 어떤 변동성을 가지고 있는가?

(2) Time series plot의 용도는?

(3) 관련된 통계도구는 무엇인가?

35. 자료의 추세, 경향을 확인하기 위해 Time series plot을 작성했다.

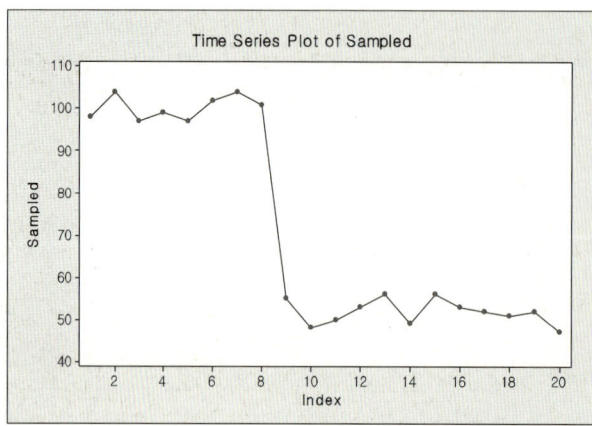

(1) 이 자료는 어떤 변동성을 가지고 있는가?

(2) Time series plot의 용도는?

(3) 관련된 통계도구는 무엇인가?

36. 자료의 추세, 경향을 확인하기 위해 Time series plot을 작성했다.

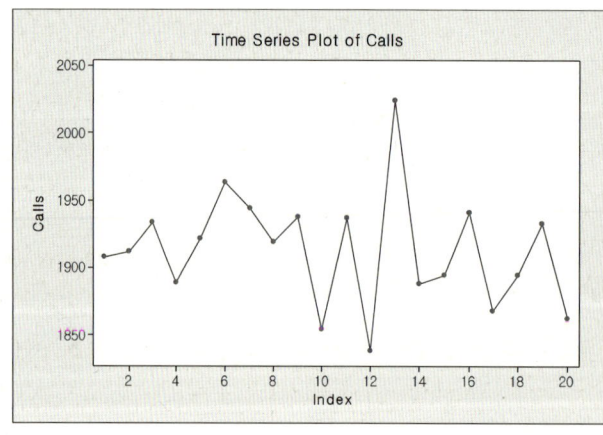

(1) 이 자료는 어떤 변동성을 가지고 있는가?

(2) Time series plot의 용도는?

(3) 관련된 통계도구는 무엇인가?

37. 평균치(1-Sample t) 검정 결과의 그래프 출력물이다.

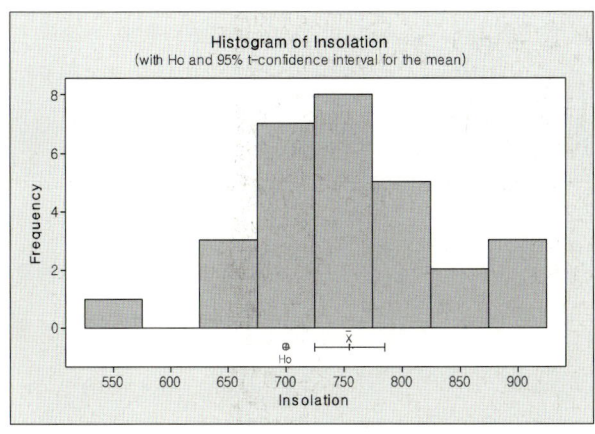

(1) 분석결과 어떻게 되는가?
   (H0 기각 또는 H0 채택)

(2) 무엇으로부터 위와 같은
   결론을 도출하는가?

(3) 귀무가설(H0)을 세우시오.

38. 평균치(1-Sample t) 검정 결과의 그래프 출력물이다.

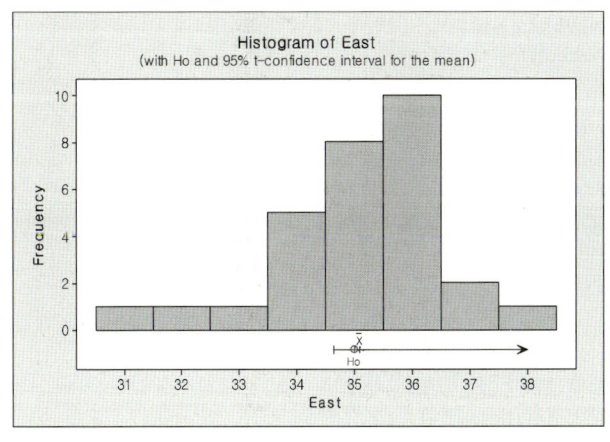

(1) 분석결과 어떻게 되는가?

(2) 무엇으로부터 위와 같은
   결론을 도출하는가?

(3) 대립가설(H1)을 세우시오.

(4) 평균은 얼마인가?

39 분산차이(2 Variances) 검정의 그래프 출력물이다.

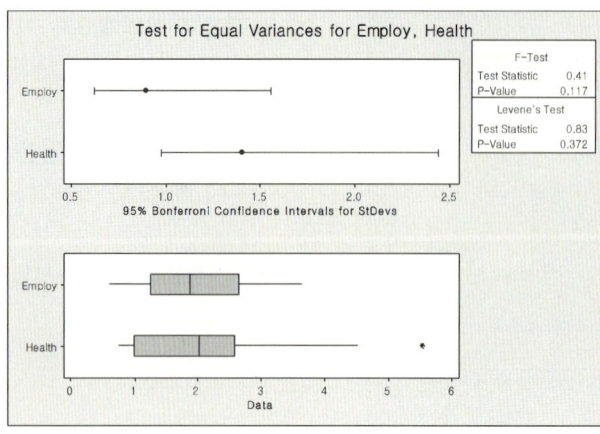

(1) 2 Variances와 유사한 다른 메뉴는 무엇인가?

(2) 차이가 있습니까? 아니면 동일합니까?

(3) 'Health'의 95% 신뢰구간은 대략 얼마인가?

(4) 귀무가설(H0)을 세우시오.

40 분산차이(2 Variances) 검정의 그래프 출력물이다.

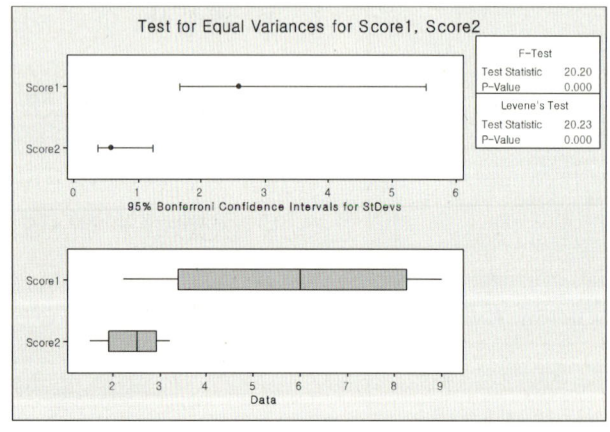

(1) F-test와 Levene's test의 선택기준은?

(2) 차이가 있습니까? 아니면 동일합니까?

(3) 분석하고자 하는 것의 차이는 무엇으로 알 수 있는가?

(4) 대립가설(H1)을 세우시오.

41. 평균차이(ANOVA) 검정의 그래프 출력물이다.

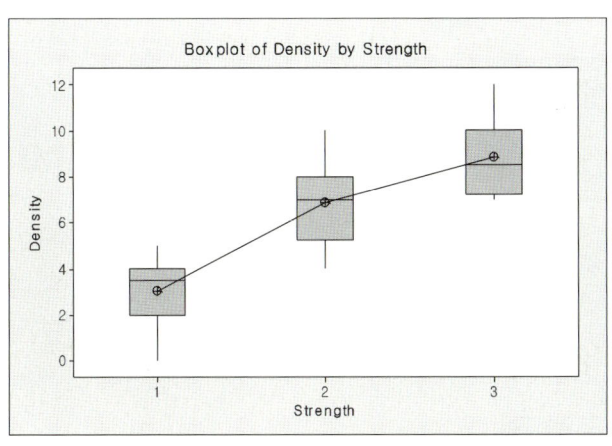

(1) 평균이 동일합니까?

(2) 판단기준은 무엇입니까?

(3) 평균이 가장 높은 것은?

(4) 귀무가설(H0)을 세우시오.

42. 평균차이(ANOVA) 검정의 그래프 출력물이다.

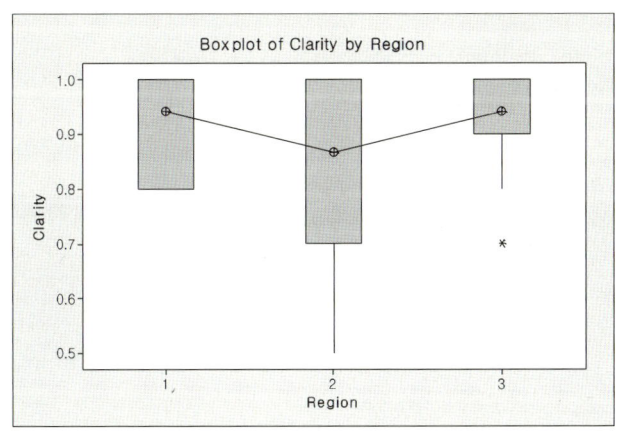

(1) 평균이 동일합니까?

(2) 판단기준은 무엇입니까?

(3) 본 검정 이전에 선행되어야 할 검정은?

(4) 대립가설(H1)을 세우시오.

43. 평균차이(ANOVA) 검정 이전에 정규성 검정과 등분산 검정을 실시한다. 다음은 등분산 검정의 결과이다. 물음에 답하시오.

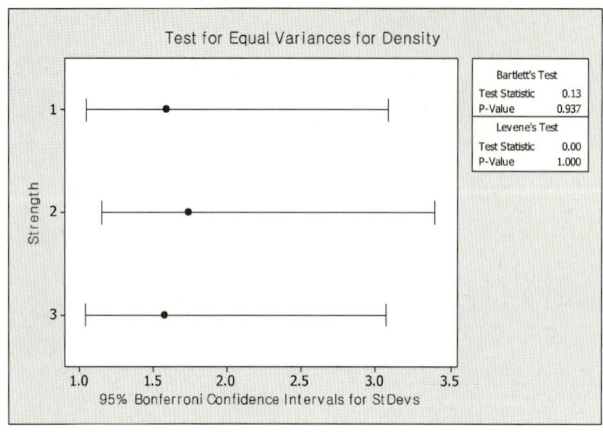

(1) 분산이 동일합니까?

(2) 판단기준은 무엇입니까?

(3) 귀무가설(H0)을 세우시오.

(4) 표준편차는 얼마인가?

44. 평균차이(ANOVA) 검정 이전에 정규성 검정과 등분산 검정을 실시한다. 다음은 등분산 검정의 결과이다. 물음에 답하시오.

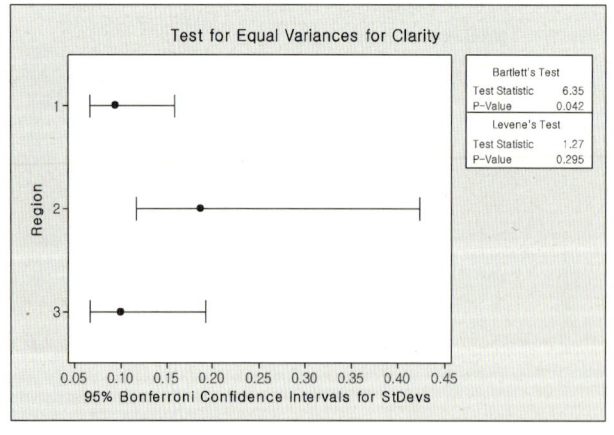

(1) 분산이 동일합니까?

(2) P-Value 이외 판단기준은 무엇입니까?

(3) 어느 분산이 가장 큽니까?

(4) 대립가설(H1)을 세우시오.

45. General Linear Model의 교호효과 그래프 결과물이다. 물음에 답하시오.

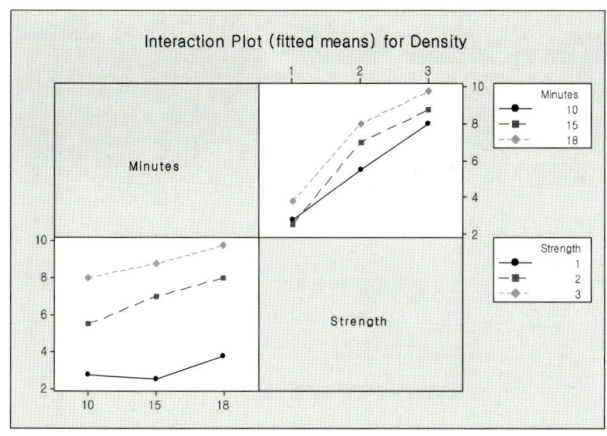

(1) 교호효과가 존재하는가?

(2) 값을 최대로 하는 수준은 무엇인가?

(3) 값을 최대로 하는 수준에서 Density는 대략 얼마인가?

(4) 교호효과의 존재유무를 판단하는 근거는 무엇인가?

46. 쌍을 이루는 데이터로 Paired t 검정을 실시하여 다음과 같은 그래프를 얻었다. 물음에 답하시오.

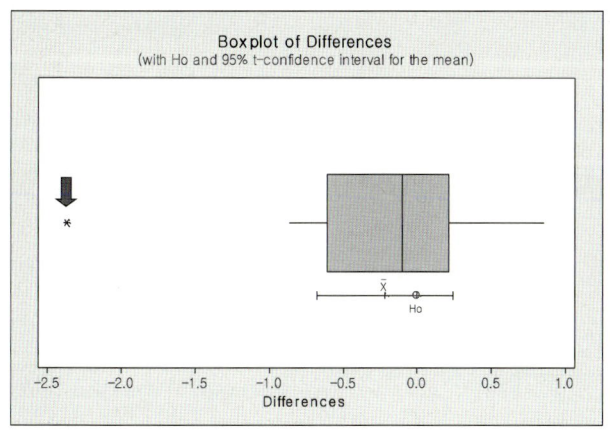

(1) 판단기준은 무엇입니까?

(2) 유의한 차이가 나는가?

(3) 화살표가 가리키는 점을 무엇이라 부르는가?

47. 자료의 변동성을 확인하기 위해 런(Run) 차트를 작성했다.

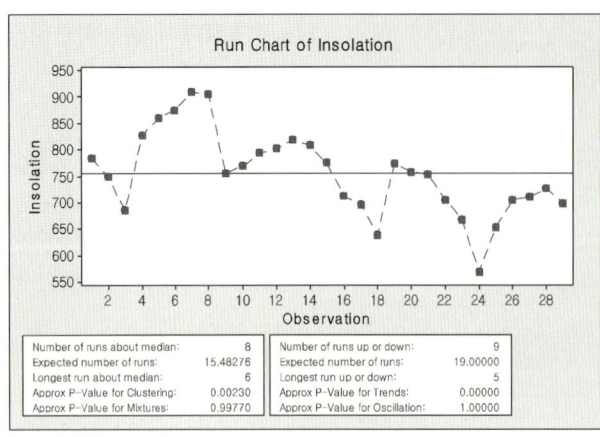

(1) 이 자료는 어떤 변동성을 가지고 있는가?

(2) 어떤 지표를 사용하여 자료의 안정성을 확인하는가?

(3) 귀무가설(H0)을 세우시오.

(4) 자료가 불안정하다면, 가능한 조치는 무엇인가?

48. 자료의 변동성을 확인하기 위해 런(Run) 차트를 작성했다.

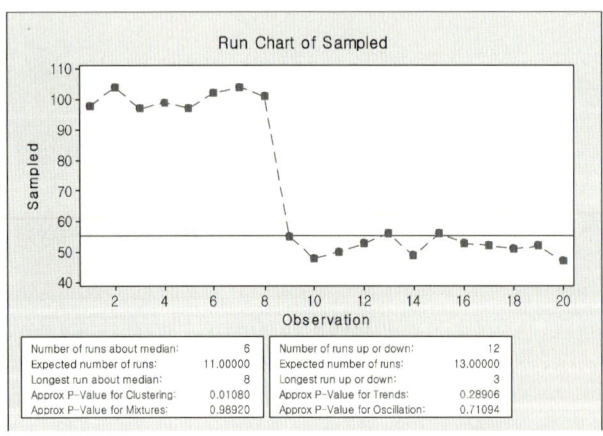

(1) 이 자료는 어떤 변동성을 가지고 있는가?

(2) 어떤 지표를 사용하여 자료의 안정성을 확인하는가?

(3) 대립가설(H1)을 세우시오.

(4) 자료가 불안정하다면, 가능한 조치는 무엇인가?

49. 자료의 변동성을 확인하기 위해 런(Run) 차트를 작성했다.

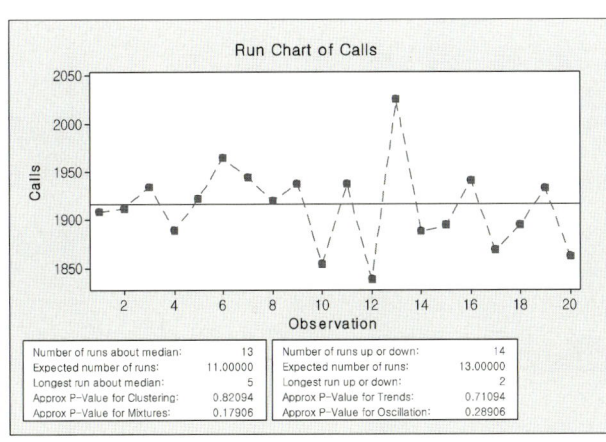

(1) 이 자료는 어떤 변동성을 가지고 있는가?

(2) 어떤 지표를 사용하여 자료의 안정성을 확인하는가?

(3) 대립가설(H1)을 세우시오.

(4) 자료가 안정적이면, 다음 단계는 무엇인가?

50. 제품의 결함건수에 대한 자료를 20일간 393건 수집했다. 이 자료를 이용하여 파레토(Pareto) 차트를 작성했다.

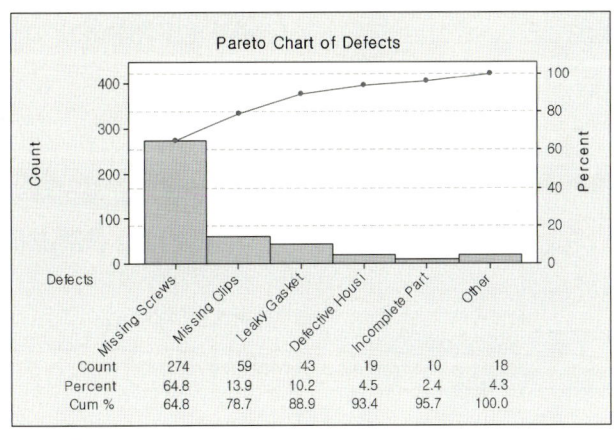

(1) 결함건수가 가장 많은 샘플은 어떤 것인가?

(2) 누적 결함비율이 약 80%가 되는 샘플들은 어떤 것인가?

(3) 파레토 차트를 통해 무엇을 알고자 하는가?

51. 제품의 결함건수에 대한 자료를 20일간 100건 수집했다. 이 자료를 이용하여 파레토(Pareto) 차트를 작성했다.

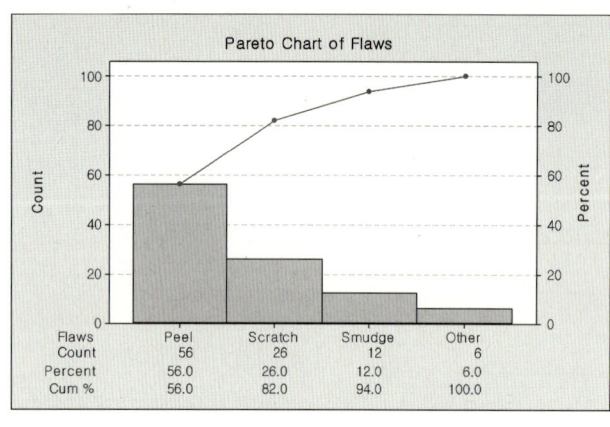

(1) 결함건수가 가장 많은 샘플은 어떤 것인가?

(2) 누적 결함비율이 약 80%가 되는 샘플들은 어떤 것인가?

(3) 파레토 차트를 통해 무엇을 알고자 하는가?

52. 미니탭을 이용하여 회귀분석을 실시하여 다음과 같은 결과를 얻었다.

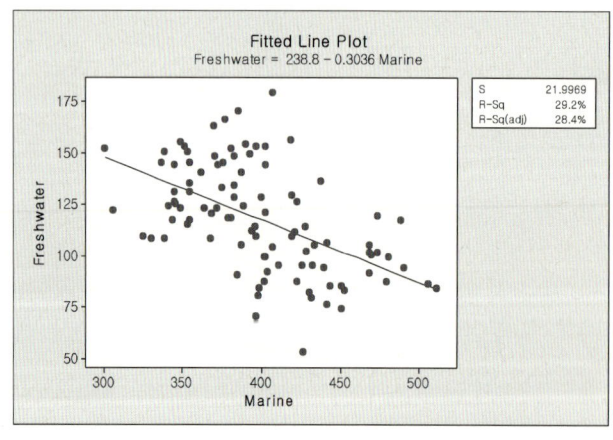

(1) 'Freshwater'와 'Marine'은 상관관계가 있는가?

(2) 회귀식을 쓰시오.

(3) 회귀식의 통계적 유의성을 판단하는 기준은 무엇인가?

(4) 회귀식의 설명력은 얼마인가?

53 키와 몸무게의 관계를 상관분석과 회귀분석으로 분석한 결과이다.

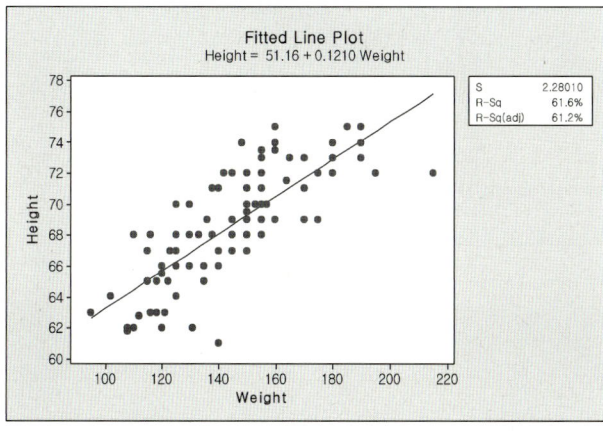

(1) 키와 몸무게는 상관관계가 있는가?

(2) 어떤 지표로부터 상관관계가 있는지 판단하는가?

(3) 회귀식을 쓰시오.

(4) 회귀식의 설명력은 얼마인가?

54 미니탭을 이용하여 회귀분석을 실시하여 다음과 같은 결과를 얻었다.

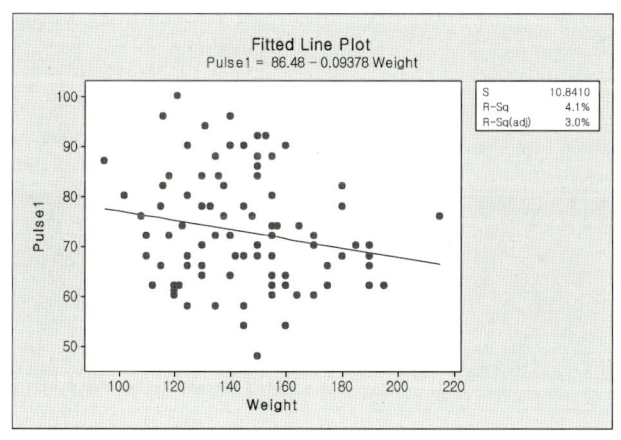

(1) 회귀식을 쓰시오.

(2) 두 변수는 상관관계가 있는가?

(3) 회귀식의 통계적 유의성을 판단하는 기준은 무엇인가?

(4) 회귀식의 설명력은 얼마인가?

55. 요인배치실험의 그래프분석 내용이다. 물음에 답하시오.

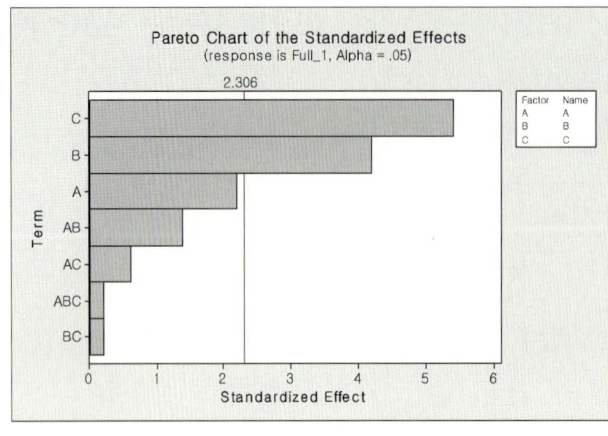

(1) 상대적으로 중요한 인자를 선별하시오.

(2) 풀링(Pooling) 대상은 무엇인가?

(3) 인자의 수는 몇 개인가?

(4) 귀무가설(H0)을 세우시오.

56. 다음은 실험계획을 분석한 결과(그래프 창)이다.

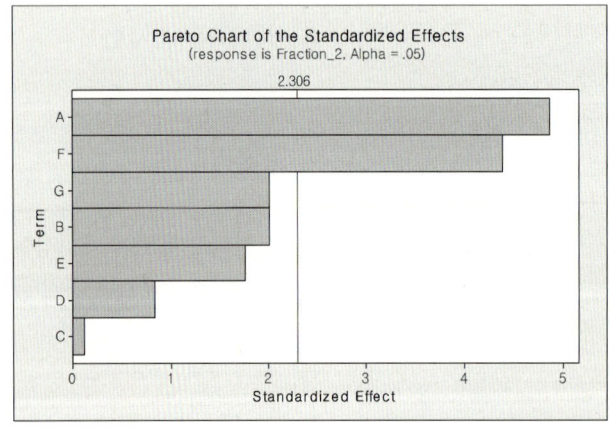

(1) 상대적으로 중요한 인자를 선별하시오.

(2) 풀링(Pooling) 대상은 무엇인가?

(3) 중요인자의 판단 기준은 무엇인가?

(4) 대립가설(H1)을 세우시오.

57. 요인배치실험의 그래프분석 내용이다. 물음에 답하시오.

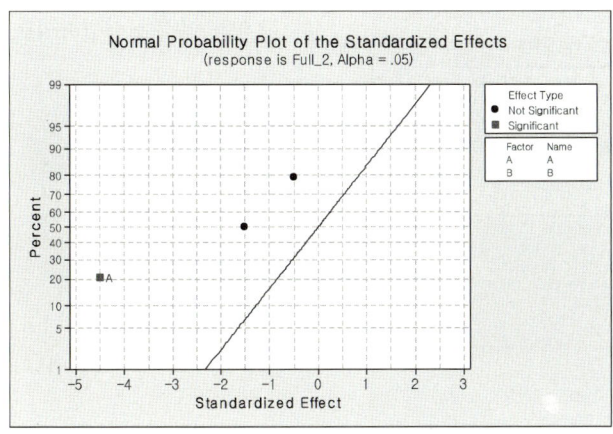

(1) 상대적으로 중요한 인자를 선별하시오.

(2) 풀링(Pooling) 대상은 무엇인가?

(3) 인자의 수는 몇 개인가?

(4) 귀무가설(H0)을 세우시오.

58. 요인배치실험의 그래프분석 내용이다. 물음에 답하시오.

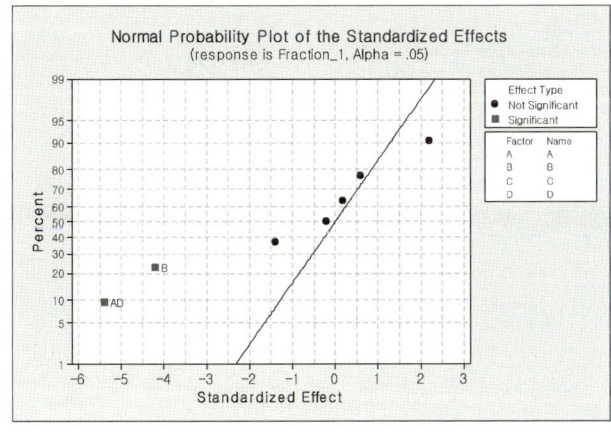

(1) 상대적으로 중요한 인자를 선별하시오.

(2) 풀링(Pooling) 대상은 무엇인가?

(3) 중요인자의 판단 기준은 무엇인가?

(4) 대립가설(H1)을 세우시오.

59. 요인배치실험의 주효과 그래프분석 내용이다. 물음에 답하시오.

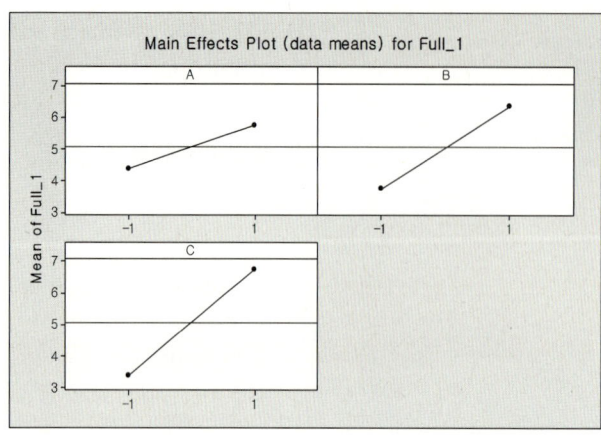

(1) 중요한 인자를 선별하시오.

(2) Maximize 문제라면, 중요인자로 최적조건을 구하시오.

(3) 중요인자를 선별하는 기준은 무엇인가?

60. 요인배치실험의 주효과 그래프분석 내용이다. 물음에 답하시오.

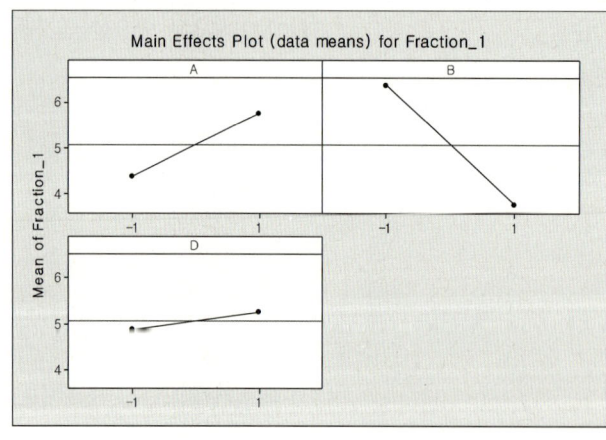

(1) 중요한 인자를 선별하시오.

(2) Minimize 문제라면, 중요인자로 최적조건을 구하시오.

(3) 중요인자를 선별하는 기준은 무엇인가?

61. 요인배치실험의 교호효과 그래프분석 내용이다. 물음에 답하시오.

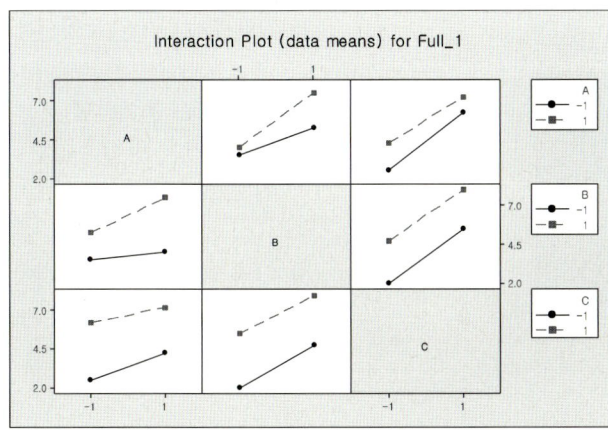

(1) 교호작용이 존재하지 않는 것은?

(2) 교호작용이 존재할 가능성이 높은 것은 무엇인가?

(3) Maximize 문제라면, 최적조건을 구하시오.

62. 요인배치실험의 교호효과 그래프분석 내용이다. 물음에 답하시오.

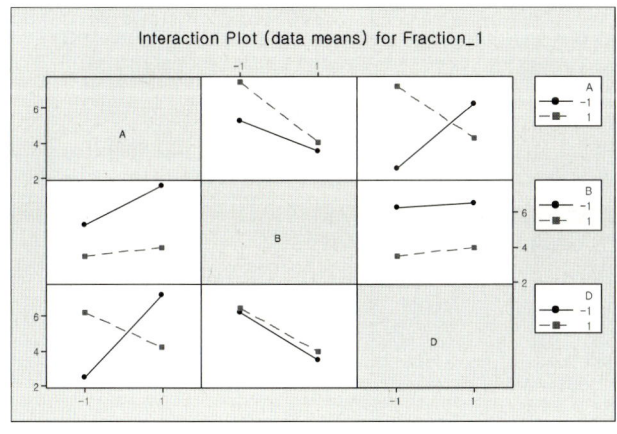

(1) 교호작용이 존재하지 않는 것은?

(2) 교호작용이 존재할 가능성이 높은 것은 무엇인가?

(3) Minimize 문제라면, 최적조건을 구하시오

(4) 교호작용의 존재를 판단하는 기준은?

63. 요인배치실험의 그래프분석 내용이다. 물음에 답하시오.

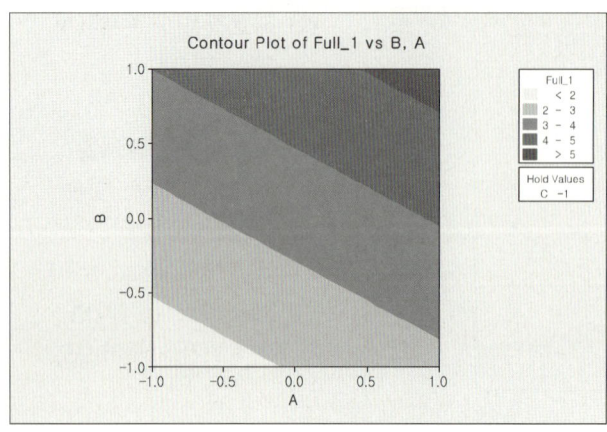

(1) 그래프의 이름은 무엇인가?

(2) Maximize 문제라면, 최적조건의 방향은 어느 곳인가?

(3) 인자 A, B 중 어느 것이 Y에 미치는 영향이 큰가?

64. 요인배치실험의 그래프분석 내용이다. 물음에 답하시오.

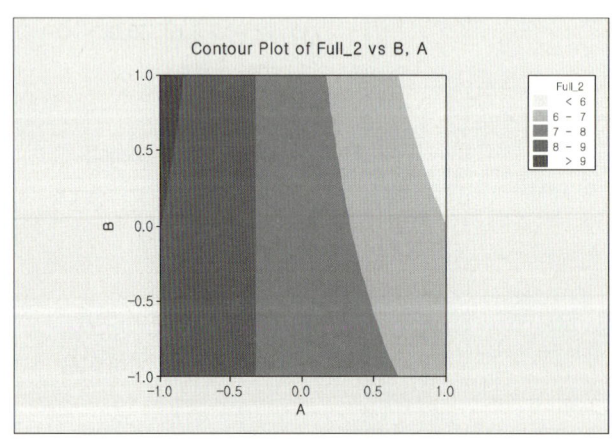

(1) 그래프의 이름은 무엇인가?

(2) Maximize 문제라면, 최적조건의 방향은 어느 곳인가?

(3) 인자 A, B 중 어느 것이 Y에 미치는 영향이 큰가?

65. 요인배치실험의 최적화 내용이다. 물음에 답하시오.

```
Response Optimization
Optimal    A         B         C
  D    Hi 1.0       1.0       1.0
0.90625 Cur [-1.0]  [-1.0]    [-1.0]
       Lo -1.0     -1.0      -1.0

   y
Minimum
y = 1.3750
d = 0.90625
```

(1) 최적조건은 무엇인가?

(2) 최적조건에서 반응변수 'y'의 값은 얼마인가?

(3) 어떤 조건(A, B, C)을 조정할 경우 Y값의 변화량이 가장 작은가?

(4) 목표값의 충족율은 얼마인가?

66. 요인배치실험의 최적화 내용이다. 물음에 답하시오.

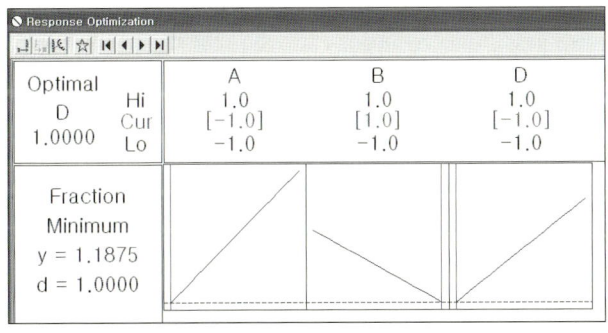

(1) Minimize 문제라면, 최적조건은 무엇인가?

(2) 최적조건에서 반응변수 (Fraction)는 얼마인가?

(3) 어떤 조건(A, B, D)을 조정할 경우 Y값의 변화량이 가장 큰가?

67 Plackett-Burman 실험의 그래프분석 내용이다. 물음에 답하시오.

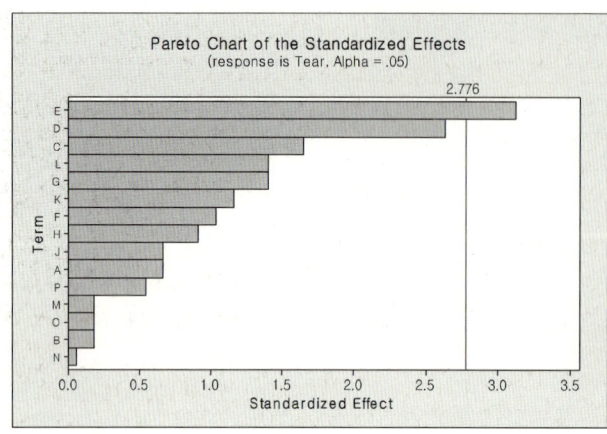

(1) 중요한 인자를 선별하시오.

(2) 다음 단계를 위해 풀링 (Pooling) 대상은 무엇인가? (통상 상위 몇 개 인자를 제외하고 풀링)

(3) 본 실험의 인자의 수는 몇 개인가?

68 Plackett-Burman 실험의 그래프분석 내용이다. 물음에 답하시오.

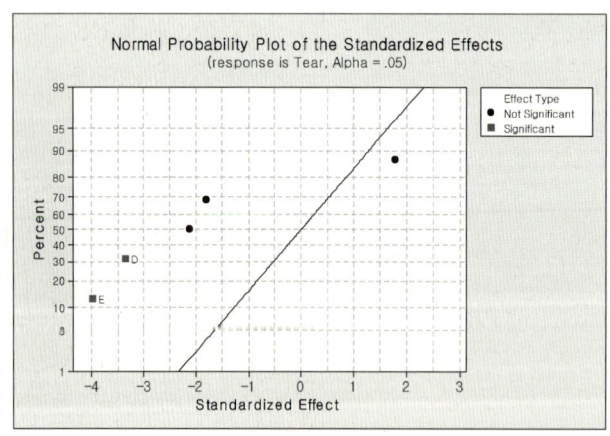

(1) 중요한 인자는 무엇인가?

(2) 대립가설(H1)을 세우시오.

(3) 다음 단계의 실험은 무엇인가?

(4) 중요인자를 선별하는 기준은 무엇인가?

69. 반응표면분석(RSM) 실험의 그래프분석 내용이다. 물음에 답하시오.

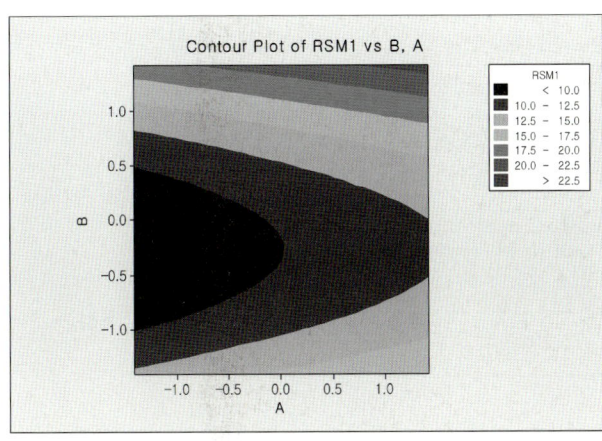

(1) 그래프의 이름은 무엇인가?

(2) Minimize 문제라면, 최적조건의 방향은 어느 곳인가?

(3) 인자 A, B는 반응값 (RSM1)과 어떤 관계가 있는가?

70. 반응표면분석(RSM) 실험의 최적화 내용이다. 물음에 답하시오.

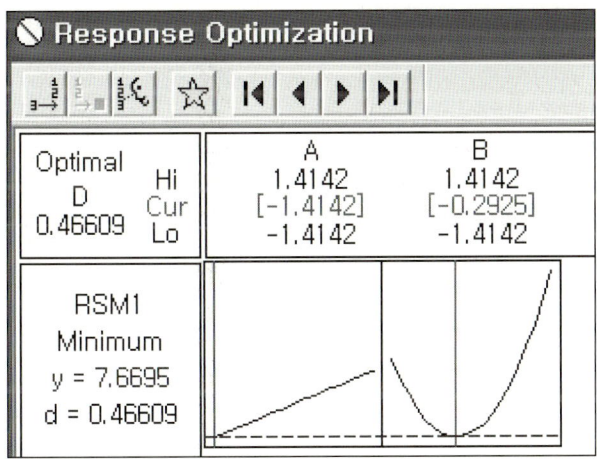

(1) 최적조건은 무엇인가?

(2) 최적조건에서 반응변수 (RSM1)의 값은 얼마인가?

(3) 어떤 조건(A, B)을 조정할 경우 RSM1 값의 변화량이 가장 큰가?

71. 다구찌 실험의 그래프분석 내용이다. 물음에 답하시오.

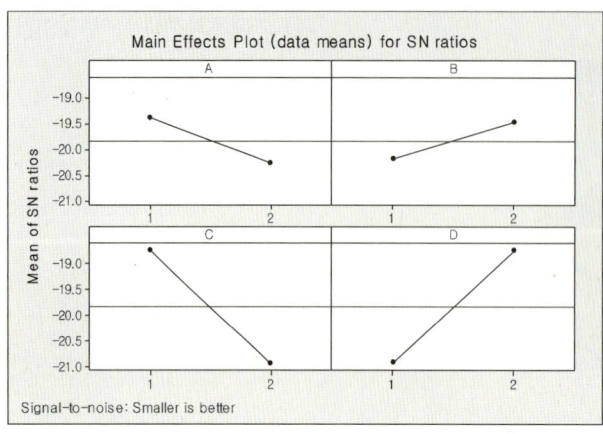

(1) 어느 인자의 영향이 가장 큰가?

(2) 망소특성이라면, 중요인자로 최적조건을 구하시오.

(3) 중요인자를 선별하는 기준은 무엇인가?

(4) 특성에 관계없이 어떤 조건이 최적인가?

72. 다구찌 실험의 그래프분석 내용이다. 물음에 답하시오.

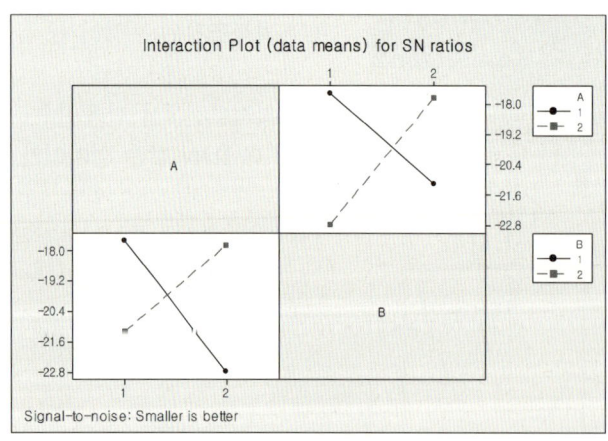

(1) 교호작용이 존재한다고 볼 수 있는가?

(2) 망소특성이라면, 최적조건은 무엇인가?

(3) 망대특성이라면, 최적조건은 무엇인가?

73. 다구찌 실험의 그래프분석 내용이다. 물음에 답하시오.

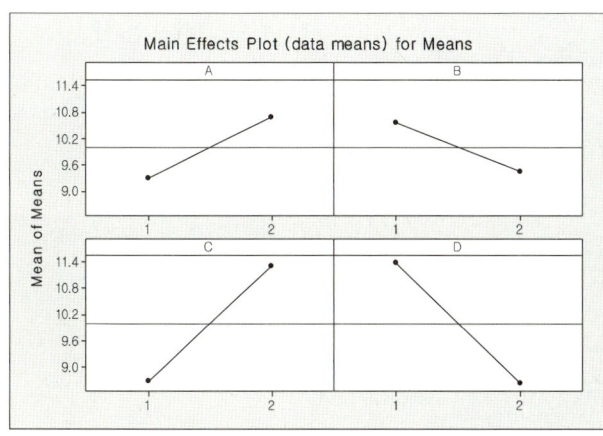

(1) 어느 인자의 영향이 가장 큰가?

(2) 망소특성이라면, 중요인자로 최적조건을 구하시오.

(3) 중요인자를 선별하는 기준은 무엇인가?

74. 실험계획 (DOE : Define Custom Design) 문제의 그래프 결과물이다.

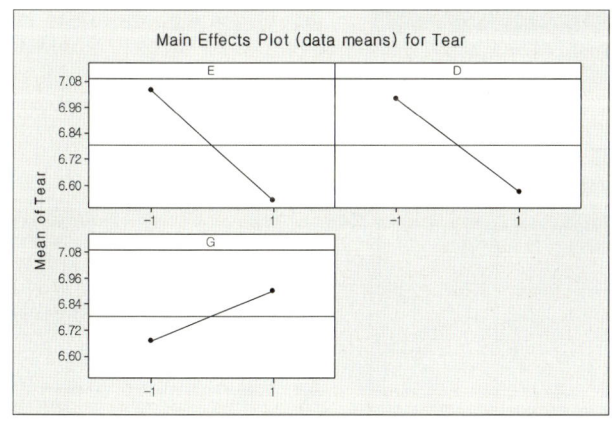

(1) 중요인자를 선별하는 기준은 무엇인가?

(2) Maximize 문제라면, 최적조건을 구하시오.

(3) 영향력이 가장 작은 인자는?

75. 실험계획 (DOE : 2^N → RSM 설계) 분석 결과 다음과 같다.

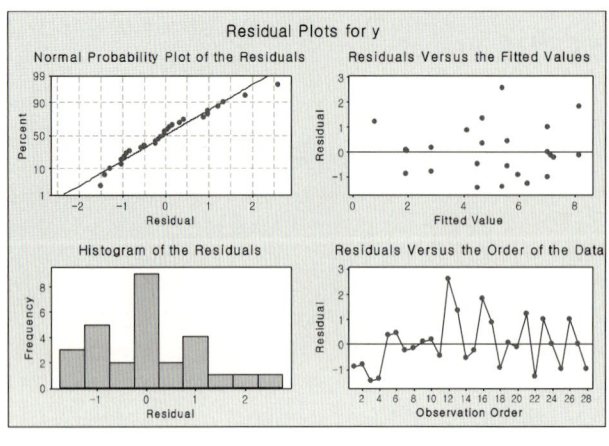

(1) 무슨 그래프인가?

(2) 그래프에서 무엇을 확인할 수 있는가?

(3) 추가적으로 무엇을 더 검정해야 하는가?

76. 실험계획 (DOE : Taguchi → 요인배치설계)의 그래프 결과물이다.

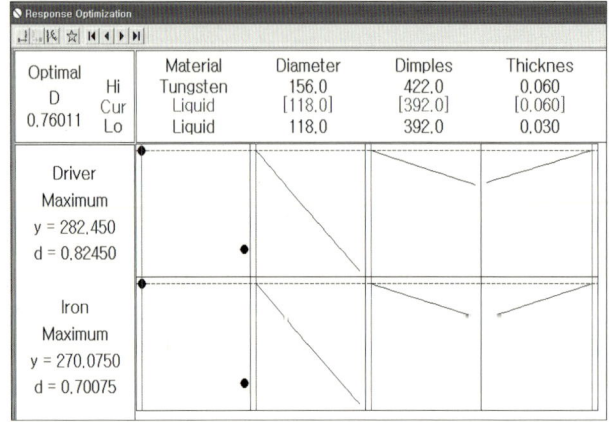

(1) 최적조건은 무엇인가?

(2) 최적조건에서 반응변수 (Driver)의 값은 얼마인가?

(3) 인자 중 'Material'의 데이터 유형은 무엇인가?

(4) 목표값의 방향은 무엇인가?

77. 다음은 코팅면의 두께에 대한 관리도를 작성한 것이다.

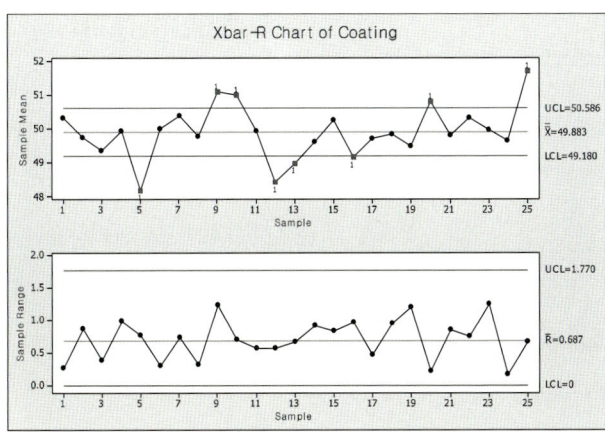

(1) 관리도의 이름은 무엇인가?

(2) 부분군(subgroup)이 있는가?

(3) 산포관리도의 관리하한선 (LCL)이 "0"이 되는 이유를 설명하시오.

(4) 관리도를 해석하시오.

78. 다음은 직경의 편차에 대한 관리도를 작성한 것이다.

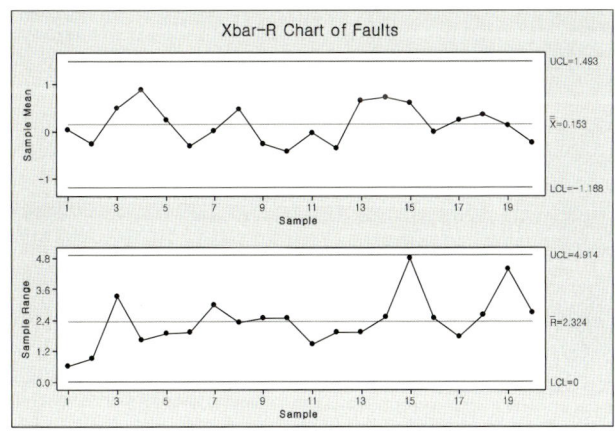

(1) 편차(Faults)의 평균은 얼마인가?

(2) 평균관리도의 관리한계선을 기술하시오.

(3) 관리도의 해석순서는 어떻게 되는가?

(4) 관리도를 해석하시오.

79. 다음은 고등학생의 키에 대한 관리도를 작성한 것이다.

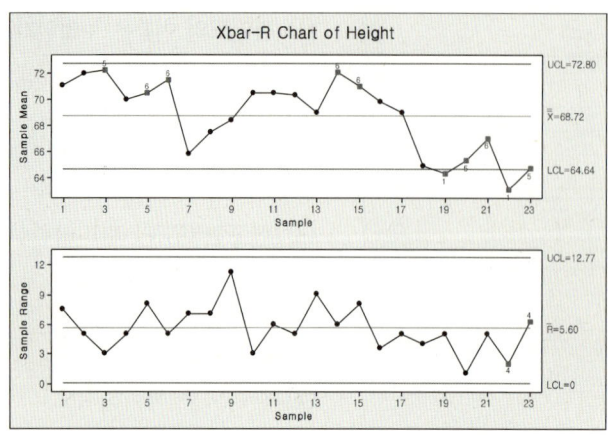

(1) 관리도의 이름은 무엇인가?

(2) 관리상태의 판정방법은 무엇인가?

(3) 산포관리도의 관리한계선을 기술하시오.

(4) 관리도를 해석하시오.

80. 다음은 세차 대기시간에 대한 관리도를 작성한 것이다.

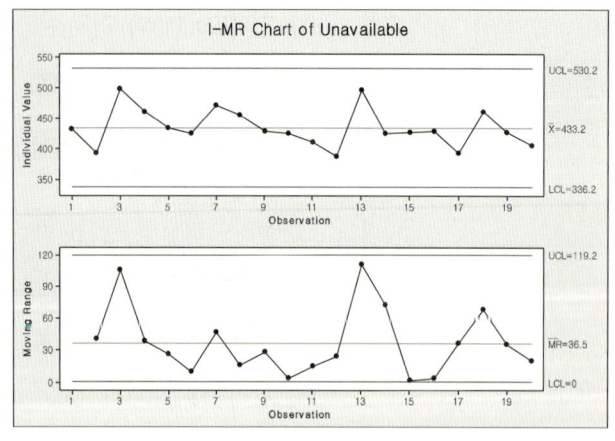

(1) 세차 대기시간의 평균은 얼마인가?

(2) 부분군(subgroup)이 있는가?

(3) I 관리도의 관리한계선을 기술하시오.

(4) 관리도를 해석하시오.

81. 다음은 주유량 오차에 대한 관리도를 작성한 것이다.

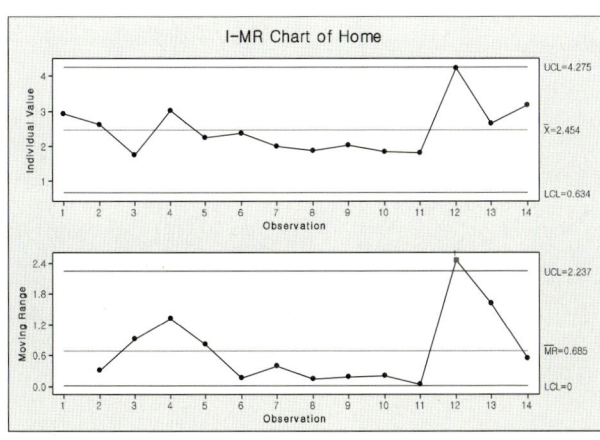

(1) 관리도의 이름은 무엇인가?

(2) 관리도의 해석순서는 어떻게 되는가?

(3) MR 관리도의 관리한계선을 기술하시오.

(4) 관리도를 해석하시오.

82. 다음은 주유량에 대한 관리도를 작성한 것이다.

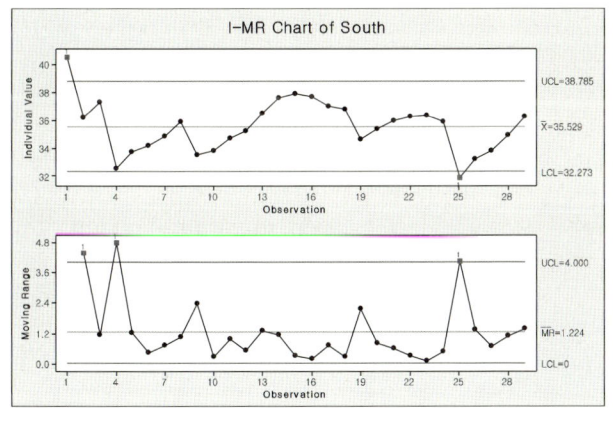

(1) 관리도의 이름은 무엇인가?

(2) 관리상태의 판정방법은 무엇인가?

(3) MR 관리도의 관리하한선 (LCL)이 "0"이 되는 이유를 기술하시오.

(4) 관리도를 해석하시오.

83. 세차장에서 사고비율을 측정하여 관리도를 작성했다.

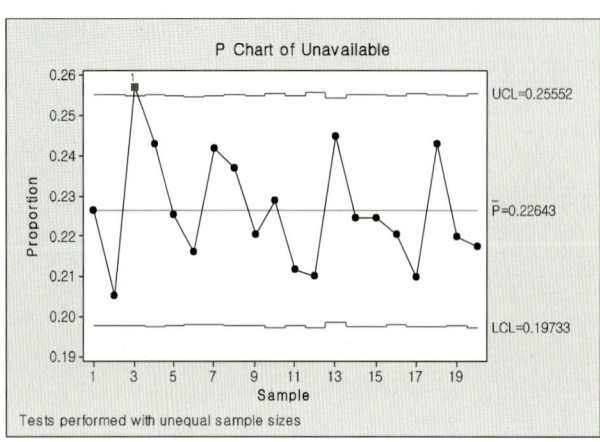

(1) 샘플 크기(subgroup size)가 어떤 경우인가?

(2) 관리상태를 검토하시오.

(3) 평균 사고비율은 얼마인가?

(4) 관리한계선이 들쭉날쭉한 이유를 설명하시오.

84. 주유소에서 경차의 비율을 측정하여 관리도를 작성했다.

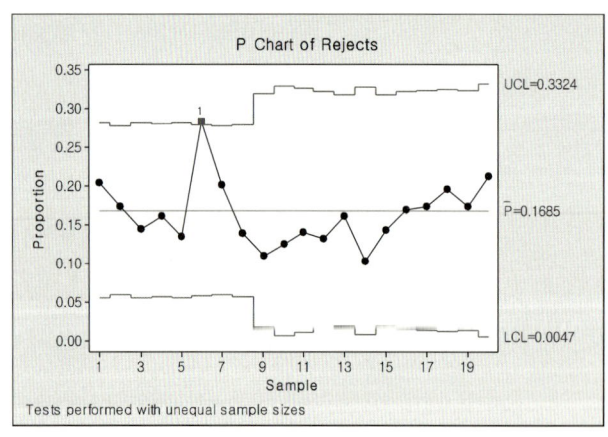

(1) 샘플 크기(subgroup size)가 어떤 경우인가?

(2) 관리상태를 검토하시오.

(3) 평균 경차의 비율은 얼마인가?

(4) 관리도의 이름은 무엇인가?

85. 작업 건수별 명판 불량개수를 측정한 결과를 바탕으로 NP 관리도를 작성했다.

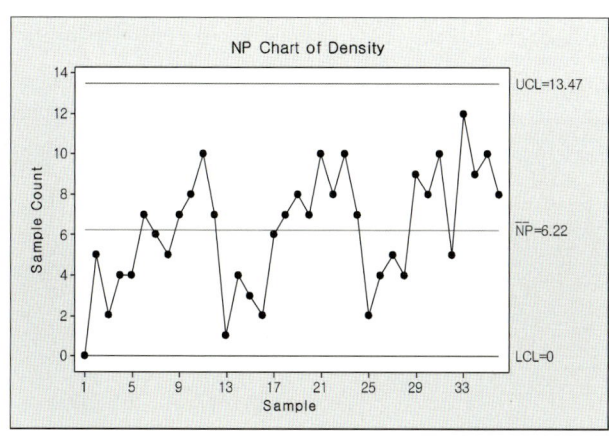

(1) 관리한계선을 쓰시오.

(2) 관리상태를 검토하시오.

(3) 평균 불량개수는 얼마인가?

(4) 관리하한선(LCL)이 "0"이 되는 이유를 설명하시오.

86. 통화지연건수를 측정한 결과를 바탕으로 NP 관리도를 작성했다.

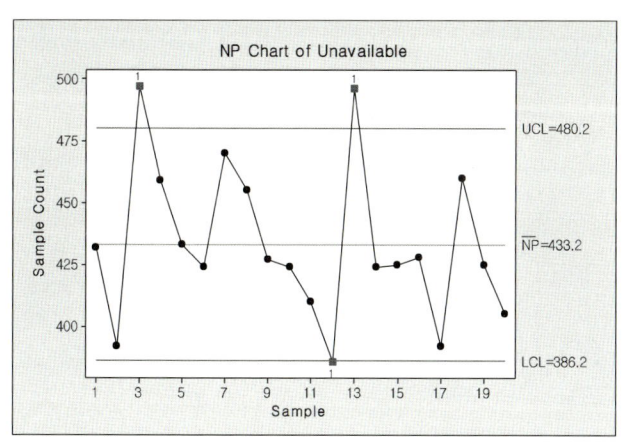

(1) 평균 불량대수는 얼마인가?

(2) 관리한계선을 쓰시오.

(3) 관리상태를 검토하시오.

(4) 샘플 크기(subgroup size)가 일정한가? 변동적인가?

87. 대기시간의 추이를 월별로 측정하여 관리도를 작성했다.

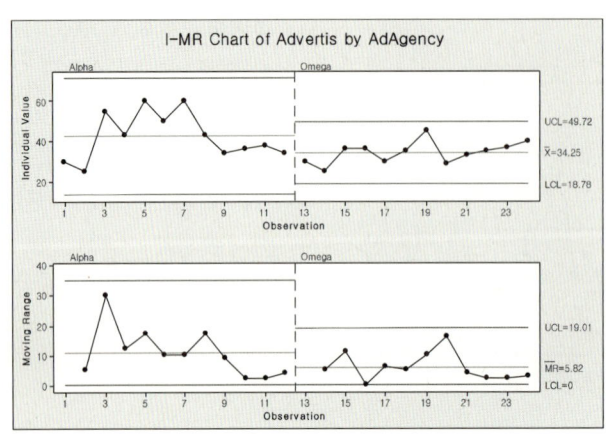

(1) 어떤 경우에 적용하는 관리도인가?

(2) 시간이 지남에 따른 산포의 변화는 어떻게 되는가?

(3) 관리상태를 검토하시오.

(4) 'Omega'의 평균 대기시간은 얼마인가?

88. 판매량의 추이를 월별로 측정하여 관리도를 작성했다.

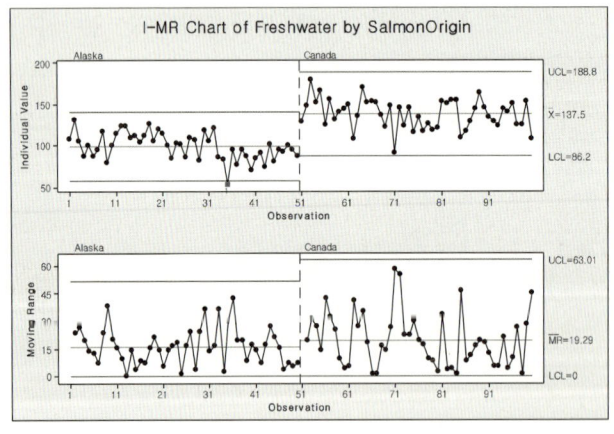

(1) 시간에 지남에 따른 평균의 변화는 어떻게 되는가?

(2) 시간이 지남에 따른 산포의 변화는 어떻게 되는가?

(3) 관리상태를 검토하시오.

(4) 'Canada'의 평균 판매량은 얼마인가?

89. 코팅면의 두께에 대한 Zone 관리도의 결과물이다.

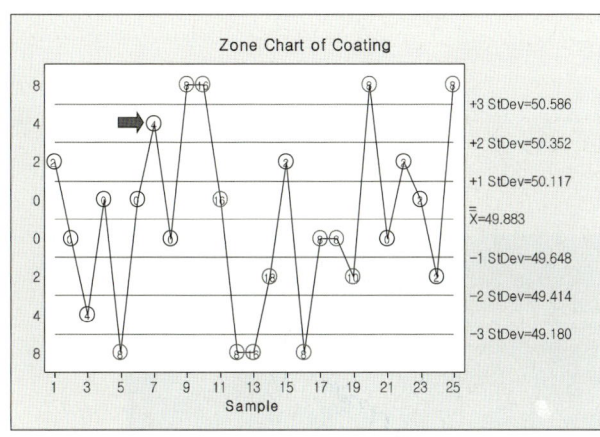

(1) 관리도의 원리는 무엇인가?

(2) 화살표의 점수가 4점이 되는 이유는?

(3) 관리상태를 검토하시오.

(4) 평균은 얼마인가?

90. 주유량 오차에 대한 Zone 관리도의 결과물이다.

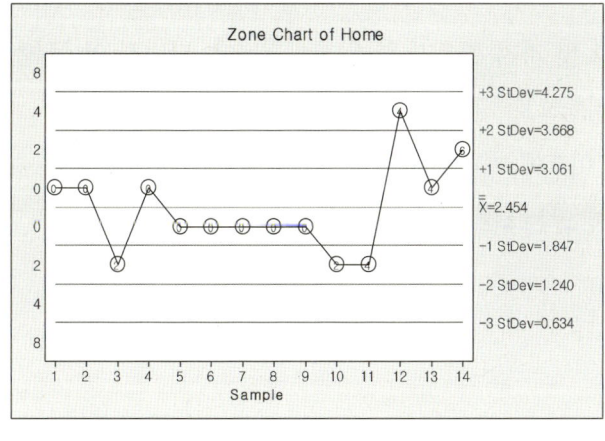

(1) 누적점수 산정은 어떻게 하는가?

(2) Zone 3번 영역에 몇 개의 점이 타점되어 있는가?

(3) 관리상태를 검토하시오.

(4) 중심선의 값은 얼마인가?

4장 세션창 해석 문제

> ▷ 문제의 구성 : 세션창 해석 70문제, 260문항
>
> ▷ 문제의 배치 : 1문제당 3~4문항 배치
>
> ▷ 정답의 표기 : 이 책의 마지막에 표기

　　미니탭 실행결과 나오는 출력물 중 세션창 해석 부문을 다루고 있다. 그래프는 직관적 해석을 얻을 수 있는 반면, 세션창은 P-Value 등의 정보로부터 통계적 해석을 내린다.

　　미니탭 실행의 해답 중 세션창 해석에 대한 답은 이곳을 참고하면 된다. 세션창 해석 문제는 데이터 유형에 따라 몇 가지 경우가 함께 제시되는데, 단순히 암기하는 것이 아니라 세션창의 이해를 바탕으로 한 학습이 되어야 한다.

　　이 문제는 6시그마를 학습한 이후에 미니탭의 결과 해석문제로 간단히 취급할 수 있으며, 특히 컴퓨터를 활용하지 않는 GB 시험에 적합한 문제 유형이다.

1 1일 주유차량 데이터로 미니탭을 이용하여 다음과 같은 기술통계 자료를 얻었다.

```
Descriptive Statistics: Weight

Variable   Smokes    N   N*      Mean   SE Mean   StDev   Minimum        Q1   Median
Weight     1        28   0     152.29      4.33   22.89    108.00    132.00   151.50
           2        64   0     142.03      2.95   23.60     95.00    123.50   141.00

Variable   Smokes       Q3   Maximum     Range      IQR
Weight     1        170.00    190.00     82.00    38.00
           2        155.00    215.00    120.00    31.50
```

(1) 평균은 얼마인가? (Smokes = 1인 경우)

(2) 표준편차는 얼마인가? (Smokes = 1인 경우)

(3) 중앙값은 얼마인가? (Smokes = 1인 경우)

(4) 범위는 얼마인가? (Smokes = 1인 경우)

2 1일 세차차량 데이터로 미니탭을 이용하여 다음과 같은 기술통계 자료를 얻었다.

```
Descriptive Statistics: Height

Variable     N   N*     Mean   SE Mean   StDev   Variance   Minimum       Q1   Median
Height      92   0    68.717     0.382   3.659     13.390    61.000   66.000   69.000

Variable       Q3   Maximum    Range      IQR
Height     72.000    75.000   14.000    6.000
```

(1) 분산은 얼마인가?

(2) 최소값은 얼마인가?

(3) 사분위 편차는 얼마인가?

(4) 범위는 얼마인가?

3. Hole의 직경을 측정하는 장비가 있다. 이 장비를 대상으로 미니탭을 이용하여 측정시스템 분석(Gage R&R)을 수행했다.

```
Gage R&R Study - XBar/R Method

                                  %Contribution
Source              VarComp       (of VarComp)
Total Gage R&R      0.09357           7.13
  Repeatability     0.04073           3.10
  Reproducibility   0.05284           4.03
Part-To-Part        1.21909          92.87
Total Variation     1.31266         100.00

Process tolerance = 10

                                 Study Var    %Study Var    %Tolerance
Source              StdDev (SD)  (6 * SD)       (%SV)       (SV/Toler)
Total Gage R&R       0.30589     1.83536        26.70         18.35
  Repeatability      0.20181     1.21087        17.61         12.11
  Reproducibility    0.22988     1.37925        20.06         13.79
Part-To-Part         1.10412     6.62474        96.37         66.25
Total Variation      1.14571     6.87428       100.00         68.74

Number of Distinct Categories = 5
```

(1) 판단지표를 나열하시오.

(2) 결론은 무엇인가?

(3) 데이터 종류는?
   (연속형/이산형)

(4) 허용공차는 얼마인가?

4. 무게를 측정하는 장비가 있다. 이 장비를 대상으로 미니탭을 이용하여 측정시스템 분석(Gage R&R)을 수행했다.

```
Gage R&R Study - XBar/R Method

                                  %Contribution
Source              VarComp       (of VarComp)
Total Gage R&R      0.18256          13.02
  Repeatability     0.03580           2.55
  Reproducibility   0.14676          10.47
Part-To-Part        1.21909          86.98
Total Variation     1.40164         100.00

Process tolerance = 3

                                 Study Var    %Study Var    %Tolerance
Source              StdDev (SD)  (6 * SD)       (%SV)       (SV/Toler)
Total Gage R&R       0.42727     2.56360        36.09         85.45
  Repeatability      0.18921     1.13526        15.98         37.84
  Reproducibility    0.38309     2.29853        32.36         76.62
Part-To-Part         1.10412     6.62474        93.26        220.82
Total Variation      1.18391     7.10346       100.00        236.78

Number of Distinct Categories = 3
```

(1) 판단지표를 나열하시오.

(2) 결론은 무엇인가?

(3) 반복성/재현성 중 어느 것이 더 큰 문제인가?

(4) 부적합 판정을 받으면, 어떤 조치가 필요한가?

5 길이를 측정하는 장비가 있다. 이 장비를 대상으로 미니탭을 이용하여 측정시스템 분석(Gage R&R)을 수행했다.

```
Gage R&R Study - XBar/R Method

                              %Contribution
Source              VarComp   (of VarComp)
Total Gage R&R      0.06315      4.92
  Repeatability     0.03580      2.79
  Reproducibility   0.02735      2.13
Part-To-Part        1.21909     95.08
Total Variation     1.28223    100.00

Process tolerance = 3

                              Study Var   %Study Var   %Tolerance
Source            StdDev (SD) (6 * SD)      (%SV)      (SV/Toler)
Total Gage R&R      0.25129    1.50774      22.19        50.26
  Repeatability     0.18921    1.13526      16.71        37.84
  Reproducibility   0.16537    0.99219      14.60        33.07
Part-To-Part        1.10412    6.62474      97.51       220.82
Total Variation     1.13236    6.79415     100.00       226.47

Number of Distinct Categories = 6
```

(1) 판단지표를 나열하시오.

(2) 결론은 무엇인가?

(3) 이 게이지를 사용하면 무슨 문제가 있는가?

(4) 허용공차는 얼마인가?

6 미니탭을 이용하여 Gage R&R을 실시하여 다음의 결론을 얻었다.

```
Attribute Agreement Analysis for try

Within Appraisers
Assessment Agreement

Appraiser  # Inspected  # Matched  Percent      95 % CI
1              20          19       95.00    (75.13, 99.87)
2              20          19       95.00    (75.13, 99.87)
3              20          19       95.00    (75.13, 99.87)
# Matched: Appraiser agrees with him/herself across trials.

Each Appraiser vs Standard
Assessment Agreement

Appraiser  # Inspected  # Matched  Percent      95 % CI
1              20          19       95.00    (75.13, 99.87)
2              20          19       95.00    (75.13, 99.87)
3              20          14       70.00    (45.72, 88.11)
# Matched: Appraiser's assessment across trials agrees with the known standard.

Between Appraisers
Assessment Agreement

# Inspected  # Matched  Percent      95 % CI
    20          14       70.00    (45.72, 88.11)
# Matched: All appraisers' assessments agree with each other.

All Appraisers vs Standard
Assessment Agreement

# Inspected  # Matched  Percent      95 % CI
    20          14       70.00    (45.72, 88.11)
# Matched: All appraisers' assessments agree with the known standard.
```

(1) 3명 중 평가능력이 가장 떨어지는 사람은 누구인가?

(2) 모든 평가자가 일치하는 경우는 몇 %인가?

(3) 본 평가는 참값이 있는 경우인가, 아닌가?

(4) 분석결과로부터 종합 판정을 내리시오.

7 미니탭을 이용하여 Gage R&R을 실시하여 다음의 결론을 얻었다.

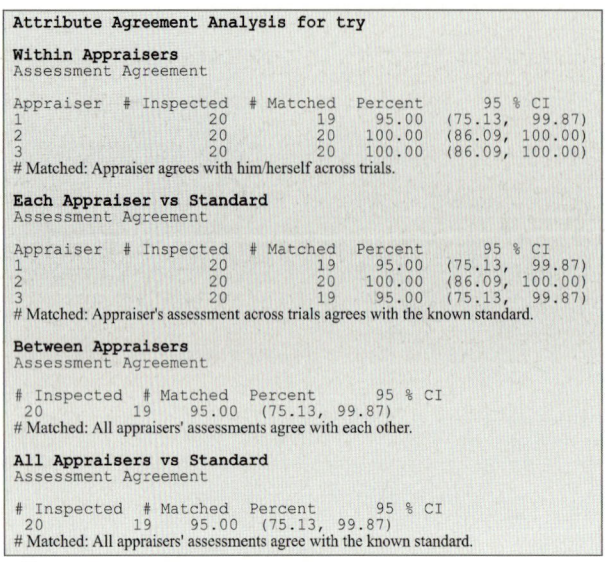

(1) 3명 중 평가능력이 가장 높은 사람은 누구인가?

(2) 모든 평가자가 일치하는 경우는 몇 %인가?

(3) 어떤 경우에 적용하는 분석인가?

(4) 분석결과로부터 종합 판정을 내리시오.

8 미니탭을 이용하여 Gage R&R을 실시하여 다음의 결론을 얻었다.

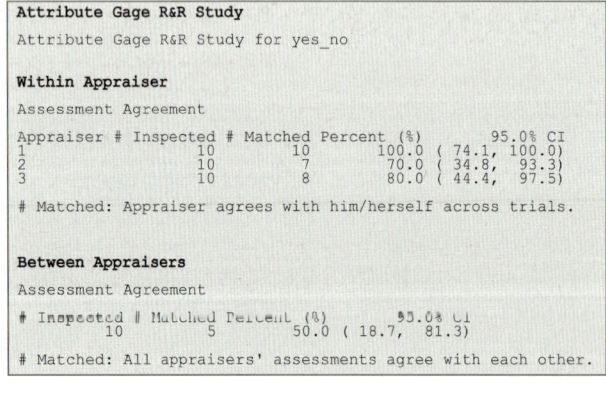

(1) 3명 중 평가능력이 가장 높은 사람은 누구인가?

(2) 모든 평가자가 일치하는 경우는 몇 %인가?

(3) 본 평가는 참값이 있는 경우인가, 아닌가?

(4) 분석결과로부터 종합 판정을 내리시오.

9. 미니탭을 이용하여 Gage R&R을 실시하여 다음의 결론을 얻었다.

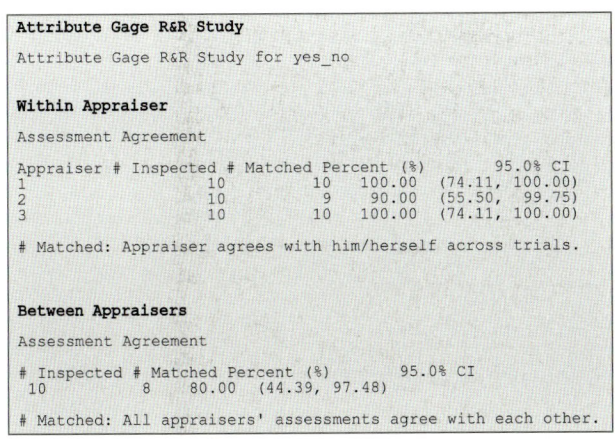

(1) 3명 중 평가능력이 가장 낮은 사람은 누구인가?

(2) 모든 평가자가 일치하는 경우는 몇 %인가?

(3) 어떤 경우에 적용하는 분석인가?

(4) 분석결과로부터 종합 판정을 내리시오.

10. 다음은 Insolation 테스트 결과를 미니탭으로 분석한 자료이다.

```
One-Sample T: Insolation

Test of mu = 700 vs not = 700


Variable     N    Mean   StDev  SE Mean      95% CI              T     P
Insolation  29  754.474  79.797  14.818  (724.121, 784.827)    3.68  0.001
```

(1) 위 문제의 귀무가설(H0)과 대립가설(H1)을 세우시오.

(2) 분석 결과는 어떻게 되는가? (Reject H0 or Accept H0)

(3) 평균은 얼마인가?

11. 다음은 새로운 방법이 향상되었는지 미니탭으로 분석한 자료이다.

```
One-Sample T: East

Test of mu = 35 vs not = 35


Variable    N    Mean   StDev  SE Mean      95% CI            T     P
East       29  35.0966  1.4170  0.2631  (34.5576, 35.6355)  0.37  0.716
```

(1) 위 문제의 귀무가설(H0)과 대립가설(H1)을 세우시오.

(2) 분석 결과는 어떻게 되는가? (Reject H0 or Accept H0)

(3) 95% 신뢰구간은 얼마인가?

12. 두 곳의 주유소에서 세차시간을 측정했다. 어느 곳의 세차시간이 짧은지 미니탭으로 분석한 결과 아래와 같다.

```
Two-Sample T-Test and CI: Employ, Health

Two-sample T for Employ vs Health

         N   Mean  StDev  SE Mean
Employ  14  1.952  0.895    0.24
Health  14   2.17   1.40    0.38

Difference = mu (Employ) - mu (Health)
Estimate for difference: -0.219143
95% CI for difference: (-1.133489, 0.695204)
T-Test of difference = 0 (vs not =): T-Value = -0.49  P-Value = 0.626  DF = 26
```

(1) 위 문제의 가설(귀무가설/대립가설)을 세우시오.
(2) 두 곳의 세차시간에 차이가 있는가? (차이가 있다/ 없다)
(3) 어느 곳의 산포가 큰가?
(4) 본 검정 이전에 수행되어야 하는 검정은 무엇인가?

13. 두 곳의 주유소에서 주유시간을 측정했다. 어느 곳의 주유시간이 짧은지 미니탭으로 분석한 결과 아래와 같다.

```
Two-Sample T-Test and CI: Score1, Score2

Two-sample T for Score1 vs Score2

         N    Mean   StDev   SE Mean
Score1   9    5.79   2.59    0.86
Score2   9    2.378  0.576   0.19

Difference = mu (Score1) - mu (Score2)
Estimate for difference: 3.41111
95% CI for difference: (1.37189, 5.45034)
T-Test of difference = 0 (vs not =): T-Value = 3.86  P-Value = 0.005  DF = 8
```

(1) 위 문제의 가설(귀무가설/대립가설)을 세우시오.
(2) 두 곳의 주유시간에 차이가 있는가? (차이가 있다/없다)
(3) 어느 곳의 주유시간이 짧은가?

14. 두 곳의 주유소에서 대기시간(Gloss)을 측정했다. 어느 곳의 대기시간이 짧은지 미니탭으로 분석한 결과 아래와 같다.

```
Two-Sample T-Test and CI: Gloss, Extrusion

Two-sample T for Gloss

Extrusion  N    Mean   StDev   SE Mean
1          10   9.570  0.298   0.094
2          10   9.060  0.576   0.18

Difference = mu (1) - mu (2)
Estimate for difference: 0.510000
95% CI for difference: (0.079154, 0.940846)
T-Test of difference = 0 (vs not =): T-Value = 2.49  P-Value = 0.023  DF = 18
```

(1) 이 문제의 가설(귀무가설/대립가설)을 세우시오.
(2) 두 곳의 대기시간에 차이가 있는가? (차이가 있다/없다)
(3) 두 곳의 대기시간의 차이는 얼마인가?
(4) P-value 이외 무엇으로 통계적 차이를 알 수 있는가?

15. 한달 동안 원단의 결함데이터를 미니탭으로 분석한 결과 아래와 같다.

```
Inverse Cumulative Distribution Function

Normal with mean = 0 and standard deviation = 1

P( X <= x )      x
 0.973848   1.94062
```

(1) 수율은 얼마인가?

(2) Z 값은 얼마인가?

(3) 어떤 경우에 실행하는 명령어인가?

16. 적합한 분포 탐색의 세션창 결과물이다.

```
Distribution Identification for Pulse2
Descriptive Statistics
 N  N*  Mean   StDev  Median  Minimum  Maximum  Skewness  Kurtosis
92   0    80  17.0938    76       50      140    1.12811   1.38865

Goodness of Fit Test
Distribution                    AD        P    LRT P
Normal                        2.380   <0.005
Lognormal                     1.011    0.011
3-Parameter Lognormal         0.506       *    0.038
Exponential                  27.629   <0.003
2-Parameter Exponential       9.293   <0.010   0.000
Weibull                       3.433   <0.010
3-Parameter Weibull           1.047    0.010   0.000
Smallest Extreme Value        5.821   <0.010
Largest Extreme Value         0.485    0.230
Gamma                         1.387   <0.005
3-Parameter Gamma             0.638       *    0.007
Logistic                      1.574   <0.005
Loglogistic                   0.753    0.028
3-Parameter Loglogistic       0.359       *    0.039
```

(1) 적합한 분포는 무엇인가?

(2) 판단근거는 무엇인가?

(3) 이후의 분석절차는 무엇인가?

17. Paired t 검정의 세션창 결과물이다.

```
Paired T-Test and CI: Mat-A, Mat-B

Paired T for Mat-A - Mat-B

              N      Mean     StDev   SE Mean
Mat-A        10    10.6300    2.4513   0.7752
Mat-B        10    11.0400    2.5185   0.7964
Difference   10    -0.410000  0.387155 0.122429

95% CI for mean difference: (-0.686954, -0.133046)
T-Test of mean difference = 0 (vs not = 0): T-Value = -3.35  P-Value = 0.009
```

(1) 평균차이는 얼마인가?
(2) 대립가설(H1)은 무엇인가?
(3) 유의한 차이가 나는가?
(4) 산포(표준편차)는 비슷한가?

18. 쌍을 이루는 데이터를 미니탭으로 분석한 결과 아래와 같다.

```
Paired T-Test and CI: Employ, Health

Paired T for Employ - Health

              N      Mean     StDev   SE Mean
Employ       14    1.95229   0.89480  0.23915
Health       14    2.17143   1.40338  0.37507
Difference   14   -0.219143  0.800304 0.213890

95% CI for mean difference: (-0.681225, 0.242939)
T-Test of mean difference = 0 (vs not = 0): T-Value = -1.02  P-Value = 0.324
```

(1) 판정기준은 무엇인가?
(2) 귀무가설(H0)은 무엇인가?
(3) 유의한 차이가 나는가?
(4) 차이는 얼마인가?

19. 최근 ○○ Line에서 불량이 다발하여 문제원인을 찾아 개선하기로 하고, 특성요인도를 5M 기준으로 층별화 하였다. 부품이 두개의 협력회사에서 납품이 되고 있어 차이가 있는지를 확인하려고 분산의 동질성에 대한 검정을 실시했다.

```
Test for Equal Variances: Employ, Health

95% Bonferroni confidence intervals for
standard deviations

         N    Lower    StDev    Upper
Employ  14  0.621064  0.89480  1.55502
Health  14  0.974060  1.40338  2.43885

F-Test (normal distribution)
Test statistic = 0.41, p-value = 0.117

Levene's Test (any continuous distribution)
Test statistic = 0.83, p-value = 0.372
```

(1) 가설을 세우시오.

(2) 분산이 동일합니까?

(3) 판단기준은 무엇입니까?

20. 두 변수의 분산이 동일한지 미니탭으로 분석한 결과이다.

```
Test for Equal Variances: Score1, Score2

95% Bonferroni confidence intervals for
standard deviations

         N    Lower    StDev    Upper
Score1   9  1.65960  2.58962  5.52066
Score2   9  0.36923  0.57615  1.22825

F-Test (normal distribution)
Test statistic = 20.20, p-value = 0.000

Levene's Test (any continuous distribution)
Test statistic = 20.23, p-value = 0.000
```

(1) 가설을 세우시오.

(2) 분산이 동일합니까?

(3) 판단기준은 무엇입니까?

(4) F-test와 Levene's test의 선택기준은 무엇인가?

21. 기계사업부에서 A 제품의 불량률이 과거 10%로 알려져 있었다. 공정개선 후 10일 동안 100개의 제품을 조사 분석한 결과이다.

```
Test and CI for One Proportion

Test of p = 0.1 vs p not = 0.1

                                                      Exact
Sample    X    N   Sample p        95% CI            P-Value
1         5  100   0.050000   (0.016432, 0.112835)    0.097
```

(1) 귀무가설(H0)과 대립가설(H1)을 세우시오.

(2) 분석 결과는 어떻게 되는가? (Reject H0 or Accept H0)

(3) 불량률의 95% 신뢰구간은 얼마인가?

(4) P-Value 이외 무엇으로 차이를 판정할 수 있는가?

22. 석유사업부에서 세차 불량률이 과거 5%로 알려져 있었다. 공정개선을 실시한 후 1주일 동안 100대의 자동차를 조사하여 분석한 결과이다.

```
Test and CI for One Proportion

Test of p = 0.05 vs p < 0.05
                                  95%
                                 Upper
Sample    X    N   Sample p      Bound    Z-Value   P-Value
1         1  100   0.010000    0.026366    -1.84     0.033
```

(1) 귀무가설(H0)과 대립가설(H1)을 세우시오.

(2) 분석 결과는 어떻게 되는가? (Reject H0 or Accept H0)

(3) 개선 후 불량률은 얼마인가?

23. 고객만족도가 과거 90%로 알려져 있었다. 개선활동을 실시한 후 1달 동안 100명의 고객을 조사하여 분석한 결과이다.

```
Test and CI for One Proportion: 만족비율

Test of p = 0.9 vs p > 0.9

Event = 1
                                    95%
                                   Lower      Exact
Variable     X    N   Sample p     Bound    P-Value
고객만족도   96  100   0.960000   0.910804    0.024
```

(1) 귀무가설(H0)과 대립가설(H1)을 세우시오.

(2) 분석 결과는 어떻게 되는가? (Reject H0 or Accept H0)

(3) 개선 후 만족도는 얼마인가?

24. 대구석유부와 서울석유부의 주유 클레임 건수를 비교하고자 한다. 1개월간 주유소를 방문하는 자동차를 조사하여 분석한 결과이다.

```
Test and CI for Two Proportions

Sample            X      N    Sample p
(1)대구석유부    100   2500   0.040000
(2)서울석유부     50   3500   0.014286

Difference = p (1) - p (2)
Estimate for difference:  0.0257143
95% CI for difference:  (0.0170853, 0.0343433)
Test for difference = 0 (vs not = 0).  Z = 5.84  P-Value = 0.000
```

(1) 귀무가설(H0)과 대립가설(H1)을 세우시오.

(2) 분석 결과는 어떻게 되는가? (Reject H0 or Accept H0)

(3) 어느 사업부의 고객 클레임 비율이 높은가?

(4) P-Value 이외 무엇으로 차이를 판정할 수 있는가?

25. 대구석유부와 서울석유부의 세차 클레임 건수를 비교하고자 한다. 1개월간 주유소를 방문하는 자동차를 조사하여 분석한 결과이다.

```
Test and CI for Two Proportions

Sample              X    N    Sample p
(1)대구석유부       50  2500   0.020000
(2)서울석유부       65  3500   0.018571

Difference = p (1) - p (2)
Estimate for difference: 0.00142857
95% CI for difference: (-0.00565110, 0.00850824)
Test for difference = 0 (vs not = 0): Z = 0.40  P-Value = 0.692
```

(1) 귀무가설(H0)과 대립가설(H1)을 세우시오.

(2) 분석 결과는 어떻게 되는가? (Reject H0 or Accept H0)

(3) 두 사업부의 고객 클레임 비율의 차이는 얼마인가?

26. 다음은 5개의 서로 다른 라인에서 생산되는 제품을 검사한 결과이다.
[범례 good : 양품 개수, bad : 불량 개수]

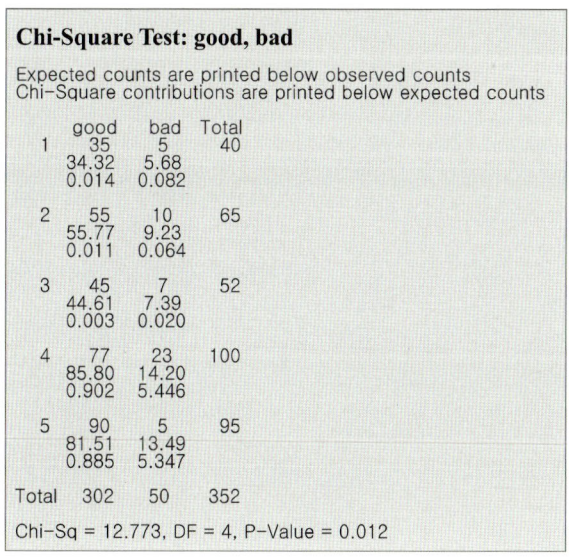

(1) 라인별 불량률의 차이는 나는가?

(2) 어느 라인의 불량률이 가장 낮은가?

(3) 어떤 지표로부터 불량률이 높고 낮음을 판단하는가?

(4) 귀무가설(H0)을 세우시오.

27. 성별 정당지지도의 설문조사를 측정한 결과로 Chi-Square 분석을 했다.

```
Chi-Square Test: Democrat, Republican, Other

Expected counts are printed below observed counts
Chi-Square contributions are printed below expected counts

       Democrat  Republican  Other  Total
   1       28         18       4     50
          25.00      22.50    2.50
           0.360      0.900    0.900

   2       22         27       1     50
          25.00      22.50    2.50
           0.360      0.900    0.900

Total      50         45       5    100

Chi-Sq = 4.320, DF = 2, P-Value = 0.115
2 cells with expected counts less than 5.
```

(1) 성별에 따라 정당지지도 차이가 있는가?

(2) Chi-Square로 가능한 검정 유형은 무엇인가?

(3) 대립가설(H1)을 세우시오.

28. 미니탭을 이용하여 ANOVA를 실시하여 다음의 결과를 얻었다.

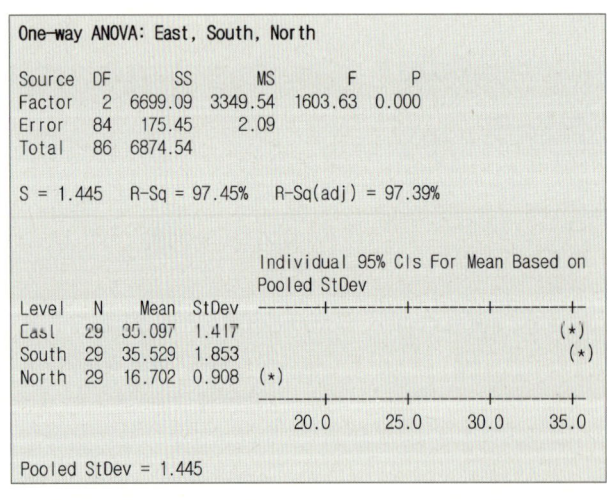

(1) 평균 차이가 있는가?

(2) 어느 변수의 평균이 가장 작은가?

(3) 귀무가설(H0)을 세우시오.

(4) 변수의 설명력은 얼마인가?

29. 미니탭을 이용하여 ANOVA를 실시하여 다음의 결과를 얻었다.

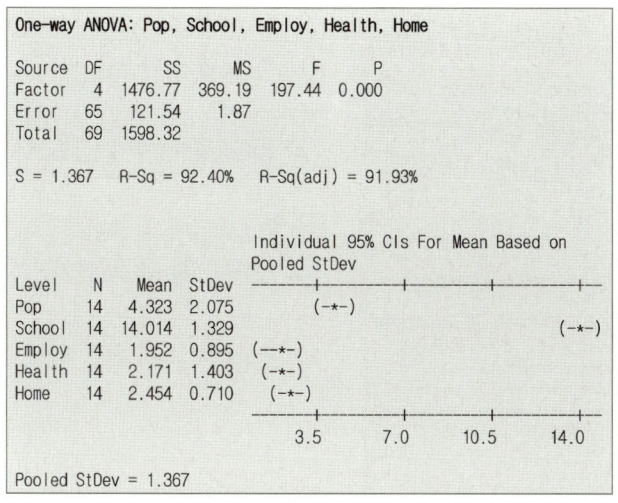

(1) 평균 차이가 있는가?

(2) 어느 변수의 평균이 가장 높은가?

(3) 대립가설(H1)을 세우시오.

30. 프랜지 납땜을 A, B, C 세 업체가 하고 있다. 어느 업체의 납땜 강도가 우수한지 확인하기 위해 미니탭으로 분석했다.

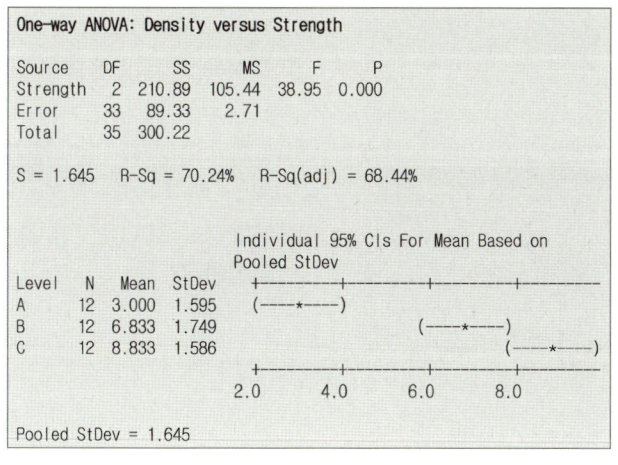

(1) 위 문제의 가설을 쓰시오.

(2) 납땜 강도에 차이가 있는가?

(3) 어느 업체의 납땜 강도가 높다고 할 수 있는가?

31. 원자재를 A, B, C 세 업체가 납품하고 있다. 어느 업체의 품질수준이 우수한지 확인하기 위해 미니탭으로 분석했다.

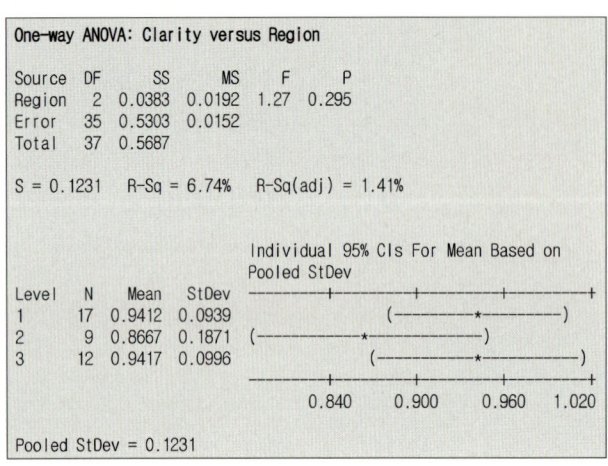

(1) 위 문제의 가설을 쓰시오.

(2) 품질수준에 차이가 있는가?

(3) 어느 업체의 품질수준이 낮다고 할 수 있는가?

(4) P-Value 이외 판단기준은?

32. 미니탭을 이용하여 General Linear Model을 실시하여 다음의 결과를 얻었다.

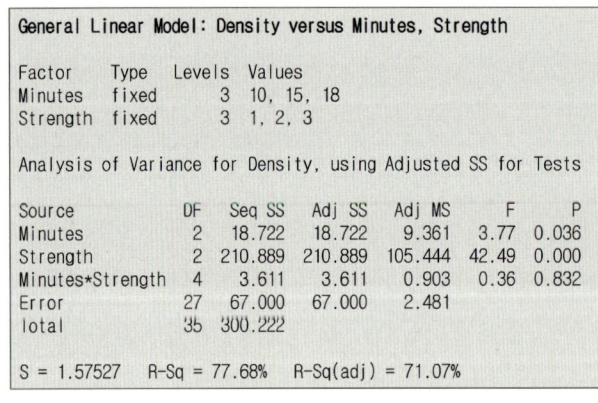

(1) 두 인자의 수준은 얼마인가?

(2) 유의한 인자는 무엇인가?

(3) 모델의 설명력은 얼마인가?

(4) 영향력이 보다 큰 인자는 무엇인가?

33. 미니탭을 이용하여 General Linear Model을 실시하여 다음의 결과를 얻었다.

```
General Linear Model: Impact versus HelmetType, Location

Factor      Type   Levels  Values
HelmetType  fixed       3  1, 2, 3
Location    fixed       2  1, 2

Analysis of Variance for Impact, using Adjusted SS for Tests

Source              DF   Seq SS   Adj SS   Adj MS       F      P
HelmetType           2  1544.00  1544.00   772.00   74.71  0.000
Location             1    12.00    12.00    12.00    1.16  0.323
HelmetType*Location  2    24.00    24.00    12.00    1.16  0.375
Error                6    62.00    62.00    10.33
Total               11  1642.00

S = 3.21455   R-Sq = 96.22%   R-Sq(adj) = 93.08%
```

(1) 유의한 인자는 무엇인가?

(2) 모델의 설명력은 얼마인가?

(3) 유의한 인자의 판단 시 P-Value 외 다른 것은 무엇인가?

(4) P-Value와 F값의 관계는?

34. General Linear Model의 세션창 결과물이다.

```
General Linear Model: Thickness versus Time, Operator

Factor    Type   Levels  Values
Time      fixed       2  1, 2
Operator  fixed       3  1, 2, 3

Analysis of Variance for Thickness, using Adjusted SS for Tests

Source         DF    Seq SS    Adj SS    Adj MS        F      P
Time            1       9.0       9.0       9.0     0.27  0.608
Operator        2    1120.9    1120.9     560.4    16.76  0.000
Time*Operator   2      62.0      62.0      31.0     0.93  0.407
Setting         1   15406.8   15406.8   15406.8   460.82  0.000
Error          29     969.6     969.6      33.4
Total          35   17568.2

S = 5.78218   R-Sq = 94.48%   R-Sq(adj) = 93.34%

Term         Coef   SE Coef        T       P
Constant  -61.864     6.136   -10.08   0.000
Setting     2.9791    0.1388   21.47   0.000
```

(1) 인자는 몇 개인가?

(2) 유의한 인자는 무엇인가?

(3) 모델의 설명력은 얼마인가?

(4) 변수 'Setting'은 무엇인가?

35. 미니탭을 이용하여 상관분석을 실시하여 다음의 결과를 얻었다.

```
Correlations: Freshwater, Marine

Pearson correlation of Freshwater and Marine = -0.540
P-Value = 0.000
```

(1) 상관계수는 얼마인가?

(2) 두 변수는 상관관계가 있는가?

(3) 귀무가설(H0)을 세우시오.

(4) 만약, 상관관계가 존재하는 경우 다음 단계는 무엇인가?

36. 미니탭을 이용하여 상관분석을 실시하여 다음의 결과를 얻었다.

```
Correlations: Height, Weight

Pearson correlation of Height and Weight = 0.785
P-Value = 0.000
```

(1) 상관계수는 얼마인가?

(2) 두 변수는 상관관계가 있는가?

(3) 대립가설(H1)을 세우시오.

(4) 만약, 상관관계가 존재하지 않는다면, 추가적인 조치는 무엇인가?

37 미니탭을 이용하여 상관분석을 실시하여 다음의 결과를 얻었다.

```
Correlations: Pulse1, Weight

Pearson correlation of Pulse1 and Weight = -0.202
P-Value = 0.053
```

(1) 상관계수는 얼마인가?

(2) 두 변수는 상관관계가 있는가?

(3) 귀무가설(H0)을 세우시오.

(4) 상관관계와 P-Value의 관계는 어떻게 되는가?

38 미니탭을 이용하여 회귀분석을 실시하여 다음의 결과를 얻었다.

```
Regression Analysis: Freshwater versus Marine

The regression equation is
Freshwater = 239 - 0.304 Marine

Predictor        Coef    SE Coef      T      P
Constant       238.80      19.16  12.46  0.000
Marine        -0.30360    0.04781  -6.35  0.000

S = 21.9969    R-Sq = 29.2%    R-Sq(adj) = 28.4%

Analysis of Variance

Source          DF      SS      MS      F      P
Regression       1   19511   19511  40.32  0.000
Residual Error  98   47419     484
Total           99   66929
```

(1) 회귀식을 쓰시오.

(2) 회귀식은 통계적으로 유의한가?

(3) 회귀분석의 설명력은 얼마인가?

(4) 회귀식이 유의한 경우 추가적인 분석은 무엇인가?

39 미니탭을 이용하여 회귀분석을 실시하여 다음의 결과를 얻었다.

```
Regression Analysis: Height versus Weight

The regression equation is
Height = 51.2 + 0.121 Weight

Predictor      Coef     SE Coef       T       P
Constant     51.157       1.481   34.55   0.000
Weight      0.12098     0.01007   12.02   0.000

S = 2.28010   R-Sq = 61.6%   R-Sq(adj) = 61.2%

Analysis of Variance

Source           DF        SS       MS        F       P
Regression        1    750.63   750.63   144.38   0.000
Residual Error   90    467.90     5.20
Total            91   1218.53
```

(1) 회귀식을 쓰시오.

(2) 회귀식은 통계적으로 유의한가?

(3) 회귀식의 통계적 유의성을 판단하는 기준은 무엇인가?

(4) 대립가설(H_1)을 세우시오.

40 미니탭을 이용하여 회귀분석을 실시하여 다음의 결과를 얻었다.

```
Regression Analysis: Pulse1 versus Weight

The regression equation is
Pulse1 = 86.5 - 0.0938 Weight

Predictor      Coef     SE Coef       T       P
Constant     86.481       7.040   12.28   0.000
Weight      -0.09378    0.04787   -1.96   0.053

S = 10.8410   R-Sq = 4.1%   R-Sq(adj) = 3.0%

Analysis of Variance

Source           DF         SS        MS       F       P
Regression        1      451.0     451.0    3.84   0.053
Residual Error   90    10577.5     117.5
Total            91    11028.4
```

(1) 회귀식을 쓰시오.

(2) 회귀식은 통계적으로 유의한가?

(3) 회귀식이 유의하지 않은 경우 추가적인 조치는 무엇인가?

(4) 귀무가설(H_0)을 세우시오.

41. 미니탭을 이용하여 회귀분석을 실시하여 다음의 결과를 얻었다.

```
Regression Analysis: Freshwater versus Marine

The regression equation is
Freshwater = 239 - 0.304 Marine

Predictor        Coef    SE Coef       T      P
Constant       238.80      19.16   12.46  0.000
Marine        -0.30360    0.04781  -6.35  0.000

S = 21.9969    R-Sq = 29.2%    R-Sq(adj) = 28.4%

Analysis of Variance

Source          DF      SS      MS       F      P
Regression       1   19511   19511   40.32  0.000
Residual Error  98   47419     484
Total           99   66929

Predicted Values for New Observations
New
Obs     Fit   SE Fit       95% CI            95% PI
  1   71.82    7.59  (56.76, 86.87)   (25.64, 117.99)XX

Values of Predictors for New Observations
New
Obs   Marine
  1      550
```

(1) 회귀식은 통계적으로 유의한가?

(2) 두 변수의 상관계수를 구하시오.

(3) 'Marine=550'일 때, 'Freshwater' 값을 예측하시오.

42. 미니탭을 이용하여 회귀분석을 실시하여 다음의 결과를 얻었다.

```
Regression Analysis: Height versus Weight

The regression equation is
Height = 51.2 + 0.121 Weight

Predictor       Coef    SE Coef       T      P
Constant      51.157      1.481   34.55  0.000
Weight       0.12098    0.01007   12.02  0.000

S = 2.28010    R-Sq = 61.6%    R-Sq(adj) = 61.2%

Analysis of Variance

Source          DF       SS       MS       F      P
Regression       1   750.63   750.63  144.38  0.000
Residual Error  90   467.90     5.20
Total           91  1218.53

Predicted Values for New Observations
New
Obs     Fit   SE Fit        95% CI             95% PI
  1  75.353    0.601  (74.159, 76.547)  (70.668, 80.038)X

Values of Predictors for New Observations
New
Obs   Weight
  1      200
```

(1) 회귀식의 설명력은 얼마인가?

(2) 두 변수의 상관계수를 구하시오.

(3) 'Weight=200'일 때, 'Height' 값을 예측하시오.

43 미니탭을 이용하여 회귀분석의 변수선택을 실시하여 다음과 같은 결과를 얻었다.

```
Best Subsets Regression: HeatFlux versus
                        East, South, North, Time

Response is HeatFlux

                                    S N
                                  E o o T
                                  a u r i
                                  s t t m
                      Mallows     t h h e
Vars  R-Sq  R-Sq(adj)   C-p      S
  1   72.1    71.0     28.6  12.328   X
  1   12.3     9.1    143.2  21.834          X
  2   85.9    84.8      4.1   8.9321  X X
  2   82.0    80.6     11.5  10.076   X   X
  3   87.4    85.9      3.1   8.5978  X X X
  3   86.4    84.7      5.1   8.9448  X X   X
  4   87.5    85.4      5.0   8.7487  X X X X
```

(1) 변수 2개를 선택한다면, 어느 것인가?

(2) 변수를 선택하는 기준은 무엇이며, 변수 2개 선택 시 이들의 값은 어떻게 되는가?

(3) 최적의 조건으로 변수를 선택한다면?

(4) R-sq가 계속 증가하는 이유는?

44 미니탭을 이용하여 회귀분석의 변수선택을 실시하여 다음과 같은 결과를 얻었다.

```
Best Subsets Regression: Pop versus
                        School, Employ, Health, Home

Response is Pop

                                    S E H
                                    c m e
                                    h p a H
                                    o l l o
                      Mallows       o o t m
Vars  R-Sq  R-Sq(adj)   C-p      S  l y h e
  1   94.2    93.0      7.5  0.51880  X
  1   54.8    51.0    127.1  1.4530         X
  2   96.7    96.1      2.0  0.41024  X X
  2   96.5    95.8      2.7  0.42325  X X
  3   97.0    96.1      3.1  0.40949  X X X
  3   96.8    95.8      3.8  0.42494  X X   X
  4   97.0    95.7      5.0  0.42994  X X X X
```

(1) 변수 2개를 선택한다면, 어느 것인가?

(2) 변수를 선택하는 기준은 무엇이며, 변수 2개 선택 시 이들의 값은 어떻게 되는가?

(3) 최적의 조건으로 변수를 선택한다면?

(4) R-sq(adj)는 증가하다가 감소하는 이유는?

45 자료의 정규성이 성립하지 않아 비모수 검정으로 분석한 결과 아래와 같다. 분석 내용은 새로운 방법이 만족도(Values)에 미치는 영향을 측정한 것이다.

```
Sign Test for Median: Values

Sign test of median =  4.500 versus > 4.500

            N  Below  Equal  Above       P  Median
Values      9      1      0      8  0.0195   4.700
```

(1) 귀무가설(H0)을 세우시오.

(2) 만족도가 높아졌습니까?

(3) 새로운 방법에서 만족도의 중앙값은 얼마입니까?

(4) 비모수 검정의 원리는 무엇인가?

46 자료의 정규성이 성립하지 않아 비모수 검정으로 분석한 결과 아래와 같다. 분석 내용은 새로운 방법이 달성도(Achievement)에 미치는 영향을 측정한 것이다.

```
Sign Test for Median: Achievement

Sign test of median =  80.00 versus not = 80.00

                 N  Below  Equal  Above       P  Median
Achievement      9      5      1      3  0.7266   77.00
```

(1) 대립가설(H1)을 세우시오.

(2) 달성도가 높아졌습니까?

(3) 새로운 방법에서 달성도의 중앙값은 얼마입니까?

(4) 만약 정규성이 만족된다면, 어떤 분석도구가 적합한가?

47 자료의 정규성이 성립하지 않아 비모수 검정으로 분석한 결과 아래와 같다.

```
Mann-Whitney Test and CI: Mat-A, Mat-B

         N   Median
Mat-A   10   10.750
Mat-B   10   11.250

Point estimate for ETA1-ETA2 is -0.500
95.5 Percent CI for ETA1-ETA2 is (-3.100,2.000)
W = 97.5
Test of ETA1 = ETA2 vs ETA1 not = ETA2 is significant at 0.5967
The test is significant at 0.5966 (adjusted for ties)
```

(1) 95% 신뢰구간은 얼마인가?

(2) 귀무가설(H0)은 무엇인가?

(3) 유의한 차이가 나는가?

(4) 만약 정규성이 만족된다면, 어떤 분석도구가 적합한가?

48 자료의 정규성이 성립하지 않아 비모수 검정으로 분석한 결과 아래와 같다.

```
Mann-Whitney Test and CI: Score1, Score2

         N   Median
Score1   9   6.000
Score2   9   2.500

Point estimate for ETA1-ETA2 is 3.500
95.8 Percent CI for ETA1-ETA2 is (0.901,5.901)
W = 118.0
Test of ETA1 = ETA2 vs ETA1 not = ETA2 is significant at 0.0047
The test is significant at 0.0047 (adjusted for ties)
```

(1) 대립가설(H1)은 무엇인가?

(2) 유의한 차이가 나는가?

(3) P-Value 이외 판단기준은 무엇인가?

49 자료의 정규성이 성립하지 않아 비모수 검정으로 분석한 결과 아래와 같다. 분석 내용은 헬멧의 종류(HelmetType)에 따라 외부 충격의 강도(Impact)를 측정한 것이다.

```
Kruskal-Wallis Test: Impact versus HelmetType

Kruskal-Wallis Test on Impact

HelmetType   N   Median   Ave Rank        Z
1            4    44.50        5.4    -0.76
2            4    67.50       10.5     2.72
3            4    41.50        3.6    -1.95
Overall     12                 6.5

H = 7.86  DF = 2  P = 0.020
H = 7.88  DF = 2  P = 0.019  (adjusted for ties)

* NOTE * One or more small samples
```

(1) 귀무가설(H0)을 세우시오.

(2) 헬멧의 종류에 따라 충격량의 차이가 있는가?

(3) 어느 수준에서의 충격량이 가장 작은가?

(4) 만약 정규성이 성립된다면, 어떤 도구를 사용해야 하는가?

50 자료의 정규성이 성립하지 않아 비모수 검정으로 분석했다. 작업자에 따라 철판의 두께 차이를 측정한 것이다.

```
Kruskal-Wallis Test: Thickness versus Operator

Kruskal-Wallis Test on Thickness

Operator   N   Median   Ave Rank        Z
1         12    64.50       14.5    -1.63
2         12    74.00       18.5    -0.02
3         12    81.50       22.6     1.64
Overall   36                18.5

H = 3.57  DF = 2  P = 0.168
H = 3.58  DF = 2  P = 0.167  (adjusted for ties)
```

(1) 대립가설(H1)을 세우시오.

(2) 작업자에 따라 두께 차이가 있는가?

(3) 3번 작업자의 두께의 중앙값은 얼마인가?

51. 요인배치실험의 설계 내용이다. 물음에 답하시오.

```
Full Factorial Design

Factors:   3    Base Design:        3, 8
Runs:     16    Replicates:            2
Blocks:    1    Center pts (total):    0

All terms are free from aliasing.
```

(1) 실험의 종류는 무엇인가? (완전 요인배치법/부분 요인배치법)

(2) 인자(요인, Factor)의 수는 몇 개인가?

(3) 반복 회수는 얼마인가?

(4) 총 실험 횟수는 얼마인가?

52. 요인배치실험의 설계 내용이다. 물음에 답하시오.

```
Fractional Factorial Design

Factors:   7    Base Design:        7, 8    Resolution:    III
Runs:     16    Replicates:            2    Fraction:     1/16
Blocks:    1    Center pts (total):    0

* NOTE * Some main effects are confounded with two-way interactions.

Design Generators: D = AB, E = AC, F = BC, G = ABC
```

(1) 실험의 종류는 무엇인가? (완전 요인배치법/부분 요인배치법)

(2) 인자(요인, Factor)의 수는 몇 개인가?

(3) 해상도는 얼마인가?

(4) 총 실험 횟수는 얼마인가?

53. 요인배치실험의 설계 내용이다. 물음에 답하시오.

StdOrder	RunOrder	CenterPt	Blocks	A	B	C	Full_1
1	14	1	1	-1	-1	-1	1
2	4	1	1	1	-1	-1	2
3	16	1	1	-1	1	-1	3
4	12	1	1	1	1	-1	4
5	3	1	1	-1	-1	1	5
6	9	1	1	1	-1	1	6
7	15	1	1	-1	1	1	7
8	1	1	1	1	1	1	8
9	13	1	1	-1	-1	-1	2
10	10	1	1	1	-1	-1	3
11	11	1	1	-1	1	-1	4
12	7	1	1	1	1	-1	8
13	8	1	1	-1	-1	1	6
14	5	1	1	1	-1	1	5
15	6	1	1	-1	1	1	7
16	2	1	1	1	1	1	10

(1) 실험번호 1의 실험조건을 기술하시오.
   A :   B :   C :

(2) 본 실험은 반복실험인가? 아닌가?

(3) 인자의 개수는 몇 개인가?

(4) 실험조건 A(1)B(1)C(1)에서 실험값은 얼마인가?

54. 요인배치실험의 설계 내용이다. 물음에 답하시오.

StdOrder	RunOrder	CenterPt	Blocks	A	B	C	D	Fraction_1
1	5	1	1	-1	-1	-1	-1	3
2	15	1	1	1	-1	-1	1	4
3	9	1	1	-1	1	-1	1	5
4	13	1	1	1	1	-1	-1	6
5	1	1	1	-1	-1	1	1	7
6	11	1	1	1	-1	1	-1	8
7	7	1	1	-1	1	1	-1	2
8	16	1	1	1	1	1	1	3
9	8	1	1	-1	-1	-1	-1	4
10	2	1	1	1	-1	-1	1	8
11	4	1	1	-1	1	-1	1	6
12	14	1	1	1	1	-1	-1	5
13	10	1	1	-1	-1	1	1	7
14	3	1	1	1	-1	1	-1	10
15	6	1	1	-1	1	1	-1	1
16	12	1	1	1	1	1	1	2

(1) 실험번호 1의 실험조건을 기술하시오.
   A :   B :
   C :   D :

(2) 본 실험은 반복실험인가? 아닌가?

(3) 이 실험은 완전 요인배치 실험인가? 부분 요인배치 실험인가?

(4) 실험조건 A(1)B(1)C(1)D(1)에서 실험값은 얼마인가?

55. 다음은 3인자 2수준 실험계획을 분석한 결과(세션창)이다.

```
Factorial Fit: Full_1 versus A, B, C

Estimated Effects and Coefficients for Full_1 (coded units)

Term        Effect    Coef    SE Coef      T      P
Constant              5.0625   0.3125   16.20  0.000
A           1.3750   0.6875   0.3125    2.20  0.059
B           2.6250   1.3125   0.3125    4.20  0.003
C           3.3750   1.6875   0.3125    5.40  0.001
A*B         0.8750   0.4375   0.3125    1.40  0.199
A*C        -0.3750  -0.1875   0.3125   -0.60  0.565
B*C        -0.1250  -0.0625   0.3125   -0.20  0.846
A*B*C       0.1250   0.0625   0.3125    0.20  0.846

S = 1.25   R-Sq = 87.11%   R-Sq(adj) = 75.82%

Analysis of Variance for Full_1 (coded units)

Source              DF    Seq SS    Adj SS   Adj MS      F      P
Main Effects         3   80.6875   80.6875  26.8958  17.21  0.001
2-Way Interactions   3    3.6875    3.6875   1.2292   0.79  0.534
3-Way Interactions   1    0.0625    0.0625   0.0625   0.04  0.846
Residual Error       8   12.5000   12.5000   1.5625
  Pure Error         8   12.5000   12.5000   1.5625
Total               15   96.9375
```

(1) 중요한 인자를 선별하시오.

(2) 중요 인자로 선형방정식을 구하시오.

(3) 풀링(Pooling) 대상은 무엇인가?

(4) 귀무가설(H0)을 세우시오.

56. 다음은 4인자 2수준 실험계획을 분석한 결과(세션 창)이다.

```
Factorial Fit: Fraction_1 versus A, B, C, D

Estimated Effects and Coefficients for Fraction_1 (coded units)

Term        Effect    Coef    SE Coef      T      P
Constant              5.063    0.3125   16.20  0.000
A           1.375    0.687    0.3125    2.20  0.059
B          -2.625   -1.312    0.3125   -4.20  0.003
C          -0.125   -0.062    0.3125   -0.20  0.846
D           0.375    0.188    0.3125    0.60  0.565
A*B        -0.875   -0.438    0.3125   -1.40  0.199
A*C         0.125    0.062    0.3125    0.20  0.846
A*D        -3.375   -1.687    0.3125   -5.40  0.001

S = 1.25   R-Sq = 87.11%   R-Sq(adj) = 75.82%

Analysis of Variance for Fraction_1 (coded units)

Source              DF   Seq SS   Adj SS   Adj MS      F      P
Main Effects         4   35.75    35.75     8.937   5.72  0.018
2-Way Interactions   3   48.69    48.69    16.229  10.39  0.004
Residual Error       8   12.50    12.50     1.563
  Pure Error         8   12.50    12.50     1.563
Total               15   96.94
```

(1) 중요한 인자는 무엇인가?

(2) 중요한 인자로 선형방정식을 구하시오.

(3) 위에서 구한 방정식의 기여도는 얼마인가?

(4) 대립가설(H1)을 세우시오.

57 다음은 3인자 2수준 실험계획의 2차 분석 결과(세션 창)이다.

```
Factorial Fit: Full_1 versus A, B, C

Estimated Effects and Coefficients for Full_1 (coded units)

Term       Effect    Coef    SE Coef    T       P
Constant             5.0625  0.2909    17.40   0.000
A          1.3750    0.6875  0.2909     2.36   0.036
B          2.6250    1.3125  0.2909     4.51   0.001
C          3.3750    1.6875  0.2909     5.80   0.000

S = 1.16369    R-Sq = 83.24%    R-Sq(adj) = 79.05%

Analysis of Variance for Full_1 (coded units)

Source           DF   Seq SS   Adj SS   Adj MS      F       P
Main Effects      3   80.687   80.687  26.8958  19.86   0.000
Residual Error   12   16.250   16.250   1.3542
  Lack of Fit     4    3.750    3.750   0.9375   0.60   0.673
  Pure Error      8   12.500   12.500   1.5625
Total            15   96.937
```

(1) 중요인자를 선별하시오.

(2) 축소모형의 방정식을 쓰시오.

(3) 축소모형에 대한 귀무가설 (H0)을 세우시오.

(4) 축소모형에 대한 가설검정 결과를 설명하시오.

58 다음은 4인자 2수준 실험계획의 2차 분석 결과(세션 창)이다.

```
Factorial Fit: Fraction_1 versus A, B, D

Estimated Effects and Coefficients for Fraction_1 (coded units)

Term       Effect    Coef    SE Coef    T       P
Constant             5.063   0.2986   16.96   0.000
A          1.375     0.687   0.2986    2.30   0.042
B         -2.625    -1.312   0.2986   -4.40   0.001
D          0.375     0.188   0.2986    0.63   0.543
A*D       -3.375    -1.688   0.2986   -5.65   0.000

S = 1.19421    R-Sq = 83.82%    R-Sq(adj) = 77.93%

Analysis of Variance for Fraction_1 (coded units)

Source              DF   Seq SS   Adj SS   Adj MS      F       P
Main Effects         3   35.687   35.687  11.896    8.34   0.004
2-Way Interactions   1   45.563   45.563  45.563   31.95   0.000
Residual Error      11   15.687   15.687   1.426
  Lack of Fit        3    3.187    3.187   1.062    0.68   0.589
  Pure Error         8   12.500   12.500   1.563
Total               15   96.937
```

(1) 중요한 인자는 무엇인가?

(2) 중요한 인자로 선형방정식을 구하시오.

(3) 위에서 구한 방정식의 기여도는 얼마인가?

(4) 축소모형에 대한 대립가설 (H1)을 세우시오.

59 Plackett-Burman 실험의 설계 내용이다. 물음에 답하시오.

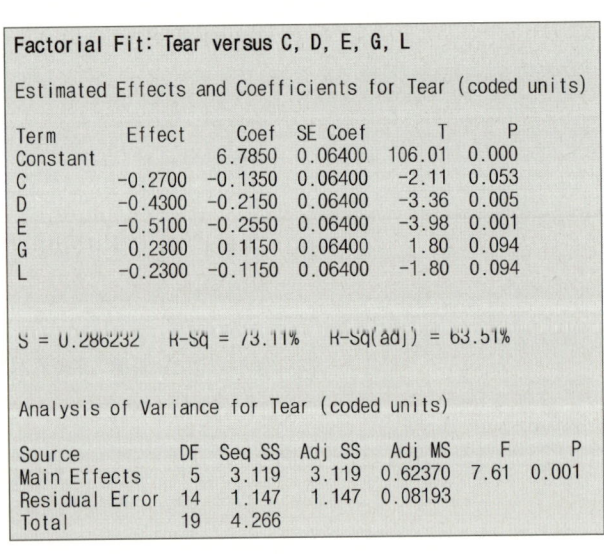

(1) 인자의 개수는 몇 개인가?
(2) 현재 인자의 개수에서 최소의 실험회수는 얼마인가?
(3) 본 실험의 목적은 무엇인가?

60 Plackett-Burman 실험의 분석 내용(세션창)이다. 물음에 답하시오.

```
Factorial Fit: Tear versus C, D, E, G, L
Estimated Effects and Coefficients for Tear (coded units)

Term        Effect     Coef   SE Coef       T       P
Constant              6.7850  0.06400   106.01   0.000
C          -0.2700   -0.1350  0.06400    -2.11   0.053
D          -0.4300   -0.2150  0.06400    -3.36   0.005
E          -0.5100   -0.2550  0.06400    -3.98   0.001
G           0.2300    0.1150  0.06400     1.80   0.094
L          -0.2300   -0.1150  0.06400    -1.80   0.094

S = 0.286232   R-Sq = 73.11%   R-Sq(adj) = 63.51%

Analysis of Variance for Tear (coded units)
Source          DF   Seq SS   Adj SS   Adj MS      F       P
Main Effects     5    3.119    3.119   0.62370   7.61   0.001
Residual Error  14    1.147    1.147   0.08193
Total           19    4.266
```

(1) 중요한 인자는 무엇인가?

(2) 방정식의 기여도는 얼마인가?

(3) 다음 단계의 실험은 무엇인가?

61. 반응표면분석(RSM)의 설계 내용이다. 물음에 답하시오.

```
Central Composite Design

Factors:      2      Replicates:    1
Base runs:   13      Total runs:   13
Base blocks:  1      Total blocks:  1

Two-level factorial: Full factorial

Cube points:                4
Center points in cube:      5
Axial points:               4
Center points in axial:     0

Alpha: 1.41421
```

(1) 실험의 종류는 무엇인가?

(2) 인자(요인, Factor)의 수는 몇 개인가?

(3) 총 실험 회수는 얼마인가?

(4) 중심점은 몇 개인가?

62. 반응표면분석(RSM)의 설계 내용이다. 물음에 답하시오.

+	C1 StdOrder	C2 RunOrder	C3 PtType	C4 Blocks	C5 A	C6 B	C7 RSM1
1	1	1	1	1	-1.00000	-1.00000	10
2	2	2	1	1	1.00000	-1.00000	15
3	3	3	1	1	-1.00000	1.00000	15
4	4	4	1	1	1.00000	1.00000	20
5	5	5	-1	1	-1.41421	0.00000	10
6	6	6	-1	1	1.41421	0.00000	12
7	7	7	-1	1	0.00000	-1.41421	15
8	8	8	-1	1	0.00000	1.41421	20
9	9	9	0	1	0.00000	0.00000	8
10	10	10	0	1	0.00000	0.00000	10
11	11	11	0	1	0.00000	0.00000	8
12	12	12	0	1	0.00000	0.00000	10
13	13	13	0	1	0.00000	0.00000	12

(1) 실험번호 2의 실험조건을 기술하시오.
A :
B :

(2) 본 실험은 반복실험인가? 아닌가?

(3) 축점의 개수는 몇 개인가?

(4) 실험조건 A(1)B(1)에서 실험값은 얼마인가?

63. 반응표면분석(RSM) 실험의 분석 내용(세션창)이다. 물음에 답하시오.

```
Response Surface Regression: RSM1 versus A, B
The analysis was done using coded units.
Estimated Regression Coefficients for RSM1

Term        Coef     SE Coef      T        P
Constant    9.60000  0.7526     12.755   0.000
A           1.60355  0.5950      2.695   0.031
B           2.13388  0.5950      3.586   0.009
A*A         0.88750  0.6381      1.391   0.207
B*B         4.13750  0.6381      6.484   0.000
A*B        -0.00000  0.8415     -0.000   1.000

S = 1.683   R-Sq = 89.9%   R-Sq(adj) = 82.7%

Analysis of Variance for RSM1

Source          DF   Seq SS   Adj SS   Adj MS      F       P
Regression       5  176.943  176.943  35.3886  12.49   0.002
  Linear         2   56.999   56.999  28.4994  10.06   0.009
  Square         2  119.944  119.944  59.9721  21.17   0.001
  Interaction    1    0.000    0.000   0.0000   0.00   1.000
Residual Error   7   19.826   19.826   2.8323
  Lack-of-Fit    3    8.626    8.626   2.8754   1.03   0.470
  Pure Error     4   11.200   11.200   2.8000
Total           12  196.769
```

(1) 중요한 인자를 선별하시오.

(2) 풀링 대상은 무엇인가?

(3) 기여도는 얼마인가?

(4) 본 실험은 언제 적용하는가?

64. 반응표면분석(RSM) 실험의 분석 내용(세션창)이다. 물음에 답하시오.

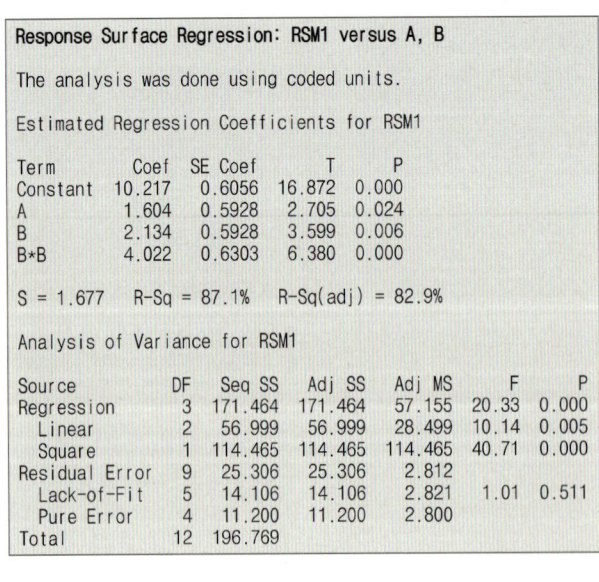

(1) 중요한 인자를 선별하시오.

(2) 중요인자로 방정식을 구하시오.

(3) 축소모형의 귀무가설(H_0)을 세우시오.

(4) 축소모형의 적합성 검정결과는?

65. 다구찌 실험의 설계 내용이다. 물음에 답하시오.

	C1 A	C2 B	C3 C	C4 D	C5 N1y1	C6 N1y2	C7 N2y1	C8 N2y2
1	1	1	1	1	5	8	9	7
2	1	1	2	2	9	9	8	4
3	1	2	1	1	9	15	10	12
4	1	2	2	2	12	8	10	14
5	2	1	1	2	9	13	5	12
6	2	1	2	1	20	23	19	9
7	2	2	1	2	6	5	7	7
8	2	2	2	1	9	4	12	11

(1) 실험번호 2의 실험조건을 기술하시오.
　　A :　　　B :　　　C :　　　D :
(2) 본 실험은 반복실험인가? 아닌가?
(3) 다구찌 실험의 가장 큰 특징은 무엇인가?
(4) 실험조건 A(1)B(2)C(1)D(1)에서 실험값은 얼마인가?

66. 다구찌 실험의 설계 내용이다. 물음에 답하시오.

	C1-T Material	C2 Diameter	C3 Dimples	C4 Thickness	C5 Driver	C6 Iron
1	Liquid	118	392	0.03	247.5	234.3
2	Liquid	118	422	0.06	224.4	214.5
3	Liquid	156	392	0.03	59.4	49.5
4	Liquid	156	422	0.06	75.9	72.6
5	Tungsten	118	392	0.06	155.1	148.5
6	Tungsten	118	422	0.03	39.6	29.7
7	Tungsten	156	392	0.06	92.4	82.5
8	Tungsten	156	422	0.03	21.9	18.6

(1) 제어인자와 잡음인자를 구분하시오.
　　제어인자 :　　　　　잡음인자 :
(2) 본 실험의 수준 수는 얼마인가?
(3) 반복실험인가? 아닌가?

67. 다구찌 실험의 분석 내용이다. 물음에 답하시오.

```
Taguchi Analysis: N1y1, N1y2, N2y1, N2y2
              versus A, B, C, D

Response Table for Signal to Noise Ratios
Smaller is better

Level       A        B        C        D
1        -19.40   -20.19   -18.74   -20.92
2        -20.28   -19.49   -20.93   -18.75
Delta      0.88     0.70     2.19     2.17
Rank       3        4        1        2

Response Table for Means

Level       A        B        C        D
1         9.313   10.563    8.688   11.375
2        10.688    9.438   11.313    8.625
Delta     1.375    1.125    2.625    2.750
Rank       3        4        2        1
```

(1) 본 실험에서 특성치의 종류는 무엇인가? 망소, 망대, 망목 중에서 선택하시오.

(2) SN비를 기준으로 중요인자의 순서를 나열하시오.

(3) 최적조건은 무엇인가?

(4) 최적조건의 설정기준은 무엇인가?

68. 다구찌 실험의 예측 내용이다. 물음에 답하시오.

```
Taguchi Analysis: N1y1, N1y2, N2y1, N2y2
              versus A, B, C, D
Predicted values

S/N Ratio    Mean    StDev    Log(StDev)
 -15.4204   4.6875   0.773268   0.241744

Factor levels for predictions

A  B  C  D
1  1  1  2
```

```
Predicted values

S/N Ratio    Mean    StDev    Log(StDev)
 -17.5871   7.4375   1.89193    0.624339

Factor levels for predictions

A  B  C  D
1  1  1  1
```

(1) 최적조건은 무엇인가?
(2) 최적조건에서 SN비의 예측값은 얼마인가?
(3) 현재조건에서 SN비는 얼마인가?
(4) SN비의 개선량은 얼마인가?

69 다구찌 실험의 예측 내용이다. 물음에 답하시오.

```
Taguchi Analysis: N1y1, N1y2, N2y1, N2y2
                  versus A, B, C, D
Predicted values

S/N Ratio    Mean      StDev    Log(StDev)
 -15.4204   4.6875    0.773268    0.241744


Factor levels for predictions

A  B  C  D
1  1  1  2
```

```
Predicted values

S/N Ratio    Mean      StDev    Log(StDev)
 -17.5871   7.4375    1.89193     0.624339

Factor levels for predictions

A  B  C  D
1  1  1  1
```

(1) 평균값의 개선량은 얼마인가?
(2) 손실금액의 개선량은 얼마인가?
(3) 최적조건에서의 평균은 얼마인가?
(4) 이후에 어떤 실험을 해야 하는가?

70 실험계획 (DOE : 2^N → RSM 설계) 문제의 세션창 결과물이다.

```
Response Surface Regression: y versus Block, A, B, C

The analysis was done using coded units.

Estimated Regression Coefficients for y

Term        Coef     SE Coef      T        P
Constant   7.03125   0.4830    14.559    0.000
Block      0.03125   0.2415     0.129    0.899
A          0.45833   0.2415     1.898    0.075
B          1.29167   0.2415     5.349    0.000
C          1.37500   0.2415     5.694    0.000
A*A       -0.50000   0.2415    -2.071    0.054
B*B       -0.62500   0.2415    -2.588    0.019
C*C       -0.87500   0.2415    -3.623    0.002
A*B        0.43750   0.2958     1.479    0.157
A*C       -0.18750   0.2958    -0.634    0.535
B*C       -0.06250   0.2958    -0.211    0.835

S = 1.183    R-Sq = 83.5%    R-Sq(adj) = 73.8%
```

(1) 중요한 인자를 선별하시오.

(2) 블록(Block)은 왜 생기는가?

(3) 방정식의 차수는 어떻게 되는가?

(4) 어떤 경우에 적용하는 실험인가?

SIX SIGMA

MINITAB

4부
모의고사

1장 GB용 모의고사 50문항
2장 BB용 모의고사 80문항
3장 MBB용 모의고사 92문항

4부 모의고사

벨트 후보자별 모의고사 문제는 제1, 2, 3부의 주관식 문제, 객관식 문제 및 미니탭 문제에서 다룬 2,080 문항의 문제은행에서 랜덤하게 추출하여 구성했다. 50문항 내외의 GB용 모의고사, 80문항 내외의 BB용 모의고사, 90문항 내외의 MBB용 모의고사로 구분하여 문제를 제시한다.

4부 모의고사는 GB, BB, MBB 시험을 앞둔 수험생이 문제 유형을 파악하고, 스스로의 능력을 점검하기 위하여 개발되었다. 시험 관리자는 미니탭의 Random data 기능을 이용하여 문제 유형별 배정된 문항 수를 선별하도록 한다. 단, 2회 연속 동일 문제가 출제되는 것은 피한다.

1장 GB용 모의고사는 객관식 문제와 미니탭 해석문제인 그래프 해석과 세션창 해석 중심으로 다루고 있으므로 컴퓨터를 활용하지 않는 지필시험으로 가능하도록 구성되어 있다. 6시그마의 전체적인 개념 파악과 이해를 위해 객관식 문제 중심으로 구성했다.

2장 BB용 모의고사는 GB용 모의고사 문제에 미니탭 실행 문제를 포함하여 데이터 해석을 위한 미니탭 실행능력을 파악할 수 있도록 구성했다. 본 시험을 위해서는 미니탭이 내장된 컴퓨터가 필요하며, 제공되는 예제 데이터를 실행하여 직접 해답을 찾는 능력을 검증하는 것이다. 답안지 작성 형식은 컴퓨터를 이용하여 문서로 만들고 미니탭 실행 기록을 남기는 것으로 한다.

3장 MBB용 모의고사는 BB용 모의고사 문제에서 미니탭 해석문제는 제외하고 주관식 문제를 추가하여 6시그마의 전문가적 능력을 검증하도록 구성했다. 특히, 미니탭 실행문제는 몇 가지 문제를 조합하여 종합적이고 체계적인 해결능력을 검증하도록 했다. 본 시험을 위해서는 미니탭이 내장된 컴퓨터가 필요하며, 답안지 작성 형식은 지필시험 또는 컴퓨터를 이용하여 문서로 만들 수 있으나, 지필시험을 추천한다.

이것은 향후 추진 사무국에서 GB, BB 및 MBB 시험을 위한 출제기준으로 활용해도 손색이 없을 것이다.

1장 GB용 모의고사

> ▷ 문제의 구성 : 2부 객관식 문제,
>
>   3부 미니탭 메뉴 문제,
>
>   그래프 해석 문제,
>
>   세션창 해석 문제
>
> ▷ 시험 시간 : 60분 (휴식 없음)
>
> ▷ 답안작성 형식 : 지필시험

    문제의 구성은 2부 객관식 문제 30여 문항, 3부 미니탭 문제 중 미니탭 메뉴, 그래프 해석, 세션창 해석 문제 20여 문항 등 총 50여 문항으로 구성되어 있다.

    시험시간은 중간휴식 없이 60분으로 하며, 답안지 작성 형식은 나누어 준 시험지에 직접 답안을 작성하는 지필시험으로 하고, 배점기준에 따라 100점 만점으로 채점한다.

    GB 시험을 준비 중인 수험생은 본 모의고사의 해답을 간단히 메모하여 정답과 비교해 볼 수 있다.

    모의고사는 GB Test를 위한 사전 학습개념에서 스스로를 점검하고, 6시그마 능력을 배양하고 미니탭 활용 통계자료 분석능력을 높이기 위해 개발된 것이다.

≪GB 시험문제의 구성≫

	문제유형		문제 수	1문제당 문항 수	전체 문항 수	GB 모의고사		
						문항	배점	점수
1	도입	주관식	250	1	250	–	–	–
2	객관식	O, X형	16	8	128	8	2	16
3		단답형	25	5	125	10	2	20
4		선다형	247	1	247	10	2	20
5	미니탭	미니탭 실행	100	4~6	500	–	–	–
6		미니탭 메뉴	70	3~4	240	7	2	14
7		그래프 해석	90	3~4	330	8	2	16
8		세션창 해석	70	3~4	260	7	2	14
	합계		868	–	2,080	50	–	100

　모의고사 문제는 문제은행에서 랜덤하게 선택되어 50문항 내외 출제된다. 시험 관리자는 미니탭의 Random data 기능을 이용하여 문제 유형별 배정된 문항 수를 선별하도록 한다. 단, 2회 연속 동일 문제가 출제되는 것은 피한다.

문제유형 : O, X형   GB 모의고사

 다음 각 문항이 옳은지 틀린지를 O, X로 표기하시오.

( )　가설 검정에 있어서 통계적 유의성을 판단하기 위해 통상적으로 신뢰 수준 95%, 유의 수준 5%를 사용한다.

( )　장기간에 걸쳐 자료를 수집하면, 단기 및 장기의 능력은 1.5시그마 정도의 차이가 난다고 한다.

( )　평균의 이동(Shift)을 발생시키는 요인으로 개선 대상인 변동은 군내변동(variation within subgroup)이다.

( )　관리도에서 많이 사용하는 I-MR 관리도는 관리도의 종류 중 이산형 관리도에 해당한다.

( )　Cp 값과 Cpk 값이 같다는 것은 평균의 문제는 없고 산포의 문제가 존재할 수 있음을 뜻한다.

( )　Gage R&R 에서의 재현성(Reproducibility)은 사람에 대한 문제이다.

( )　가설검정에서 통상 P-Value가 0.05 보다 작으면 귀무가설을 기각한다.

( )　고객에게 영향이 큰 제품이나 서비스의 품질 특성을 인자(factor)라고 하며, 6시그마의 개선 대상이다.

문제유형 : 단답형 GB 모의고사

2 가설검정을 위한 Test 종류이다. 빈칸을 채우시오.

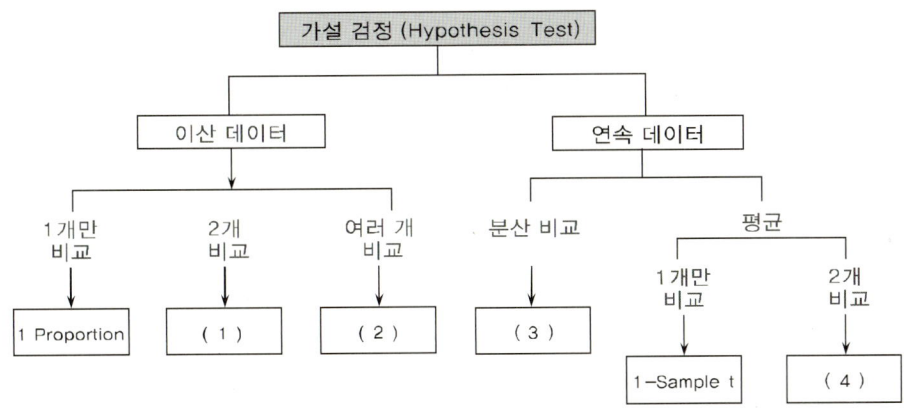

- P-Value : 두 샘플이 같은 모집단에서 추출될 확률. 귀무가설을 기각하는 최소 확률.
- P-Value > 0.05 : (5   )가설 채택 ☞ "모수(평균,분산)에 대해서, 그 모집단에는 차이가 없다."
- P-Value < 0.05 : (5   )가설 기각 ☞ "모수(평균,분산)에 대해서, 그 모집단에는 차이가 있다."

3 다음 각 문항에 적합한 Tool을 도구상자에서 고르시오.

(1) 보일러사업부는 용량별(특/대/중/소) 불량율을 비교하고자 한다. (   )
(2) 석유부에서 주유 대기시간과 세차 대기시간 중 어느 대기시간이 상대적으로 긴지 분석하여 개선 대책을 마련하고자 한다. (   )
(3) 기계부는 작년에 전체의 매출 채권 중 5%의 불량 채권이 발생했다. 올해는 불량채권 방지 대책을 시행하여 1분기 동안 100건의 채권 중 단 1건만 불량채권이 발생했다. (   )
(4) 본사에서는 직원들의 출근과 퇴근에 걸리는 시간의 크기를 비교하고자 한다. (   )
(5) 세차 불량건수가 안정적으로 유지 관리되는지 알고자 한다. (   )

〈도구상자〉
A. 1 Proportion   B. 2 Proportions   C. NP 관리도   D. I-MR 관리도
E. 회귀분석   F. Histogram   G. 상관분석   H. Chi-Square
I. 1-Sample t   K. 2-Sample t   L. Pareto   M. Box plot

문제유형 : 선다형　　　　　　　　　　　　　　　　　GB 모의고사

4 6시그마 벨트(Belt) 구조에 대한 설명으로 틀린 것은?

(1) 벨트 구조는 GB-BB-MBB-Champion으로 구성되어 있다
(2) FEA는 프로젝트의 재무성과를 검증한다
(3) MBB는 개선 팀의 팀원으로 프로젝트에 참여한다
(4) 벨트 구조는 태권도장의 띠와 유사한 개념이다

5 1.5 shift와 관련이 없는 것은?

(1) 장기와 단기의 공정능력 차이이다
(2) 6시그마 = 3.4PPM은 단기능력이다
(3) 공정이 이상적인 상태에 있을 때 짧은 기간의 능력을 단기능력이라 한다
(4) 장기간에 걸쳐 실질적인 능력을 장기능력이라 한다

6 NGT(명목그룹기법)에서 우선순위 결정방법 중 틀린 것은?

(1) 7장의 카드 중에서 가장 중요한 것을 골라 7이라고 기록한다
(2) 나머지 6장 중에서 다음으로 중요한 것에 6-5-4-3-2-1 순으로 점수를 부여한다
(3) 점수가 높은 항목을 우선순위로 정한다
(4) 점수가 동일한 경우 투표자가 많은 항목을 우선순위로 선정한다

7 수율의 종류에 대한 설명이다. 틀린 것은?

(1) First Time Yield (FTY) : 개별공정의 재작업 없는 수율
(2) Rolled Throughput Yield (RTY) : 하나의 제품이 전 공정을 단 한 개의 불량도 없이 합격될 확률
(3) Normalized Yield (정규 수율) : 연속되는 공정의 평균 수율
(4) RTY는 평균 수율보다 높으므로 평균 수율을 기준으로 시그마수준을 산정한다

문제유형 : 선다형 GB 모의고사

8. 이산형 데이터의 시그마수준 산정시 기회(Opportunity)를 고려하는 이유는?

(1) 이항분포의 특성을 반영하기 위하여
(2) 정규분포의 특성을 반영하기 위하여
(3) 프로세스의 복잡성을 반영하기 위하여
(4) 서브 프로세스를 반영하기 위하여

9. 연속형 데이터의 시그마수준 산정을 위해 거쳐야 하는 절차로 올바른 것은?

(1) 정규성 검정 – 관리상태 검정 – 시그마수준 산정
(2) 관리상태 검정 – 정규성 검정 – 시그마수준 산정
(3) 관리상태 검정 – 데이터 변환 – 시그마수준 산정
(4) 정규성 검정 – 데이터 변환 – 시그마수준 산정

10. 운전경력과 연비와의 관계를 알아보기 위해 데이터를 수집했다. 가능한 분석절차가 아닌 것은?

(1) 회귀분석   (2) Correlation
(3) 2 Variances   (4) Scatter Plot (산점도)

11. AHP에 대한 설명으로 틀린 것은?

(1) Analytical Hierarchy Process의 약어이다
(2) 합리적인 의사결정을 지원하기 위해 1970년대 초반에 Thomas L. Saaty가 개발했다
(3) 의사결정에 필요한 정보는 평가기준과 대안을 기준으로 계층적으로 분해한다
(4) 정성적 평가기준을 비교하여 가중치와 우선순위를 도출한다

문제유형 : 선다형

GB 모의고사

12. On-line SPC와 Off-line SPC에 대한 설명으로 맞는 것은?

(1) 공정을 모니터링 하다가 이상신호 발생시 원인의 명확성 여부에 따라 On-line SPC 또는 Off-line SPC를 선택한다
(2) 이상신호의 원인이 명확한 경우 Off-line SPC 활동으로 해결한다
(3) 이상신호의 원인이 불명확한 경우 On-line SPC 활동으로 해결한다
(4) 이상신호의 원인이 불명확한 경우 곧바로 공정을 조정한다

13. 관리도의 변동은 이상변동과 우연변동으로 구분한다. 이상변동에 해당하는 것은?

(1) 예측한계 내에서 프로세스를 관리하게 한다
(2) 예측이 불가능하고 관리할 수 없다
(3) 특정한 프로세스에 대해 예상된 변동이다
(4) 시간에 따라 프로세스에서 우연히 발생하는 변동이다

문제유형 : 미니탭 메뉴　　　　　　　　　　GB 모의고사

14 Graphical Summary의 미니탭 메뉴이다. 물음에 답하시오.

Stat 〉 Basic Statistics 〉 Graphical Summary

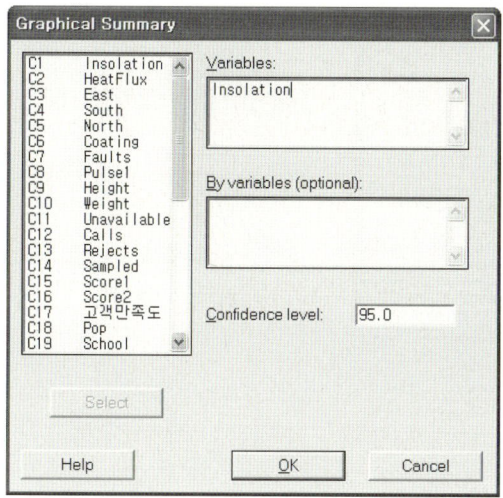

(1) 무엇을 알기 위한 분석인가?

(2) 'Confidence level : 95.0' 의 의미는?

(3) 자료의 종류는 무엇인가? (연속형/이산형)

15 2 Proportions 검정의 미니탭 메뉴이다. 물음에 답하시오.

Stat 〉 Basic Statistics 〉 2 Proportions

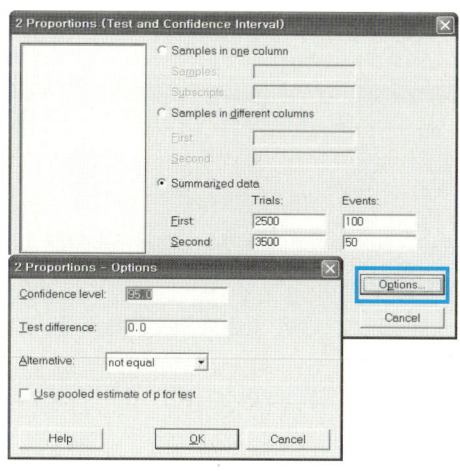

(1) 무엇을 알기 위한 검정인가?

(2) 귀무가설(H0)을 세우시오.

(3) 대립가설(H1)을 세우시오.

(4) 두 자료의 불량률 중 어느 것이 더 높은가?

문제유형 : 그래프 해석　　　　　　　　　　　　　GB 모의고사

16 ○○라인의 생산성 Data를 미니탭을 이용하여 다음과 같은 기술통계 자료를 얻었다.

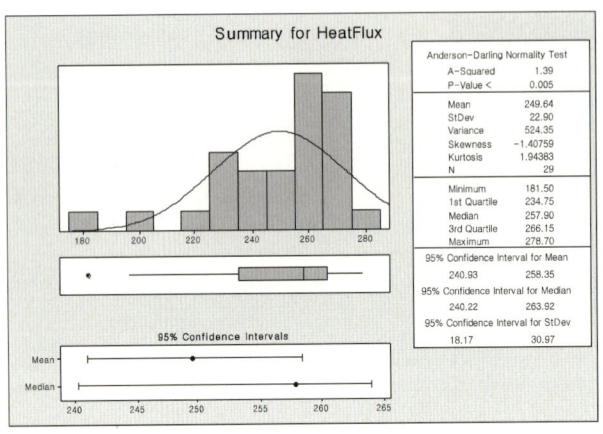

(1) 이 분포는 정규분포인가?

(2) 평균값은 얼마인가?

(3) 표준편차는 얼마인가?

(3) 모집단 표준편차의 95% 신뢰구간은?

17 부분군(Subgroup) n=5으로 장기간 수집한 자료를 이용하여 시그마 수준을 계산한 것이다.

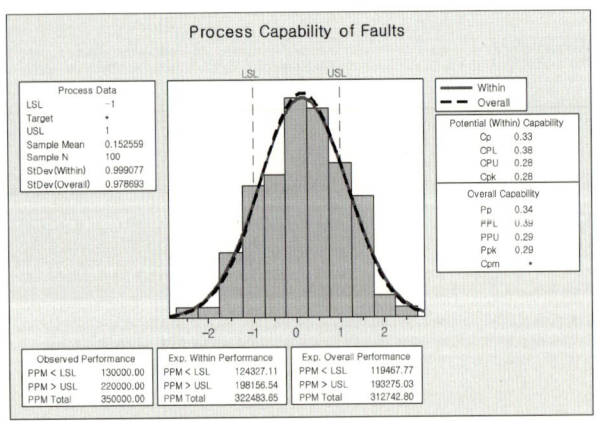

(1) 장기 시그마수준은 얼마인가?

(2) 규격(Spec.)은 얼마인가?

(3) 시그마수준 향상을 위해 무엇을 해야 하는가?

(4) 공정능력 산정 전에 수행되어야 할 검정은 무엇인가?

문제유형 : 세션창 해석   GB 모의고사

18. 다음은 새로운 방법이 향상되었는지 미니탭으로 분석한 자료이다.

```
One-Sample T: East
Test of mu = 35 vs not = 35


Variable   N    Mean   StDev  SE Mean       95% CI         T     P
East      29  35.0966  1.4170  0.2631  (34.5576, 35.6355)  0.37  0.716
```

(1) 위 문제의 귀무가설(H0)과 대립가설(H1)을 세우시오.

(2) 분석 결과는 어떻게 되는가? (Reject H0 or Accept H0)

(3) 95% 신뢰구간은 얼마인가?

19. 미니탭을 이용하여 회귀분석을 실시하여 다음의 결과를 얻었다.

```
Regression Analysis: Height versus Weight

The regression equation is
Height = 51.2 + 0.121 Weight

Predictor      Coef     SE Coef      T       P
Constant      51.157     1.481     34.55   0.000
Weight        0.12098    0.01007   12.02   0.000

S = 2.28010   R-Sq = 61.6%   R-Sq(adj) = 61.2%

Analysis of Variance

Source          DF      SS       MS       F       P
Regression       1    750.63   750.63   144.38   0.000
Residual Error  90    467.90     5.20
Total           91   1218.53
```

(1) 회귀식을 쓰시오.

(2) 회귀식은 통계적으로 유의한가?

(3) 회귀식의 통계적 유의성을 판단하는 기준은 무엇인가?

(4) 대립가설(H1)을 세우시오.

2장 BB용 모의고사

> ▷ 문제의 구성 : 2부 객관식 문제,
>
>   3부 미니탭 실행 문제,
>
>   미니탭 메뉴 문제,
>
>   그래프 해석 문제,
>
>   세션창 해석 문제
>
> ▷ 시험 시간 : 120분 (휴식 1회)
>
> ▷ 답안작성 형식 : 컴퓨터 문서

문제의 구성은 2부 객관식 문제 40여 문항, 3부 미니탭 문제 중 미니탭 실행, 미니탭 메뉴, 그래프 해석, 세션창 해석 문제 40여 문항 등 총 80여 문항으로 구성되어 있다.

  시험시간은 중간 휴식 1회를 포함하여 120분으로 하며, 답안지 작성 형식은 컴퓨터 문서로 하고 미니탭 실행 기록을 포함하도록 하고, 배점기준에 따라 100점 만점으로 채점한다.

  BB 시험을 준비 중인 수험생은 본 모의고사의 미니탭 문제를 반드시 풀어볼 것을 권한다.

모의고사는 BB Test를 위한 사전 학습개념에서 스스로를 점검하고, 6시그마 능력을 배양하고 미니탭 활용 통계자료 분석능력을 높이기 위해 개발된 것이다.

≪BB 시험문제의 구성≫

	문제유형		문제 수	1문제당 문항 수	전체 문항 수	BB 모의고사		
						문항	배점	점수
1	도입	주관식	250	1	250	−	−	−
2	객관식	O, X형	16	8	128	16	1	16
3		단답형	25	5	125	10	1	10
4		선다형	247	1	247	14	1	14
5	미니탭	미니탭 실행	100	4~6	500	20	2	40
6		미니탭 메뉴	70	3~4	240	3	1	3
7		그래프 해석	90	3~4	330	10	1	10
8		세션창 해석	70	3~4	260	7	1	7
	합계		868	−	2,080	80	−	100

모의고사 문제는 문제은행에서 랜덤하게 선택되어 80문항 내외 출제된다. 시험 관리자는 미니탭의 Random data 기능을 이용하여 문제 유형별 배정된 문항 수를 선별하도록 한다. 단, 2회 연속 동일 문제가 출제되는 것은 피한다.

문제유형 : O, X형

BB 모의고사

1 다음 각 문항이 옳은지 틀린지를 O, X로 표기하시오.

( )　평균의 이동(Shift)을 발생시키는 요인으로 개선 대상인 변동은 군간변동 (variation between subgroup)이다.

( )　문제를 해결하는 과정에서 논리적 사고의 촉진 및 폭 넓은 아이디어를 창출할 수 있는 도구로 주요항목을 Tree 형태로 분해한 것을 논리나무(Logic Tree)라고 한다.

( )　Cpk 값이 0이면 불량률은 500,000PPM 이상이다.

( )　측정시스템의 신뢰성을 검증하는 Gage R&R에서의 반복성(Repeatability)은 사람에 대한 문제이다.

( )　분석단계에서 소수의 핵심변수를 Trivial Many라고 부른다.

( )　고객에게 영향이 큰 제품이나 서비스의 품질 특성을 CTQ라고 하며, 6시그마의 개선 대상이다.

( )　분석단계에서 그래프 분석 결과, 문제 개선과 관련하여 즉시 조치해야 할 내용도 개선단계로 미룬다.

( )　상관관계가 없다는 것은 두 변수가 아무런 관계가 없다는 것을 의미한다.

문제유형 : O, X형   BB 모의고사

2. 다음 각 문항이 옳은지 틀린지를 O, X로 표기하시오.

( )   측정시스템 분석에서 동일한 작업자가 동일한 부품을 동일한 계측기로 반복 측정할 때 얻어지는 변동을 재현성이라고 한다.

( )   1.5 shift는 장기능력과 단기능력의 차이이다.

( )   원인변수 항목 중 즉시 개선(Quick-action) 항목은 개선 단계 이전이라도 개선을 실시한다.

( )   두 변수 간에 어떤 관계가 있는지 알아보는 분석방법은 공정능력 분석이다.

( )   비모수검정은 자료가 비정규분포일 때 적용하며, 비율검정은 이산형 자료일 때 적용하는 것이다.

( )   CNX 분류는 잠재원인 변수를 관리의 용이성 등의 기준으로 C, N, X로 분류하는 것이다. C 항목은 Control의 약어로 CTQ Y에 미치는 영향을 측정할 수 있을 정도로 쉽게 변화를 줄 수 있는 입력 변수이다.

( )   산포는 작을수록 좋다.

( )   정규분포는 표준편차가 곡선의 모양을 결정한다. 즉, 표준편차의 값이 크면 곡선은 평평해지고, 표준편차 값이 작으면 좁고 높아진다.

문제유형 : 단답형　　　　　　　　　　　　　　　　　　BB 모의고사

3 다음 각 문항에 적합한 Tool을 도구상자에서 고르시오.

(1) 고등학생의 키와 몸무게의 관계식을 구하고자 한다.(　　)
(2) A, B 주유소의 세차 대기시간을 상자의 크기로 비교 하고자 한다. (　　)
(3) 직원들의 거주지를 분류하여 어느 지역에 많이 살고 있는지 알고 싶다. (　　)
(4) 건설사업부에서 두 현장의 공정율을 비교하고 싶다.(　　)
(5) 주유 대기시간이 정규분포인지 분석하고자 한다. (　　)

〈도구상자〉

A. 1 Proportion　　B. 2 Proportions　　C. NP 관리도　　D. I-MR 관리도
E. 회귀분석　　　　F. Histogram　　　　G. 상관분석　　　H. Chi-Square
I. 1-Sample t　　　K. 2-Sample t　　　　L. Pareto　　　　M. Box plot

4 시그마수준 산정방법에 대한 설명이다. 빈칸에 적합한 미니탭 명령어를 채우시오.

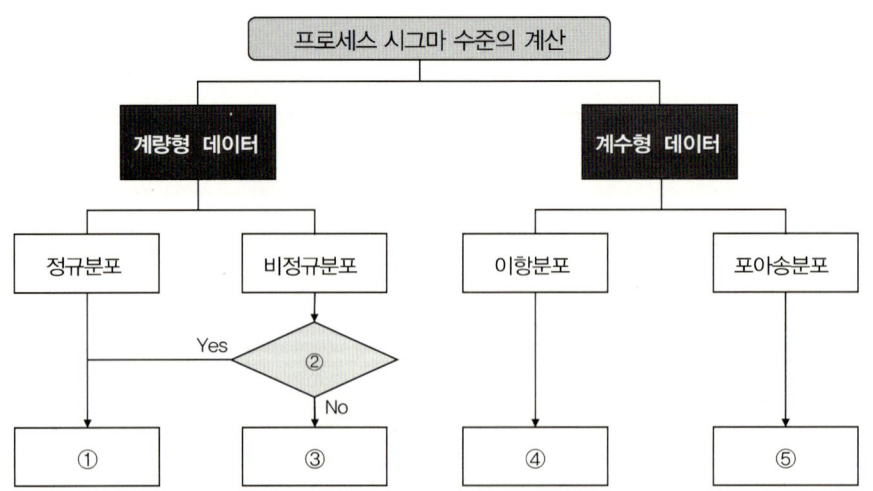

문제유형 : 선다형　　　　　　　　　　　　　　　　BB 모의고사

5. 다음 중 6시그마 품질수준을 가장 잘 나타낸 것은 무엇입니까? (단, 1.5 시그마 변동을 고려할 경우)

(1) 100PPM　　(2) 99%　　(3) 무결점　　(4) 3.4 DPMO

6. 6시그마 수준의 회사의 모습에 대한 설명 중 맞지 않는 것은?

(1) 99% 품질 수준을 목표로 관리하는 회사　　(2) 프로세스를 중점적으로 관리하는 회사
(3) 3.4PPM 수준의 품질을 관리하는 회사　　(4) 무결점 품질을 지향하는 회사

7. 프로젝트 추진의 성공조건과 관계가 없는 것은?

(1) Right Project　　(2) Right People　　(3) Right Presentation　　(4) Right Support

8. 프로세스의 복잡성과 누적수율(RTY)의 설명으로 맞는 것은?

(1) 프로세스가 복잡할수록 누적수율이 높아진다
(2) 프로세스가 복잡할수록 누적수율이 낮아진다
(3) 프로세스가 단순할수록 누적수율이 낮아진다
(4) 프로세스의 복잡성과 누적수율은 관련이 없다

9. 지난 1년간 고객클레임이 2배 증가되어 6시그마 프로젝트를 추진하기로 결정했다. 다음 설명 중 정의단계에서 적합하지 않은 것은?

(1) CTQ는 고객 클레임이다
(2) 과거 3개년 정도의 고객클레임 분석이 필요하다
(3) 고객클레임에 따른 재무효과 분석이 요구된다
(4) 고객클레임의 원인분석이 선결되어야 한다

문제유형 : 선다형 BB 모의고사

10. 다음 설명 중 틀린 것은?

(1) 평균이 같고 분산이 다른 두 정규분포의 모양은 같다.
(2) 하루 동안 고장나는 기계대수는 포아송 분포를 따른다.
(3) 정규성 검정에서 P-Value가 α(일반적으로 0.05)보다 작으면 정규분포가 아니라고 한다.
(4) 분포의 중심위치는 산술평균, 중앙값, 최빈값 등을 사용한다.

11. 데이터 분석 결과 정규성을 따르지 않는 경우, 고려해야 할 사항으로 거리가 먼 것은?

(1) 측정시스템의 신뢰성을 검토한다
(2) 이상점(Outlier)이 있는지 알아본다
(3) 샘플의 크기가 적절한지 확인한다
(4) 정성적 분석을 실시한다

12. 35명의 학급에서 1학기와 2학기 성적 데이터를 수집했다. 가능한 분석절차가 아닌 것은?

(1) Box Plot   (2) 2-Sample t   (3) 2 Variances   (4) Chi-square

13. 다음과 같이 여러 모집단 분산의 동일성 여부를 검정하고자 할 때 사용하는 검정은? H0 : $\sigma_1^2 = \sigma_2^2 = \sigma_3^2 = \cdots = \sigma_n^2$ H1 : 적어도 하나는 다르다.

(1) Correlation   (2) Test for Equal Variances   (3) Normality test   (4) Two-way ANOVA

14. 개선단계에서 많이 사용되는 도구가 아닌 것은?

(1) 프로세스 개선   (2) 창조적 대안 도출   (3) 실험계획법   (4) 측정시스템 분석

문제유형 : 선다형　　　　　　　　　　　　　　　　　BB 모의고사

15 시범적용(Pilot test)의 효과와 거리가 먼 것은?

(1) 문서상으로 나타난 개선안을 현업에 실제로 적용해 볼 수 있는 기회를 제공한다
(2) 선정된 개선안을 좀 더 개선하거나 검증할 수 있다
(3) 비용 관련 문제나 잠재적 문제를 사전에 파악할 수 있다
(4) 문제의 핵심원인을 파악할 수 있다

16 프로세스의 개념 또는 정의와 거리가 먼 것은?

(1) 하나 이상의 입력을 받아들여 고객에게 가치있는 결과를 산출하는 행동들의 집합
(2) 어떤 목적에 이르게 하는 일련의 활동 또는 연속된 작업
(3) 자원 또는 외부고객을 위하여 유용한 결과를 도출하는 것
(4) 측정된 집합의 산포와 중심값에 변동이 발생되었을 때 이를 시각적으로 나타내는 방법

17 관리계획서 작성시 포함되어야 할 항목과 거리가 먼 것은?

(1) 관리 지표　　　　　　　(2) 관리 담당자
(3) 이상발생시 조치사항　　(4) 개선 방법

18 이산형 관리도에 대한 설명으로 틀린 것은?

(1) 모든 이산형 자료에 사용된다
(2) 표본의 크기는 변동적이다
(3) 관리한계선이 변동적일 수 있고, 표본의 크기와 함수 관계이다
(4) 관리도 작성을 위해 많은 표본이 필요하지 않다

문제유형 : 미니탭 메뉴/그래프 해석   BB 모의고사

19 2-Sample t 검정의 미니탭 메뉴이다. 물음에 답하시오.

Stat 〉 Basic Statistics 〉 2-Sample t

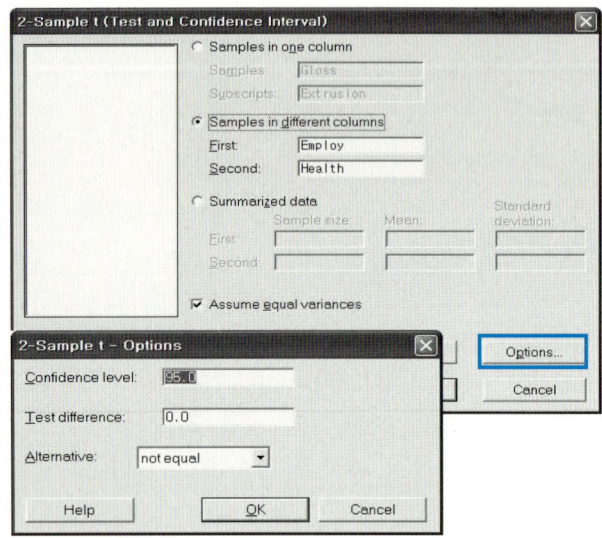

(1) 무엇을 알기 위한 검정인가?

(2) 귀무가설(H0)을 세우시오.

(3) 대립가설(H1)을 세우시오.

(4) 두 변수의 분산이 동일합니까?

20 다음은 어느 공정의 품질특성을 Box plot으로 나타낸 것이다.

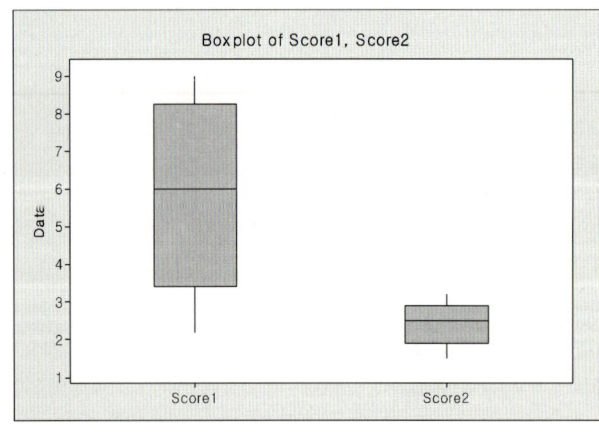

(1) 평균 차이는 있는가?

(2) 산포 차이는 있는가?

(3) 이후의 통계적 검정방법은 무엇인가?

문제유형 : 그래프 해석 BB 모의고사

21. 다음은 1달간의 데이터를 이용하여 분석한 그래프이다.

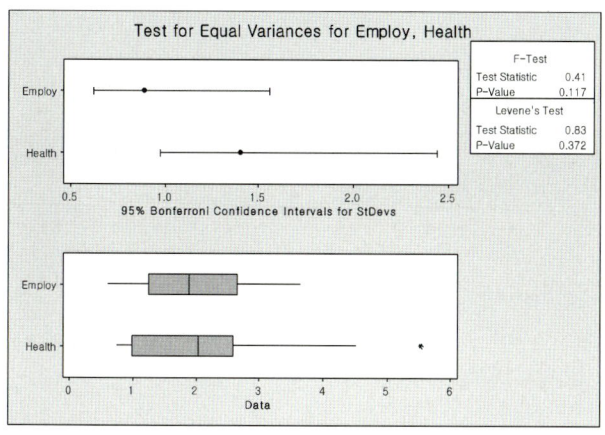

(1) 무엇을 분석하는 그래프인가?

(2) 차이가 있습니까? 아니면 동일합니까?

(3) 분석하고자 하는 것의 차이는 무엇으로 알 수 있는가?

(4) 귀무가설(H0)을 세우시오.

22. 다음은 주유 대기시간에 대한 관리도를 작성한 것이다.

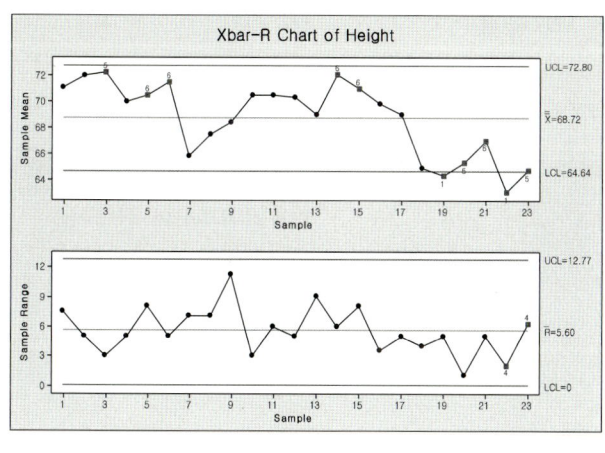

(1) 관리도의 이름은 무엇인가?

(2) 관리상태의 판정방법은 무엇인가?

(3) 산포관리도의 관리한계선을 기술하시오.

문제유형 : 세션창 해석

BB 모의고사

23 다음은 새로운 방법이 향상되었는지 미니탭으로 분석한 자료이다.

```
One-Sample T: East

Test of mu = 35 vs not = 35


Variable   N     Mean    StDev   SE Mean       95% CI           T      P
East       29   35.0966  1.4170  0.2631   (34.5576, 35.6355)   0.37  0.716
```

(1) 위 문제의 귀무가설(H0)과 대립가설(H1)을 세우시오.

(2) 분석 결과는 어떻게 되는가? (Reject H0 or Accept H0)

(3) 95% 신뢰구간은 얼마인가?

24 미니탭을 이용하여 회귀분석을 실시하여 다음의 결과를 얻었다.

```
Regression Analysis: Freshwater versus Marine

The regression equation is
Freshwater = 239 - 0.304 Marine

Predictor     Coef    SE Coef      T      P
Constant     238.80    19.16    12.46   0.000
Marine      -0.30360  0.04781   -6.35   0.000

S = 21.9969    R-Sq = 29.2%    R-Sq(adj) = 28.4%

Analysis of Variance

Source          DF     SS      MS      F      P
Regression       1   19511   19511   40.32  0.000
Residual Error  98   47419     484
Total           99   66929
```

(1) 회귀식을 쓰시오.

(2) 회귀식은 통계적으로 유의한가?

(3) 회귀분석의 설명력은 얼마인가?

(4) 귀무가설(H0)을 세우시오.

문제유형 : 미니탭 실행   BB 모의고사

25. 공정능력 산정 문제 (계수치)
자료: 샘플 크기(Calls), 불량 개수(Unavailable) ; Bpcapa.MTW

(1) 미니탭 명령어는 무엇인가?

(2) 시그마수준은 얼마인가?

(3) 평균 불량률은 얼마인가?

(4) 자료는 관리상태에 있는가?

(5) 자료의 샘플 크기는 동일한가?

Unavailable	Calls
432	1908
392	1912
497	1934
459	1889
433	1922
424	1964
470	1944
455	1919
427	1938
424	1854
410	1937
386	1838
496	2025
424	1888
425	1894
428	1941
392	1868
460	1894
425	1933
405	1862

26. Box-Cox 변환 문제
자료: Marine, 부분군의 크기=5 ; Exh_mvar.MTW

(1) 무엇을 알기 위한 분석인가?

(2) 미니탭 명령어는 무엇인가?

(3) 변환승수(λ)는 얼마인가? 가장 근접한 값을 쓰시오.

(4) 이후의 분석단계를 기술하시오.

(5) 데이터 변환 이후에도 정규성이 성립하지 않으면, 시그마수준을 어떻게 구하는가?

Marine
368
355
469
506
402
423
440
489
432
403
428
372
372
420
394
407
422
423
434
474
...

문제유형 : 미니탭 실행

BB 모의고사

27. 2 Variances 검정 문제
자료: Employ, Health ; Exh_mvar.MTW

Employ	Health
2.265	2.27
0.597	0.75
1.237	1.11
1.649	0.81
2.312	2.50
3.641	4.51
1.244	1.03
2.618	2.39
3.147	5.52
1.606	2.18
2.119	2.83
0.798	0.84
1.336	1.75
2.763	1.91

(1) 무엇을 알기 위한 분석인가?

(2) 미니탭 명령어는 무엇인가?

(3) 분석 결과 어떻게 되는가?

(4) 귀무가설(H0)을 세우시오.

(5) 어느 샘플의 분산이 더 큽니까?

28. I-MR 관리도 문제
자료: 세차 대기시간(Unavailable, 초) ; Bpcapa.MTW

Unavailable
432
392
497
459
433
424
470
455
427
424
410
386
496
404
425
428
392
460
425
405

(1) 미니탭 명령어는 무엇인가?

(2) 데이터의 종류는 무엇인가? (연속형/이산형)

(3) 부분군의 크기는 얼마인가?

(4) 평균(I) 관리도의 관리한계선을 쓰시오.

(5) 관리도를 해석하시오.

3장 MBB용 모의고사

> ▷ 문제의 구성 : 1부 주관식 문제,
>
> 2부 객관식 문제,
>
> 3부 미니탭 실행 문제
>
> ▷ 시험 시간 : 180분 (휴식 2회)
>
> ▷ 답안작성 형식 : 지필시험 (미니탭 포함)

문제의 구성은 1부 주관식 문제 10문항 이내, 2부 객관식 문제 34 문항 이내, 3부 미니탭 문제 중 미니탭 실행 문제 50여 문항 등 총 90여 문항으로 구성되어 있다.

시험시간은 중간 휴식 2회 포함하여 180분으로 하며, 답안지 작성 형식은 나누어 준 시험지에 직접 답안을 작성하는 지필시험으로 하고, 배점기준에 따라 100점 만점으로 채점한다.

MBB 시험을 준비 중인 수험생은 본 모의고사의 주관식 문제의 해설을 직접 기술해 보고, 미니탭 문제는 미니탭 실행으로 풀이해 보기 바란다.

모의고사는 MBB Test를 위한 사전 학습개념에서 스스로를 점검하고, 6시그마 능력을 배양하고 미니탭 활용 통계자료 분석능력을 높이기 위해 개발된 것이다.

≪MBB 시험문제의 구성≫

	문제유형		문제 수	1문제당 문항 수	전체 문항 수	MBB 모의고사 문항	MBB 모의고사 배점	MBB 모의고사 점수
1	도입	주관식	250	1	250	8	2	16
2	객관식	O, X형	16	8	128	16	1	16
3	객관식	단답형	25	5	125	10	1	10
4	객관식	선다형	247	1	247	8	1	8
5	미니탭	미니탭 실행	100	4~6	500	50	1	50
6	미니탭	미니탭 메뉴	70	3~4	240	-	-	-
7	미니탭	그래프 해석	90	3~4	330	-	-	-
8	미니탭	세션창 해석	70	3~4	260	-	-	-
	합계		868	-	2,080	92	-	100

모의고사 문제는 문제은행에서 랜덤하게 선택되어 90문항 내외 출제된다. 시험 관리자는 미니탭의 Random data 기능을 이용하여 문제 유형별 배정된 문항 수를 선별하도록 한다. 단, 2회 연속 동일 문제가 출제되는 것은 피한다.

문제유형 : 주관식　　　　　　　　　MBB 모의고사

1. 산포, 수율 및 시그마수준의 관계를 설명하시오.

2. Big Y 전개에 의한 프로젝트 도출과정을 설명하시오.

3. 장기 및 단기 공정능력의 관계를 설명하시오.

4. 데이터 수집 시 표본추출을 하는 이유를 설명하시오.

5. 귀무가설과 대립가설의 의미 및 관계를 설명하시오.

6. 그래프 분석의 목적은 무엇인가?

7. 창조적 아이디어 도출기법에 대해 설명하시오.

8. 관리와 혁신의 관계에 대하여 설명하시오.

문제유형 : O, X형　　　　　　　　　　　　　　　MBB 모의고사

9. 각 문항이 옳은 지, 틀린 지를 O, X로 표기하시오.

( )　CTQ는 고객에게 중요한 품질특성으로 Critical To Quality의 약어이다.

( )　6시그마 과제는 4~6개월 정도의 기간 동안 진행되며, 문제의 해결책이 이미 알려져 있는 경우에도 이 기간을 준수한다.

( )　측정시스템의 분석은 일반적으로 측정단계에서 필요하며, 관리단계에서는 측정시스템의 분석이 필요하지 않다.

( )　공정능력 산정 또는 가설검정을 위한 데이터 수집시 안정적인 프로세스는 합리적인 부분군의 형성이 중요하다.

( )　품질수준이 높을수록 품질비용(COPQ)은 증가한다.

( )　공정능력은 장기능력과 단기능력으로 구분하며, 일반적으로 장기능력이 단기능력보다 큰 값을 갖는다.

( )　계량치 자료의 공정능력 산정순서는 정규성 검정-관리상태 검정-규격 확인-공정능력 산정 순이다.

( )　가설검정에서 귀무가설이 사실인데 귀무가설을 기각하는 오류를 제 1종 오류라고 하며, 통상 0.05(5%)를 사용한다.

문제유형 : O, X형

MBB 모의고사

10 각 문항이 옳은 지, 틀린 지를 O, X로 표기하시오.

( ) 주요 인자 간의 선형 관계식을 구하기 위해 요인배치 실험을 실시하고, 곡선관계식을 파악하기 위해 반응표면분석을 실시한다.

( ) 인자별 각 수준의 모든 조합을 실험하는 것을 부분 요인배치법(일부실시법)이라 한다.

( ) 중요하지 않은 고차의 교호효과를 블록과 교락시켜 실험의 효율을 높이는 것을 교락(Confounding)이라 한다.

( ) 실험계획에서 해상도는 실험효과들을 완벽하게 분리해 낼 수 있는 정도를 표시하는 것으로 수치가 높을수록 해상도가 높다고 한다.

( ) 비정규분포를 정규분포로 가정하여 공정능력을 구하면 실제능력보다 높게 평가한다.

( ) 교호효과 그래프를 그려보니 직선의 기울기가 급하므로 교호효과가 있다고 판단한다.

( ) 산점도는 점의 배열로부터 변수의 관련성을 파악한다.

( ) 품질비용(COPQ)과 품질수준은 관련이 없다.

문제유형 : 단답형 MBB 모의고사

11. 모집단으로부터 샘플을 추출하는 샘플링 기법이다. 빈칸을 채우시오.

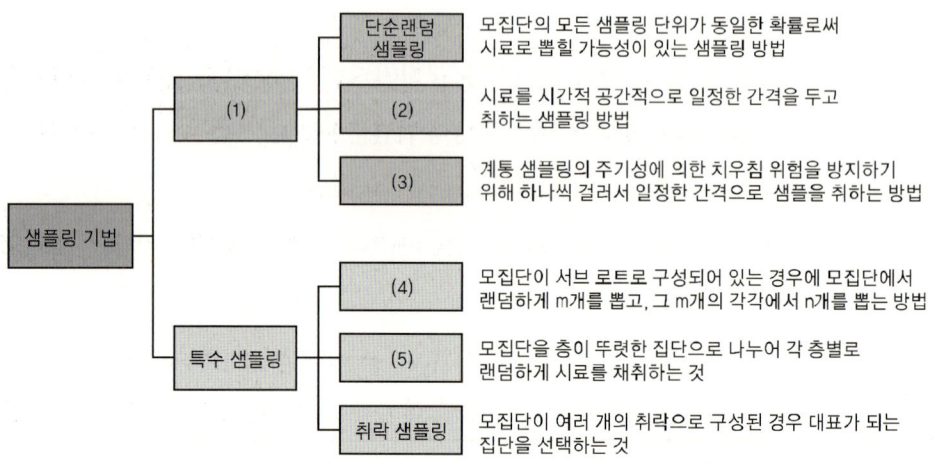

12. 측정시스템 분석에서 관측된 프로세스의 총 변동을 분해한 것이다. 빈칸을 채우시오.

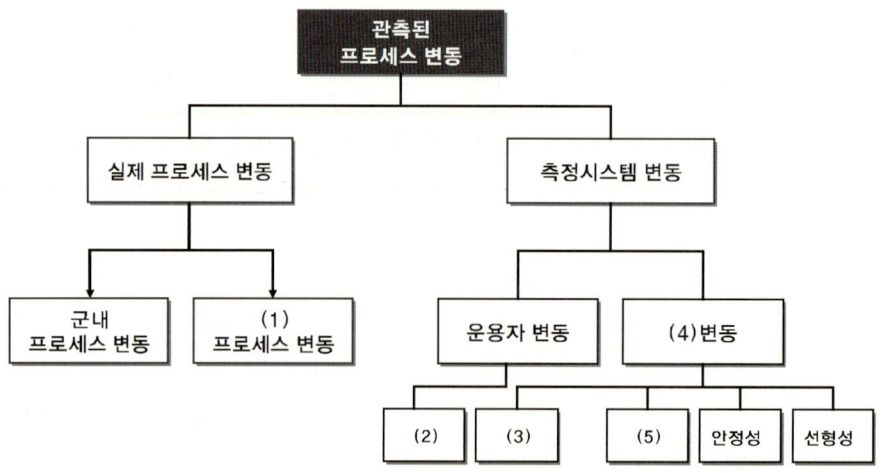

문제유형 : 선다형 MBB 모의고사

13 6시그마 벨트구조에서 각 벨트별 역할정의가 잘못된 것은?

(1) GB는 6시그마 활동에 필요한 기초지식을 바탕으로 프로젝트 팀원으로 참여한다
(2) BB는 프로젝트 실행능력을 보유하고 프로젝트 팀을 이끈다
(3) MBB는 6시그마 전문지식을 전파하고 챔피언을 보좌한다
(4) Champion은 재무평가 전문가로 프로젝트 재무성과의 합의 및 검증한다

14 6시그마 방법론에 대한 설명으로 올바른 것은?

(1) DFSS는 제품 또는 서비스를 설계하는 방법론이다
(2) DMAIC는 제품 또는 서비스를 설계하는 방법론이다
(3) DIDOV는 사무업무의 프로세스를 설계/재설계하는 방법론이다
(4) DMADV는 연구개발 분야에서 신규제품을 개발하는 방법론이다

15 변화에 따라 사람들은 몇 개의 집단으로 분류된다. 설명으로 틀린 것은?

(1) 변화주도 집단과 이들을 추종하는 집단이 있다
(2) 변화반대 집단과 이들을 추종하는 집단이 있다
(3) 나머지 대다수는 변화를 수용하는 집단이다
(4) 나머지 대다수는 중도입장의 집단이다

16 측정지표인 특성치의 종류와 관련이 없는 것은?

(1) 망소 특성   (2) 망중 특성
(3) 망대 특성   (4) 망목 특성

문제유형 : 선다형　　　　　　　　　　　MBB 모의고사

17. 시그마수준을 계산하기 곤란한 경우는?

(1) 장기간의 안정적인 데이터를 수집
(2) 1년 동안 1개의 샘플 수집
(3) 1주일 동안 10개의 샘플 수집
(4) 1일 동안 100개의 샘플 수집

18. 샘플링 시 고려 사항이 아닌 것은?

(1) 샘플이 모집단을 대표하는가?
(2) 샘플이 랜덤하게 추출되었는가?
(3) 데이터가 추출될 확률이 동일한가?
(4) 모집단의 크기가 얼마나 큰가?

19. 분석 도구에 대한 설명 중 틀린 것은?

(1) 평균차이를 검정하고자 할 때 t-검정을 사용한다
(2) 분산차이를 검정하고자 할 때 F-검정을 사용한다
(3) 비율차이를 검정하고자 할 때 카이제곱 검정을 사용한다
(4) 불량율을 검정하고자 할 때 상관분석을 사용한다

20. 실험계획법의 그래프 효과에 대한 해석으로 올바른 것은?

(1) 주효과의 기울기가 완만하면 효과가 크다고 판단한다
(2) 교호작용의 기울기가 완만하면 효과가 크다고 판단한다
(3) 교호작용의 그래프가 평행하면 교호작용이 존재하지 않는다
(4) 교호작용의 기울기가 완만하면 교호작용이 존재하지 않는다

문제유형 : 미니탭 실행

MBB 모의고사

21. 공정능력 산정 문제 (Poisson)

자료: 샘플 크기(Length), 결점 개수(Weak Spots) ; Bpcapa.MTW

Weak Spots	Length
2	132
4	130
3	120
1	124
2	138
5	148
2	101
5	102
4	124
1	119
6	120
3	123
3	101
6	121
1	133
4	138
...	...

(1) 무엇을 알기 위한 분석인가?

(2) 포아송분포의 공정능력 산정절차를 나열하시오.

(3) 공정능력 도구를 실행한 후, 물음에 답하시오.
   미니탭 명령어 :
   평균 결함률 :   관리상태 판정 :

(4) 수율을 계산 후, 물음에 답하시오.
   계산공식 :   수율 :

(5) Z-value를 계산한 후, 물음에 답하시오.
   미니탭 명령어 :   Z-value :

22. One-way ANOVA 문제 (Unstack 상태)

자료: East, South, North, Time ; Exh_regr.MTW

East	South	North	Time
33.53	40.55	16.66	13.20
36.50	36.19	16.46	14.11
34.66	37.31	17.66	15.68
33.13	32.52	17.50	10.53
35.75	33.71	16.40	11.00
34.46	34.14	16.28	11.31
34.60	34.85	16.06	11.96
35.38	35.89	15.93	12.58
35.85	33.53	16.60	10.66
35.68	33.79	16.41	10.85
35.35	34.72	16.17	11.41
35.04	35.22	15.92	11.91
34.07	36.50	16.04	12.85
32.20	37.60	16.19	13.58
34.32	37.89	16.62	14.21
31.08	37.71	17.37	15.56
35.73	37.00	18.12	15.83
34.11	36.76	18.53	16.41
34.79	34.62	15.54	13.10
35.77	35.40	15.70	13.63
...	...	...	...

(1) 무엇을 알기 위한 분석인가?

(2) 미니탭 명령어는 무엇인가?

(3) 분석결과 어떻게 되는가?

(4) 어느 변수의 평균이 가장 작은가?

(5) 귀무가설(H0)을 세우시오.

문제유형 : 미니탭 실행　　　　　　　　　　　　　　MBB 모의고사

23. Gage R&R 문제 (계량치)

자료: 부품(Part), 평가자(Operator), 측정값(Measurement), Tolerance=10 ; Gageaiag.MTW

(1) 무엇을 알기 위한 분석인가?

(2) 미니탭 명령어는 무엇인가?

(3) 부품과 측정자 간에 교호작용이 존재하는가?
교호작용 존재 유무 :
판단기준 :
교호작용 없는 경우 분석방법 :

(4) 판단지표를 나열하고, 결론을 내리시오.
판단지표 :
결론 :　　　　　판단지표들 간 상충 시 최종결론 :

(5) 부적합 판정을 받으면, 어떤 조치가 필요한가?

Part	Operator	Measurement
1	A	0.29
1	A	0.41
1	A	0.64
2	A	−0.56
2	A	−0.68
2	A	−0.58
3	A	1.34
3	A	1.17
3	A	1.27
4	A	0.47
4	A	0.50
4	A	0.64
5	A	−0.80
5	A	−0.92
5	A	−0.84
6	A	0.02
...		

24. 회귀분석 문제 (선형방정식)

자료: Pulse1 (Y축), Weight (X축) ; Pulse.MTW

(1) 회귀방정식을 쓰시오.

(2) 회귀방정식은 통계적으로 유의한가?

(3) 회귀식의 통계적 유의성의 판단기준은 무엇인가?

(4) 회귀방정식의 설명력은 얼마인가?

(5) 귀무가설(H0)을 세우시오.

Pulse1	Weight
64	140
58	145
62	160
66	190
64	155
74	165
84	150
68	190
62	195
76	138
90	160
80	155
92	153
68	145
60	170
62	175
66	175
70	170
68	180
72	135
...	...

문제유형 : 미니탭 실행   MBB 모의고사

25. 실험계획 (DOE : 완전 요인설계) 문제
자료: 2인자, 3회 반복 (자료 : 10 6 8 4; 8 6 10 6; 8 8 10 6)

Full 2
10
6
8
4
8
6
10
6
8
8
10
6

(1) 실험의 목적은 무엇인가?

(2) 1차 분석을 수행한 후, 다음 물음에 답하시오.
　　중요한 인자 :　　　　　풀링 대상 :

(3) 2차 분석을 수행한 후, 다음 물음에 답하시오.
　　선형방정식 :　　　　　대립가설(H1) :

(4) 최적화를 실행한 후, 다음 물음에 답하시오. (Maximize, Lower=5, Target=10)
　　최적조건 :　　　　　최적값 :

(5) 요인배치 실험결과 목표달성의 경우 다음 단계는?

26. Xbar-R 관리도 문제
자료: 키(Height), 부분군의 크기=4 ; Pulse.MTW

Height
66.00
72.00
73.50
73.00
69.00
73.00
72.00
74.00
72.00
71.00
74.00
72.00
70.00
67.00
71.00
72.00
69.00
73.00
74.00
66.00
...

(1) 미니탭 명령어는 무엇인가?

(2) 데이터의 종류는 무엇인가? (연속형/이산형)

(3) 관리도의 해석순서는 어떻게 되는가?

(4) 산포 관리도의 관리한계선을 쓰시오.

(5) 관리도를 해석하시오.

문제유형 : 미니탭 실행　　　　　　　　　　　　　　MBB 모의고사

27. 실험계획 (DOE : Taguchi 설계_망대특성) 문제
　　자료: 특성치(Driver, Iron) ; Golfball.MTW

Driver	Iron
247.5	234.3
224.4	214.5
59.4	9.5
75.9	72.6
155.1	148.5
39.6	29.7
92.4	82.5
21.9	18.6

(1) 인자를 분류하시오.

　　제어인자 :
　　잡음인자 :

(2) 분석을 수행하고, 다음 물음에 답하시오.

　　최적조건 :
　　영향이 가장 큰 인자 :

(3) 최적조건에서 특성치를 예측하고, 다음 물음에 답하시오.

　　현재의 SN 비 :
　　최적조건의 예측값 :

(4) SN비와 손실금액의 개선량을 구하시오.

　　SN비 개선 :
　　손실금액 개선 :

(5) 최적조건에서 평균 비거리는 얼마인가?

5부
정답

1부 주관식 문제   정답
2부 객관식 문제   정답
3부 미니탭 문제   정답
4부 모의고사   정답

5부 정답

1부 주관식 문제 정답

1부 주관식 문제의 정답은 지면 관계상 여기에 싣지 않는다. 대개 1문제당 10줄 내외 설명이 필요하고, 어려운 용어나 개념을 설명하기 위해서는 많은 지면을 사용해야 한다.

주관식 문제의 정답 또는 해설은 2부 객관식 문제 또는 필자의 다른 책 『6시그마 핸드북』을 참고하기 바란다. 인터넷 사용이 용이한 독자는 필자가 운영 중인 블로그를 활용해도 좋다.

블로그 주소: http://blog.naver.com/web24

2부 1장 O, X형 정답

번호	(1)	(2)	(3)	(4)	(5)	(6)	(7)	(8)
1	X	X	X	O	O	X	X	X
2	O	O	X	X	O	O	O	X
3	O	O	O	X	X	O	X	X
4	O	O	X	X	O	O	X	X
5	O	X	X	X	X	X	O	O
6	X	O	X	O	X	O	X	O
7	O	X	X	O	O	X	O	X
8	O	O	O	O	X	O	X	X
9	X	O	O	X	O	X	O	O
10	O	O	O	X	O	O	O	O
11	X	O	O	O	O	O	O	O
12	O	X	O	O	O	O	X	O
13	O	O	X	O	O	X	X	O
14	O	X	X	X	X	O	X	O
15	O	X	O	O	X	X	O	X
16	O	O	X	O	O	O	X	X

2부 2장 단답형 정답

번호	(1)	(2)	(3)	(4)	(5)
1	2 Proportions	Chi-square	2 Variances	2-Sample t	귀무
2	1/1	(1/20)**(1/3)	이동성이 경제성보다 5만큼 중요	4/1	우선순위 선정
3	Xbar-R	I-MR	P	NP	C
4	Normal	Box-Cox 변환	Non-normal	Binomial	Poisson
5	실험계획법	대안	브레인스토밍	AHP	프로세스 재설계
6	랜덤	계통	지그재그	이단계	층별
7	군간	재현성	반복성	게이지	정확성
8	대립	분산	〉	〈	단측
9	기본	성과	환희	기능, 서비스	연비
10	랜덤성	정규성	등분산성	Normality test	2 Variances
11	M	I	D	A	C
12	QFD	KANO 분석	1/10	1	SMART
13	군간	합리적인 부분군	Cp, Pp	반복성	단순랜덤
14	G	K	I	L	F
15	C	M	E	C	B
16	E	M	L	B	F
17	A	A	C	B	D
18	H	K	A	K	C
19	A	B	C	C	D
20	D	A	B	E	C
21	교락	랜덤	직교	반복	블록
22	Pareto	Vital Few	비모수	1.5 Shift	관리(계획)
23	BB	Champion	GB	FEA	MBB
24	제거	자동화	공정	제품	표준작업절차
25	내부적	경쟁사	원천적	Base-line	Stretch Goal

2부 3장 선다형 정답

	번호	1	2	3	4	5	6	7	8	9	10
개요	0	4	1	1	4	2	3	5	3	4	2
	1	2	3	4	2	4	3	4	3	1	3
	2	2	2	1	4	4	4	4	3	4	
정의	0	1	2	4	3	3	4	1	4	4	4
	1	3	4	4	1	5	2	3	4	4	3
	2	2	4	4	2	2	2	3	3	1	3
	3	1	3	2	3	1	4	1	4	4	4
	4	1									
측정	0	1	4	2	1	1	4	4	2	2	2
	1	1	3	4	1	3	1	4	4	3	4
	2	1	3	4	4	1	4	3	3	1	3
	3	3	2	4	3	4	3	3	5	2	4
	4	3	1								
분석	0	3	3	3	2	1	1	4	4	1	4
	1	2	4	1	2	4	3	2	4	4	4
	2	4	1	1	3	4	3	2	4	1	1
	3	1	3	4	3	3	1	4	2	3	3
	4	2	4	4	3	4	4	4	3	3	2
개선	0	4	2	4	4	3	4	4	4	3	4
	1	2	4	4	3	4	4	4	1	4	3
	2	2	3	3	4	4	4	3	3	2	3
	3	3	3	3	3	4	3	4	4	4	3
	4	3	1	4							
관리	0	5	4	1	4	4	4	2	4	3	4
	1	3	4	4	1	3	2	4	4	1	4
	2	4	2	2	4	1	1	4	1	4	4
	3	4	4	2	2	4	4	1	2	3	3
	4	4	2								

3부 1장 미니탭 실행 (연결)

실행	메뉴	그래프	세션
1	1, 2	1, 2	1
2	1, 2	1, 2	2
3	3, 14	3, 26	
4	3, 14	4, 27	
5	5, 3, 65	5, 3, 77	
6	5, 3, 65	6, 3, 78	
7	5, 3, 65	7, 3, 79	
8	6	12	
9	6	13	
10	7, 8	8	15
11	7, 8	9	15
12	9, 10	11, 25	16
13	9, 10	10, 24	16
14	9, 10	10, 24	16
15	11		3
16	11		4
17	11		5
18	12	14	6
19	12	15	7
20	12	16	8
21	12	17	9
22	13	18	
23	13	19	
24	13, 3	20, 4	
25	27, 3, 13	22, 3, 18	
26	27, 3, 13	21, 3, 18	
27	27, 3, 13	23, 4, 20	
28	18	37	10
29	18	38	11
30	19, 16	31	12
31	19, 16	32	13
32	20, 16	33	14

실행	메뉴	그래프	세션
33	41, 19	46	18, 12
34	41, 19	46	17, 13
35	21	39	19
36	21	40	20
37	22		21
38	22		22
39	22		23
40	23		24
41	23		25
42	24		26
43	24		27
44	25		28
45	25		29
46	26	41	30
47	26	42	31
48	30	43	
49	30	44	
50	28	45	33
51	28	45	32
52	29	45	34
53	17, 31	47, 34	
54	17, 31	48, 35	
55	17, 31	49, 36	
56	32	50	
57	32	51	
58	15, 33	28	35
59	15, 33	29	36
60	15, 33	30	37
61	35	52	38
62	34	53	39
63	34	54	40
64	36, 33		41
65	36, 33		42, 35
66	37, 35		43, 38
67	37, 35		44, 38

실행	메뉴	그래프	세션
68	38		45
69	38		46
70	40		47
71	40		48
72	39		49
73	39		50
74	42~49	55~66	51~58
75	42~49	55~66	51~58
76	42~49	55~66	51~58
77	42~49	55~66	51~58
78	50, 51	67, 68	59, 60
79	50, 51	67, 68	59, 60
80	61, 42~49	74, 55~66	51~58
81	52~55	69, 70	61~64
82	52~55	69, 70	61~64
83	62, 52~55	75, 69, 70	70, 61~64
84	56~60	71~73	65~69
85	56~60	71~73	65~69
86	63, 42~49	76, 55~66	51~58
87	65	77	
88	65	78	
89	65	79	
90	66	80	
91	66	81	
92	66	82	
93	67	83	
94	67	84	
95	68	85	
96	68	86	
97	69	87	
98	69	88	
99	70	89	
100	70	90	

3부 1장 미니탭 실행 정답

번호	(1) / (5)	(2) / (6)	(3)	(4)
1	Basic.. 〉 Display.. / 120	145.15	23.74	145
2	Basic.. 〉 Graphical.. / 14	13.39	61	6
3	연속형 분포의 정규성 검정/ 일치함	Graph 〉 Histogram, 754.5, 정규분포와 유사	Basic.. 〉 Normality.., 0.926, 정규성 성립	H0: 정규분포이다 H1: 정규분포가 아니다
4	연속형 분포의 정규성 검정/ 아니오	Graph 〉 Histogram, 비정규분포, 22.9	Basic.. 〉 Normality.., P-Value 〈 0.005, 비정규분포	데이터 변환
5	연속형 자료의 공정능력 산정/ Quality… 〉 Capability… 〉 Normal, 0.14, 0.29 또는 1.64	정규성 검정 → 관리상태 검정 → 공정능력 산정/ 중심치 이동	Basic… 〉 Normality…, 정규성 만족	Variables Charts for Subgroups 〉 Xbar-R, 관리이탈
6	연속형 자료의 공정능력 산정, 정규성 검정 → 관리상태 검정 → 공정능력 산정/ 산포 감소	Basic… 〉 Normality…, 정규성 만족	Variables Charts for Subgroups 〉 Xbar-R, 관리상태	Quality… 〉 Capability… 〉 Normal, 0.49, 350,000PPM
7	연속형 자료의 공정능력 산정 / Quality… 〉 Capability… 〉 Normal, 0.35, 3.4PPM 이하	정규성 검정 → 관리상태 검정 → 공정능력 산정/ 중심치 이동	Basic… 〉 Normality…, 정규성 만족	Variables Charts for Subgroups 〉 Xbar-R, 관리이탈
8	이항분포의 공정능력 산정 / 샘플크기 변동	0.7507	22.64%	관리이탈
9	Quality… 〉 Capability… 〉 Binomial / 샘플크기 변동	0.9911	16.08%	관리상태
10	포아송분포의 공정능력 산정/ Calc 〉 Probability… 〉 Normal, 1.94	Capability… 〉 Poisson → 수율 계산 → Z-value 계산	Quality… 〉 Capability… 〉 Poisson, 0.0265, 관리이탈	y=expo(-DPU), 97.38%
11	포아송분포의 공정능력 산정/ Calc 〉 Probability Distributions 〉 Normal, 0.83	Capability… 〉 Poisson → 수율 계산 → Z-value 계산	Capability Analysis 〉 Poisson, 0.2264, 관리상태	y=expo(-DPU), 0.7974
12	비정규분포의 공정능력 산정/ 데이터 변환	적합한 분포탐색 성공 → 적합한 분포로 공정능력 산정	Individual Distribution Identification, Lognormal, P-Value= 0.159 〉 0.05	Quality… 〉 Capability… 〉 Nonnormal, 1.68, 산포감소
13	비정규분포의 공정능력 산정/ DPMO로 계산	적합한 분포탐색 성공 → 적합한 분포로 공정능력 산정	Quality… 〉 Individual Distribution Identification, Largest Extreme Value, P-Value = 0.230 〉 0.05	Stat 〉 Quality Tools 〉 Capability… 〉 Nonnormal, 3.87, 중심치 이동

번호	(1) / (5)	(2) / (6)	(3)	(4)
14	비정규분포의 공정능력/ y=expo(-DPMO), 0.8437, Calc 〉 Probability Distributions 〉 Normal, 1.0	적합한 분포탐색 실패 →DPMO로 공정능력 산정	Stat 〉 Quality Tools 〉 Individual Distribution Identification, 없음	Quality… 〉 Capability… 〉 Normal, 170,000
15	게이지 신뢰성 검증 / 작업표준 점검, 측정자 훈련 등	Gage Study 〉 Gage R&R Study (Crossed)	교호작용 없음, Part *Operator의 P-Value 〉 0.05, Xbar and R	%Contribution=7.13〈9, %Tolerance =18.35〈30, NDC=5; 조건부 합격, 나쁜 것 기준으로 판단
16	게이지 신뢰성 검증 / 재현성	교호작용 존재	%Contribution=13.02〉9, %Tolerance=85.45〉30, NDC=3〈5	불합격
17	게이지 신뢰성 검증 / 개별 제품의 합부 판정에 문제	Gage Study 〉 Gage R&R Study (Crossed)	%Contribution=4.92〈9, %Tolerance=50.26〉30, NDC=6〉5	불합격
18	게이지 신뢰성 검증 / 70%로 불합격	Attribute Agreement Analysis	3번	70%
19	게이지 신뢰성 검증 / 합격	Attribute Agreement Analysis	2번	95%
20	게이지 신뢰성 검증 / 불합격	Attribute Agreement Analysis	1번	50%
21	게이지 신뢰성 검증 / 조건부 수용	Attribute Agreement Analysis	2번	80%
22	데이터 변환 / 2	Control Charts 〉 Box-Cox…	0	정규성 검증
23	데이터 변환 / DPMO	Control Charts 〉 Box-Cox…	0	정규성 검증
24	비정규분포의 자료변환 / 아니오	Control Charts 〉 Box-Cox…/ Johnson 변환, DPMO	1, 38	P-value〈0.05, 비정규분포, 변환 실패(불가능)
25	비정규분포의 자료변환 / 간단한 변환 (Box-Cox)	0.013, 비정규분포	0, P-Value=0.159로 정규성 성립	Quality… 〉 Johnson…, 1.93343, 0.342, 정규성 만족
26	비정규분포의 자료변환 / 변환방법(함수)의 차이	0.005 이하, 비정규분포	1.0, 비정규분포	Quality… 〉 Johnson…, 0.545, 정규성 만족, 반비례
27	비정규분포의 자료변환 / 비모수 검정, DMPO	0.005 이하, 비정규분포	1.0, 비정규분포	Quality… 〉 Johnson…, 0.005 이하, 비정규분포
28	평균차이 검증 / H0 기각	Basic… 〉 1-Sample t	H0: 평균은 700이다	754.474
29	평균차이 검증 / H0 채택	95% CI의 H0 포함여부	H1: 평균은 35가 아니다	(34.5576, 35.6355)

번호	(1) / (5)	(2) / (6)	(3)	(4)
30	두 자료의 평균차이 검정/ Mann-Whitney	정규성 검정, 등분산 검정	상자크기 비슷, Basic… 〉 2 Variances; 높낮이 비슷함, Basic… 〉 2-Sample t	H0: 평균은 동일하다, 평균차이 없음, 0.219143
31	두 자료의 평균차이 검정/ Mann-Whitney	정규분포이다, 정규분포이다	상자크기 다름, Basic… 〉 2 Variances; 높낮이 다름, Basic… 〉 2-Sample t	H1: 평균은 다르다, 평균차이 있음, Score2
32	두 자료의 평균차이 검정/ Mann-Whitney	정규성 검정, 등분산 검정	상자크기 비슷, Basic… 〉 2 Variances; 높낮이 다름, Basic… 〉 2-Sample t	H1: 평균은 다르다, 평균차이 있음, 0.51
33	쌍 자료의 평균차이 검증 /각 쌍 내의 실험단위는 동질적이며, 쌍간에는 이질적인 경우	0.626, 평균차이 없음	Basic… 〉 Paired t, H1: 평균차이가 있다, P-Value 〉 0.324, 차이 없음	동일함
34	쌍 자료의 평균차이 검정/ 두 표본이 종속되어 있다	0.716, 평균차이 없음 (동일)	Basic Statistics 〉 Paired t, H0: 평균이 동일하다, 0.009, 평균차이 있음	다르다
35	산포차이 검증 / (1.0, 2.5)	Basic… 〉 2 Variances	산포(분산) 동일	H0: 분산이 동일하다
36	산포차이 검증 / Score2	정규분포 여부	산포(분산) 차이 발생	H1: 분산이 다르다
37	비율차이 검증 / H0 채택	Basic… 〉 1 Proportion	(0.016432, 0.112835)	H0: 불량률이 0.1이다
38	비율차이 검증 / 0.01(1%)	Basic… 〉 1 Proportion	H1: 불량률이 0.05보다 작다	H0 기각 (불량율 감소)
39	비율차이 검증 / 0.96(96%)	Basic… 〉 1 Proportion	H0 기각 (만족도 개선)	H1: 만족도는 0.9 이상이다
40	비율차이 검증 / 샘플1	Basic… 〉 2 Proportions	H0 기각 (불량율이 다르다)	H0: 불량율이 동일하다
41	비율차이 검증 / 0.00142857	Basic… 〉 2 Proportions	H0 채택 (불량율이 같다)	H1: 불량율이 다르다
42	Tables 〉 Chi-square test… / H0: 라인별 불량율이 같다	H0 기각 (차이가 난다)	5번	셀의 1, 2번째 줄의 차이
43	성별 정당지지도 차이 검정 / H1: 성별 정당지지도 차이가 있다	독립성, 동일성	H0 채택 (성별 정당지지도 차이가 없다)	P-Value 〉 0.05
44	평균차이 검증 / H0: 세 변수의 평균이 같다	ANOVA 〉 One-Way (Unstacked)	H0 기각 (평균차이가 있다)	97.45%
45	평균차이 검증 / H0 기각 (평균차이가 있다)	95% CI의 겹침 유무	H1: 적어도 하나의 평균이 다르다	School
46	평균차이 검증 / H0: 세 변수의 평균이 같다	ANOVA 〉 One-Way	H0 기각 (평균차이가 있다)	3

번호	(1) / (5)	(2) / (6)	(3)	(4)
47	평균차이 검증 / H0 채택 (평균차이가 없다)	95% CI의 겹침 유무	H0: 적어도 하나의 평균이 다르다	알 수 없다
48	산포차이 검증 / H0: 분산이 동일하다	ANOVA〉Test for Equal Variances	H0 채택 (산포(분산) 동일)	P-value〉0.05
49	산포차이 검증 / H1: 분산이 다르다	ANOVA〉Test for Equal Variances	H0 기각 (산포차이 발생)	2번
50	유의한 인자수준 검정/ F값	ANOVA〉General Linear Model	HelmetType	96.22%
51	유의한 인자수준 검정/ 균형/비균형설계, 모수/변량인자	ANOVA〉General Linear Model	Minutes, Strength, 77.68%, Strength	교호효과 없음, 두 직선의 교차여부, 10
52	유의한 인자수준 검정/ 공변량이 특성치에 영향을 미침	Stat〉ANOVA〉General Linear Model / 실험인자 외에 반응치에 영향을 미치는 잡음인자	없음, 6.78%, Operator	Operator, Setting (공변량), 94.48%, 유의함
53	시계열에 따라 타점된 배열로부터 안정성 검정 / 관리도	Graph〉Time Series Plot, 하향 추세, 런차트, 관리도	변동성이 있다. Clustering, Trends, H0: 자료의 변동이 없다	원인분석, 층별, 이상치 제거
54	시계열에 따라 타점된 배열로부터 안정성 검정 / 관리도	Graph〉Time Series Plot, 두 그룹으로 분리, 런차트, 관리도	변동성이 있다. Clustering, H1: 자료의 변동이 있다	원인분석, 층별, 이상치 제거
55	시계열에 따라 타점된 배열로부터 안정성 검정 / 관리도	Graph〉Time Series Plot, 무작위 변동, 런차트, 관리도	안정적이다. 없음(무작위 변동), H0: 자료의 변동이 없다	원인분석, 층별, 이상치 제거
56	Quality Tools〉Pareto Chart	Missing Screws	Missing Screws, Missing Clips	결함의 우선순위
57	Quality Tools〉Pareto Chart	Peel	Peel, Scratch	결함의 우선순위
58	두 변수의 직선관계/ 직선 회귀분석	Graph〉Scatterplot, 음의 상관관계, 상관분석 및 회귀분석	Basic…〉Correlation, -0.540, 음의 상관관계, H0: 상관관계가 없다	층별, 원인분석, 이상치 조사
59	두 변수의 직선관계/ 직선 회귀분석	Graph〉Scatterplot, 양의 상관관계, 상관분석 및 회귀분석	Basic…〉Correlation, 0.785, 양의 상관관계, H1: 상관관계가 있다	층별, 원인분석, 이상치 조사
60	두 변수의 직선관계/ 직선 회귀분석	Graph〉Scatterplot, 무관계, 상관분석 및 회귀분석	Basic…〉Correlation, -0.202, 상관관계가 없다, H0: 상관관계가 없다	층별, 원인분석, 이상치 조사
61	회귀방정식 추정 / 곡선 검토, 층별, 이상치 제거	산점도 → 상관분석 → 회귀분석	Regression〉Fitted Line Plots, H0: 회귀식이 유의하지 않다, 상관계수의 제곱이 설명력과 같다	Freshwater=238.8-0.3036*Marine, 회귀식은 유의함, 29.2%

번호	(1) / (5)	(2) / (6)	(3)	(4)
62	회귀방정식 추정 / 회귀모델의 추정, 종속변수 값 예측	산점도 → 상관분석 → 회귀분석	Regression 〉 Regression, H1: 회귀식이 유의하다, 상관계수의 제곱이 설명력과 같다	Height=51.16+0.121*Weight, 회귀식은 유의함, 61.6%
63	Pulse1=86.5−0.0938*Weight / 유의하지 않다	회귀식은 유의하지 않음	P-value 〈 0.05, R-square의 크기	4.1%
64	Regression 〉 Regression / 71.82	Freshwater= 239−0.304*Marine	회귀식은 유의함	−0.540, 음의 상관관계
65	독립변수의 특정값에서 종속변수 값 예측 / 상관계수의 제곱은 설명력과 같다	Regression 〉 Regression, Height=51.2+0.121*Weight, 회귀식은 유의함	0.785, 양의 상관관계	75.353
66	많은 독립변수 중에서 유의한 변수선정 / 새로운 변수의 추가는 설명력이 증가됨	Regression 〉 Best Subsets	South, North, R-sq= 85.9, R-sq(adj)= 84.8, C-p=4.1, s=8.9321, 3개	Regression 〉 Regression, HeatFlux= 484+4.80*South−24.2*North, 유의함
67	많은 독립변수 중에서 유의한 변수선정 / 의미없는 변수의 추가를 방지하기 위해	Regression 〉 Best Subsets	Employ, Health, R-sq= 96.7, R-sq(adj)=96.1, C-p=2.0, s=0.41024, 2개	Regression 〉 Regression, Pop=−0.258+2.83*Employ−0.438*Health, 유의함
68	1표본의 중앙값 차이검정 / 1-Sample t	H0: 중앙값은 4.5이다	만족도가 높아졌다	4.7
69	Nonparametrics 〉 1-Sample Sign / 1-Sample t	H1: 중앙값은 80이 아니다	만족도가 높아지지 않았다	77
70	2표본의 중앙값 차이검증 / 2-Sample t	Nonparametrics 〉 Mann-Whitney	H0: 중앙값이 동일하다	H0 채택 (차이가 없다)
71	2표본의 중앙값 차이검증/ 3.5	H1: 중앙값이 다르다	H0 기각 (차이가 있음)	(0.901, 5.901)
72	2표본 이상의 중앙값 차이검정 / ANOVA	H0: 중앙값이 같다	H0 기각 (차이가 있다)	3번
73	Nonparametrics 〉 Kruscal-Wallis / ANOVA	H1: 중앙값이 다르다	H0 채택 (차이가 없다)	81.5
74	Create… → Analyze … → …Plots Response Optimizer/ 곡선관계 검토	C, B ; AB, AC, BC, ABC	Y=5.0625+0.6875A+ 1.3125B+1.6875C, H0: 효과차이가 없다	A(−1), B(−1), C(−1), y=1.375, 0.90625
75	선형방정식에서 최적조건의 설정/ 최적조건에서 확인(재현) 실현	A ; AB	Y=7.5−1.5A−0.167B, H1: 효과차이가 있다	A(−1), B(−1), y=9.1667, 0.83333

번호	(1) / (5)	(2) / (6)	(3)	(4)
76	Create⋯ → Analyze⋯ → ⋯Plot → Response Optimizer	Ⅳ ; AD, B ; AB, AC, C	Y=5.063+0.687A−1.312B+0.188D−1.688AD, H0: 효과차이가 없다, 축소모형 성립 (Lack-of-Fit)	반응표면분석(RSM)
77	소수의 중요인자 선별	Ⅲ ; A, F ; C, D, E, B, G	Y=6.313+2.562A+2.313F, H1: 효과차이가 있다, 축소모형 성립 (Lack-of-Fit)	최적조건에서 확인실험
78	중요인자의 선별 / 중요인자로 완전요인실험	20회	E, D, C, L, G ; N, B, O, M, P, A, J, H, F, K	E, D, H0: 효과차이가 없다, 73.11%
79	중요인자의 선별 / 중요인자로 완전요인실험	20회	C, B, H, A, J, F ; L, K, D, E, G, M	C, B, H, A, J, F H1: 효과차이가 있다, 79.66%
80	Stat 〉 DOE 〉 Factorial 〉 Define Custom Factorial Design, $2^{(5-1)}$설계로 해상도 Ⅳ(4) / 최적조건에서 확인(재현)실험	E, D, G	E, D; P-Value=0.415 〉 0.05로 축소모형이 성립함	E(−1), D(−1), G(1); 7.37
81	요인실험 이후 곡선관계를 파악하고자 할 때/ 수준 변경으로 실험	A, B, B*B ; A*A, A*B	Y=10.217+1.604A+2.134B+4.022B*B, H0: 완전모형=축소모형	A(−1.4142), B(−0.2925), y=7.6695
82	소수의 중요인자 간에 곡선관계 파악/ 최적조건에서 확인실험	A, B*B, C*C, A*C ; A*A, AB, BC	Y=9.5385+2.875A−1.25B−0.875C−2.4423B*B+3.3077C*C+5.0AC H1: 완전모형≠축소모형	A(1), B(−0.2059), C(1), y=20.0
83	Stat 〉 DOE 〉 Modify Design, Central Composite 설계/ 요인배치설계에서 곡선이 의심될 때	B, C, B*B, C*C; 유의하지 않음(풀링 대상)	73.8% → 71.3%; P-Value=0.243으로 축소모형이 성립	A(2), B(−2), C(−2), −3.1417; A(−2), B(−2), C(−2), −4.975
84	잡음에 둔감한 인자조건/2.1667, 1.64691배 개선	Create⋯ →Analyze⋯ →Predict⋯	A(1), B(1), C(1), D(2) ; C	−17.5871, −15.4204
85	제어인자: Material, Diameter, Dimples, Thickness ; 잡음인자: Driver, Iron/276.263	Liquid, 118, 392, 0.06 ; Diameter	46.7264, 53.6844	6.958, 4.96364배 개선
86	Stat 〉 DOE 〉 Factorial 〉 Define Custom Factorial Design, $2^{(4-1)}$설계로 해상도 Ⅳ(4)/ 일치함	없음, Diameter; Diameter*Dimples, Diameter*Thickness (BC, BD)	Material, Diameter, 93.79%	Liquid, 118, 392, 0.06; Driver=282.45, Iron=270.075

번호	(1) / (5)	(2) / (6)	(3)	(4)
87	Variables Charts for Subgroups〉Xbar-R / 평균관리도가 관리이탈	연속형	R 관리도→Xbar 관리도	산포는 0 이하가 없기 때문
88	부분군이 있는 경우 관리상태 판정/ 관리상태	0.153	R 관리도→Xbar 관리도	LCL=1.188, UCL=1.493
89	Variables Charts for Subgroups〉Xbar-R / 평균관리도의 관리이탈	점들의 관리한계선 내 분포 및 패턴	산포 관리도 →평균 관리도	LCL=0, UCL=12.77
90	부분군이 없는 경우 관리상태 판정/ 관리상태	433.2	부분군이 없다 (n=1)	LCL=336.2, UCL=530.2
91	개별 데이터의 관리상태 판정/ 산포관리도가 관리이탈	Variables Charts for Individuals〉I-MR	MR→I 관리도	LCL=0, UCL=2.237
92	Variables Charts for Individuals〉I-MR / 관리이탈	연속형	점들의 관리한계선 내 분포 및 패턴	산포는 0 이하가 없기 때문
93	불량률의 관리상태 판정 / 관리 이탈	0.22643	변동	LCL=0.19733, UCL=0.25552
94	Attributes…〉P / 관리이탈	0.1685	변동	샘플크기가 변동
95	불량개수의 관리상태 판정 / 관리상태	불량개수는 0 이하가 없기 때문	6.22	LCL=0, UCL=13.47
96	Attributes〉NP / 관리 이탈	이산형	433.2	LCL=386.2, UCL=480.2
97	특정 이벤트 전후로 평균과 산포의 변화량 추이비교/ 34.25	낮아진다	감소한다	관리상태
98	Variables Charts for Individuals〉I-MR / 137.5	높아진다	증가한다	관리이탈(Alaska의 평균관리도)
99	Zone 구분과 누적점수로부터 관리상태 판정/ 부분군이 있으면 Xbar-R, 없으면 I-MR	규칙1. 현재점수+Zone score 규칙2. 중심선 통과 시 reset	8점	Variables Charts for Subgroups〉Zone, 관리 이탈
100	Zone 구분과 누적점수로부터 관리상태 판정/ 평균관리도와 일치, 산포관리도에서 관리이탈 발생	규칙1. 현재점수+Zone score, 규칙2. 중심선 통과시 reset	8점	Variables Charts for Subgroups〉Zone, 관리상태

3부 2장 미니탭 메뉴 정답

번호	(1)	(2)	(3)	(4)
1	기본 통계량	Smokes의 속성에 따라 Weight를 분류	이산형	
2	그래프 포함 기본 통계량	95% 신뢰수준(구간)	연속형	
3	정규성 검정	H0: 정규분포가 성립한다	H1: 정규분포가 아니다	Anderson-Darling
4	정규분포	비정규분포	이항분포	포아송분포
5	정규분포의 공정능력 분석	5	하한=-1, 상한=1	연속형
6	이항분포의 시그마수준	변동	이산형	
7	포아송분포의 시그마 수준	변동	이산형	
8	수율로부터 Z값	Cumulative Probability를 체크	0~1	Z 값이 주어질 때 누적 확률
9	비정규분포의 공정능력	70±25	Lognormal	Individual Distribution Identification
10	적합분포 확인	연속형	적합한 분포로 공정능력 산정	
11	게이지 신뢰성 분석	연속형	10	교호작용의 분리검출
12	게이지 신뢰성 분석	이산형	있다	참값에 일치 여부
13	비정규분포의 데이터 변환	5	변환승수(λ) 확인, 데이터 변환 및 정규성 검정	
14	분포의 모양	연속형	정규성 검정	
15	두 변수의 상관관계	연속형	상관분석, 회귀분석	
16	평균 및 산포 비교	박스의 크기 및 높낮이	2-Sample t, 2 Variances	
17	시간에 따른 추이	추세, 특이한 패턴	런 차트, 관리도	
18	1표본의 평균 차이	H0: East의 평균이 35이다	H1: East 평균 > 35	35
19	2표본의 평균 차이	H0: Employ와 Health의 평균이 같다	동일	
20	2표본의 평균 차이	H0: Extrusion의 속성에 따라 Gloss의 평균이 같다	1열에 Stack	동일
21	분산 차이	H0: Score1과 Score2의 분산이 동일하다	H1: 분산이 다르다	Test for Equal Variances
22	1표본의 비율 차이	5%	H1: p < 0.05	1%
23	2표본의 비율 차이	H0: p1 = p2	H1: p1 ≠ p2	1st

번호	(1)	(2)	(3)	(4)
24	동일성/독립성 검정	이산형	표 형식	샘플크기와 P-Value 반비례
25	2표본 이상의 평균 차이	H0: East, South, North의 평균은 동일하다	3개 열로 나누어져 있다	
26	2표본 이상의 평균 차이	H0: Strength의 속성에 따라 Density의 평균은 동일하다	H1: 적어도 하나의 평균이 다르다	1개 열에 Stack
27	비정규분포의 자료변환	연속형	공정능력 산정	Box-Cox 변환
28	유의한 인자 파악	주효과와 교호효과 모두를 포함하는 모델	변량인자	Factorial Plots에 인자지정
29	유의한 인자 파악	3개	공변량	실험인자 외에 반응변수에 영향을 미치는 잡음인자
30	분산 차이	H0: 분산이 동일하다	이산형	
31	자료의 경향	1	H0: 자료의 변동이 안정적이다	
32	우선순위 선정	Flaw 유형이 1개 열에 나열	이산형	
33	상관관계	H0: Height와 Weight의 상관관계가 없다	산점도	
34	회귀방정식	Height=a+b*Weigh	선형 (Linear)	Quadratic(2차), Cubic(3차)
35	선형 회귀방정식	H0: 회귀식이 유의하지 않다	관찰	
36	선형 회귀방정식	Predictors에 Weight*Weight항 추가	Weight가 200일 때 Height 예측	
37	변수선택	4개	선택된 변수로 회귀분석	
38	비정규분포	1개 표본의 중앙값의 차이	H0: 중앙값이 동일하다	1-Sample t
39	비정규분포	2개 표본 이상의 중앙값의 차이	H1: 적어도 하나의 중앙값은 다르다	ANOVA
40	비정규분포	2개 표본의 중앙값의 차이	H1: Mat-A의 중앙값이 Mat-B의 중앙값보다 작다	2-Sample t
41	쌍 데이터의 평균차이	H1: 평균차이가 있다	2개 열에 분리	
42	실험설계	분석	효과 그래프	최적화
43	3개	15개	2수준	
44	3개	16회	2회	Full
45	7개	1/16	16회	소수의 중요인자 선별

번호	(1)	(2)	(3)	(4)
46	3개	Y=a+b1*A+b2*B+b3*C+b4*AB+b5*AC+b6*BC+b7*ABC	H0: 효과차이가 없다	
47	주효과, 교호효과	기울기	두 직선의 교차 여부	
48	최적조건의 방향 탐색	등고선 그림의 직각 방향	직선	
49	최적조건	Min, Target, Max	아니오	5 이상이며, 목표 10이다
50	15개	20회	1회	중요인자의 선별
51	5개	요인배치설계	H0: 효과차이가 없다	주효과만 분석
52	2개	13회	1회	요인배치실험 이후 곡선관계를 파악할 때
53	2개	RSM1=a+b1*A+b2*B+b3*B*B	H0: 효과차이가 없다	
54	최적조건의 방향 탐색	X축; A, Y축; B	곡선	
55	최적조건	Minimize	10 이하이며, 목표 5이다	
56	4개	8회	잡음에 둔감한 조건 탐색	
57	2수준	A*B	워크시트에서 외측배열로	
58	4회	2수준	A, B, C, D, AB	
59	망소, 망대, 망목	망소	모든 특성치에서 SN비를 최대화	
60	최적조건에서 SN비 예측	A(1), B(1), C(1), D(2)	1,1,1,1	비용, 편의성 등 고려
61	주요인자로 실험을 재정의	5개	2수준	
62	기존실험에 축점 추가 설계	6개	Central Composite	수준 간의 비선형성 분석
63	다구찌 설계를 요인배치설계로 재정의	2개	5개	
64	부분군을 갖는 계량형 관리도	개별 데이터의 계량형 관리도	이산형 관리도	
65	연속형	3	일정	
66	연속형	1	관리한계선 이탈/패턴	
67	이산형	변동	Sampled	
68	이산형	100	일정	
69	개선 전후 비교	AdAgency의 속성에 따라 Advetis를 구분한다	예	
70	Zone Score로 관리상태 확인	3	8	

3부 3장 그래프 해석 정답

번호	(1)	(2)	(3)	(4)
1	예	754.47, 756	(742.12, 784.83)	P-value > 0.05, 분포모양
2	아니오	249.64, 22.9	(18.17, 30.97)	
3	예	P-value > 0.05	754.5	H0: 정규분포이다
4	아니오	P-Value < 0.05	22.9	H1: 정규분포가 아니다
5	0.14	0.29 또는 1.64	중심치 이동	3.4PPM 이하
6	0.87	LSL=-1, USL=1	산포감소	정규성 검정, 관리상태 검정
7	0.36	347,826PPM	중심치 이동, 산포감소	정규성 검정, 관리상태 검정
8	0.0265	97.38%	관리 이탈	샘플크기 변동
9	0.2264	관리상태	Poisson 분포	수율계산, 수율에 해당하는 Z-value
10	3.87	Largest Extreme Value	120±80	중심치 이동
11	1.68	Lognormal	33553PPM	분포확인
12	0.75	22.64%	관리이탈	Binomial(이항분포)
13	0.9911	16.08%	관리상태	샘플크기 변동
14	참값 있음	3번	95%	불합격
15	참값 있음	2번	95%	이산형
16	참값 없음	2번	70%	이산형
17	참값 없음	2번	90%	합격
18	0	정규성 검정	아니다	2
19	0	정규성 검정	DPMO	
20	1	아니다	아니다	Johnson 변환
21	아니오	예	AD와 P-Value는 반비례	
22	아니오	예	1.93343	
23	아니오	아니오	비정규분포로 가설검정, 공정능력 산정	
24	없다	P-value < 0.05	DPMO로 공정능력 산정	
25	Lognormal	P-value=0.159 > 0.05	적색점이 95% CI 내 일직선으로 놓일 때	
26	79.8	분포모양	정규분포와 유사	

번호	(1)	(2)	(3)	(4)
27	249.6	분포모양	Normality test	
28	음의 상관관계	상관분석, 회귀분석	Freshwater= a-b*Marine	이상치 제거, 층별, 곡선 의심
29	양의 상관관계	상관분석, 회귀분석	Height=a+b*Weight	이상치 제거, 층별, 곡선 의심
30	무	층별	두 변수 간에 아무런 관련이 없다	이상치 제거, 층별, 곡선 의심
31	평균차이 없음	산포차이 없음	이상치	
32	상자의 높낮이	산포차이 있음	2 Variances, 2-Sample t	6
33	평균차이 있음	상자의 크기	2-Sample t, 2 Variances	평균
34	하향 추세	시간에 따른 추세, 경향 파악	관리도, 런 차트	
35	두 그룹으로 분리	시간에 따른 추세, 경향 파악	관리도, 런 차트	
36	무작위 변동	시간에 따른 추세, 경향 파악	관리도, 런 차트	
37	H0 기각	H0가 실선과 분리	H0: 평균=700	
38	H0 채택	H0가 실선 위에 위치	H1: 평균〉35	35
39	Test for Equal Variances	동일하다	(1.0, 2.5)	H0: 분산이 동일하다
40	정규분포 여부	차이발생	P-value〈0.05	H1: 분산이 다르다
41	평균차이 발생	상자의 높낮이가 차이	3번	H0: 평균이 같다
42	평균 동일	상자의 높낮이가 비슷	정규성 검정, 등분산 검정	H1: 적어도 하나의 평균은 다르다
43	분산 동일	P-value〉0.05	H0: 분산이 같다	1.5보다 조금 큼
44	산포차이 발생	95% CI의 크기 차이	2번	H1: 분산이 다르다
45	없음	Minutes=18, Strength=3	10	그래프의 교차유무
46	H0 점의 위치	차이 없음	이상치(점)	
47	Clustering, Trend	4개의 P-Value	H0: 자료의 변동이 없다	원인분석, 층별, 이상치 제거
48	Clustering	4개의 P-Value	H1: 자료의 변동이 있다	원인분석, 층별, 이상치 제거
49	안정적이다	4개의 P-Value	H1: 자료의 변동이 있다	관리도 작성
50	Missing Screws	Missing Screws, Missing Clips	결함의 우선순위 선정	
51	Peel	Peel, Scratch	결함의 우선순위 선정	

번호	(1)	(2)	(3)	(4)
52	음의 상관관계	Freshwater=238.8−0.3036*Marine	R-sq의 크기	29.2%
53	양의 상관관계	P-Value < 0.05	Height=51.16+0.121*Weight	61.6%
54	Pulse1=86.48−0.09378*Weight	상관관계 없음	R-sq의 크기	4.1%
55	C, B	AB, AC, ABC, BC	3개	H0: 효과차이가 없다
56	A, F	C, D, E, B, G	직선을 초과하는 막대그래프	H1: 효과차이가 있다
57	A	AB	2개	H0: 효과차이가 없다
58	B, AD	B, AD를 제외한 모든 효과	직선에서 멀리 벗어난 점	H1: 효과차이가 있다
59	B, C	A(1), B(1), C(1)	기울기	
60	A, B	A(−1), B(1), C(−1)	기울기	
61	BC, AC	AB	A(1), B(1)	
62	BD	AD	A(−1), D(−1)	두 직선의 교차여부
63	등고선 그림	A(1), B(1)	B	
64	등고선 그림	A(−1), B(1)	A	
65	A(−1), B(−1), C(−1)	1.375	A	0.90625
66	A(−1), B(1), D(−1)	1.1875	A	
67	E	E를 제외한 모든 효과	15개	
68	D, E	H1: 효과차이가 있다	중요인자로 완전요인실험	직선에서 멀리 떨어진 점
69	등고선 그림	A(−1), B(0)	곡선 관계	
70	A(−1.4142), B(−0.2925)	7.6695	B	
71	C 또는 D	A(1), B(2), C(1), D(2)	기울기	SN비를 최대화
72	교호작용 존재	A(1), B(1)	A(1), B(1)	
73	C 또는 D	A(1), B(2), C(1), D(2)	그래프의 기울기	
74	직선의 기울기	E(−1), D(−1), G(1)	G	
75	잔차그래프	정규성, 랜덤성	독립성, 등분산성	
76	Liquid, 118, 392, 0.06	282.45	이산형	Maximum
77	Xbar-R	부분군 있음	산포는 0 이하가 없기 때문	평균관리도가 관리이탈
78	0.153	LCL=1.188, UCL=1.493	R→Xbar	관리상태
79	Xbar-R	점들의 관리한계선 내 분포 및 패턴	LCL=0, UCL=12.77	관리이탈
80	433.2	부분군 없다 (n=1)	LCL=336.2, UCL=530.2	관리상태
81	I-MR	MR→I 관리도	LCL=0, UCL=2.237	산포관리도가 관리이탈

번호	(1)	(2)	(3)	(4)
82	I-MR	점들의 관리한계선 내 분포 및 패턴	산포는 0 이하가 없기 때문	산포관리도가 관리이탈
83	샘플크기 변동	관리이탈	0.22643	샘플크기가 변동
84	샘플크기 변동	관리이탈	0.1685	P(불량율)
85	LCL=0, UCL=13.22	관리상태	6.22개	불량개수가 0 이하 없음
86	433.2개	LCL=386.2, UCL=480.2	관리이탈	샘플크기 일정
87	특정 이벤트 전후 변화량 추이 비교	감소	관리상태	34.25
88	높아진다	증가	관리상태	137.5
89	Zone구분과 누적점수로 판정	0+4=4, 0점에 Zone 3의 4점 추가	관리이탈	49.883
90	현재점수+Zone Score	1개	관리상태	2.454

3부 4장 세션창 해석 정답

번호	(1)	(2)	(3)	(4)
1	152.29	22.89	151.5	82.0
2	13.39	61.0	6.0	14.0
3	%Contribution=7.13, %Tolerance=18.35, NDC=5	조건부 합격	연속형	10
4	%Contribution=13.02, %Tolerance=85.45, NDC=3	불합격	재현성	작업표준 점검, 측정자 훈련 등
5	%Contribution=4.92, %Tolerance=50.26, NDC=6	불합격	개별제품의 합부 판정에 문제 발생	3
6	3번	70%	참값 있는 경우	70%로 부족
7	2번	95%	참값 있는 이산형 자료의 게이지 신뢰성 검증	95%로 양호
8	1번	50%	참값 없다	50%로 부족
9	2번	80%	참값 없는 이산형 자료의 게이지 신뢰성 검증	80%로 조건부 수용
10	H0: $\mu=700$, H1: $\mu\neq700$	H0 기각	754.474	
11	H0: $\mu=35$, H1: $\mu\neq35$	H0 채택	(34.5576, 35.6355)	
12	H0: $\mu_1=\mu_2$, H1: $\mu_1\neq\mu_2$	차이가 없다	Health	정규성 검정, 등분산 검정
13	H0: $\mu_1=\mu_2$, H1: $\mu_1\neq\mu_2$	차이가 있다	Score2	
14	H0: $\mu_1=\mu_2$, H1: $\mu_1\neq\mu_2$	차이가 있다	0.51	T-Value, 95% CI
15	0.9738	1.94	확률로부터 Z값	
16	Largest Extreme Value	P-value=0.230 > 0.05	적합한 분포로 비정규분포 공정능력 산정	
17	-0.41	H1: 평균차이 난다	차이가 있다	비슷함
18	95% CI의 0 포함유무, T-value, P-Value	H0: 차이가 0이다	차이 없음	-0.219143
19	H0: $\sigma_A^2=\sigma_B^2$ H1: $\sigma_A^2\neq\sigma_B^2$	동일하다	P-value > 0.05	
20	H0: $\sigma_1^2=\sigma_2^2$ H1: $\sigma_1^2\neq\sigma_2^2$	차이가 있다	P-value < 0.05	정규분포 여부
21	H0: p=0.1, H1: p$\neq$0.1	H0 채택	(0.016432, 0.112835)	H0(0.1)가 95% CI에 포함 여부
22	H0: p=0.05, H1: p<0.05	H0 기각	0.01 (1%)	
23	H0: p=0.9, H1: p>0.9	H0 기각	0.96 (96%)	

번호	(1)	(2)	(3)	(4)
24	H0: p1=p2, H1: p1≠p2	H0 기각	대구	H0(0)가 95% CI에 포함 여부
25	H0: p1=p2, H1: p1≠p2	H0 채택	0.00142857	
26	차이가 난다	5번	셀의 1, 2번째 줄의 차이	H0: 라인별 불량율이 같다
27	차이가 없다	독립성, 동일성	H1: 성별 정당지지도 차이가 있다	
28	차이가 있다	North	H0: 세 변수의 평균이 같다	97.45%
29	차이가 있다	School	H1: 적어도 하나의 평균이 다르다	
30	H0: $\mu_A=\mu_B=\mu_C$ H1: 적어도 하나의 μ_i는 다르다	차이가 있다	C	
31	H0: $\mu_A=\mu_B=\mu_C$ H1: 적어도 하나의 μ_i는 다르다	차이가 없다	알 수 없다	95% CI가 겹치는 경우
32	3	Minutes, Strength	77.68%	Strength
33	HelmetType	96.22%	F 값	F 값과 P-Value는 반비례
34	2개	Operator	94.48%	공변량
35	-0.540	음의 상관관계	H0: 상관관계가 없다	회귀분석
36	0.785	양의 상관관계	H1: 상관관계가 있다	층별, 원인분석, 이상치 조사
37	-0.202	없다	H0: 상관관계가 없다	반비례
38	Freshwater= 239-0.304Marine	회귀식이 유의함	29.2%	회귀모델의 추정, 종속변수값 예측
39	Height=51.2+0.121 Weight	회귀식이 유의함	P-value < 0.05, R-sq의 크기	H1: 회귀식이 유의하다
40	Pulse1=86.5-0.0938 Weight	아니오	곡선 검토, 층별, 이상치 제거	H0: 회귀식이 유의하지 않다
41	회귀식이 유의함	Sqrt(0.292)=0.54	71.82	
42	61.6%	Sqrt(0.616)=0.785	75.353	
43	South, North	R-sq=85.9, R-sq(adj)=84.8, C-p=4.1, S=8.9321	3개, East, South, North	새로운 변수 추가는 설명력이 증가됨

번호	(1)	(2)	(3)	(4)
44	Employ, Health	R-sq=96.7, R-sq(adj)=96.1, C-p=2.0, S=0.41024	2개, Employ, Health	의미없는 변수의 추가를 방지하기 위하여
45	H0: 중앙값 = 4.5	만족도 높아짐	4.7	중앙값의 이상 또는 이하의 샘플 개수
46	H1: 중앙값 ≠ 80	아니오	77	1-Sample t
47	(-3.1, 2.0)	H0: 중앙값이 동일하다	차이 없음	2-Sample t
48	H1: 중앙값이 다르다	차이가 있다	95% CI의 0 포함 여부	
49	H0: 중앙값이 같다	차이가 있다	3번	ANOVA
50	H1: 중앙값이 다르다	차이가 없다	81.5	
51	완전 요인배치법	3개	2회	16회
52	부분 요인배치법	7개	III	16회
53	A(1), B(1), C(1)	반복실험	3개	8, 10
54	A(-1), B(-1), C(1), D(1)	반복실험	부분 요인배치 실험	3, 2
55	B, C	Y=5.0625+1.3125B+1.6875C	AB, AC, BC, ABC	H0: 효과차이가 없다
56	B, AD	Y=5.063+0.687A-1.312B+0.188D-1.687AD	87.11%	H1: 효과차이가 있다
57	A, B, C	Y=5.0625+0.6875A+1.3125B+1.6875C	H0: 축소모형 = 완전모형	Lack of Fit의 P-Value > 0.05로 축소모형 성립
58	A, B, AD	Y=5.063+0.687A-1.312B +0.188D-1.688AD	83.82%	H1: 축소모형 ≠ 완전모형
59	15개	20회	중요인자 선별	
60	D, E	73.11%	중요요인자로 완전요인 실험	
61	반응표면분석의 중심합성계획	2개	13회	5개
62	A(1), B(-1)	반복 없음	4개	20
63	A, B, B*B	A*A, A*B	89.9%	소수의 중요인자 간의 곡선관계 파악
64	A, B, B*B	RSM1=10.217+1.604*A+2.134*B+4.022*B*B	H0: 완전모형=축소모형	Lack-of-Fit의 P-value=0.511로 축소모형이 성립
65	A(1), B(1), C(2), D(2)	2회 반복	잡음에 둔감한 조건	9, 15, 10, 12

번호	(1)	(2)	(3)	(4)
66	제어: Material, Diameter, Dimples Thickness; 잡음: Driver, Iron	2수준	반복 없음	
67	망소 특성	C, D, A, B	A(1), B(2), C(1), D(2)	SN비를 최대화하는 조건
68	A(1), B(1), C(1), D(2)	-15.4204	-17.5871	2.1667
69	2.75 감소	1.655배 개선	4.6875	최적조건에서 재현실험
70	B, C, B*B, C*C	기존 실험에 새로운 실험을 추가해서	2차	요인배치설계에서 곡선이 의심될 때

4부 1장 GB 모의고사 정답

1. O   O   X   X   O   O   O   X
2. (1) 2 Proportions   (2) Chi-square   (3) 2 Variances   (4) 2-Sample t
   (5) 귀무
3. (1) H   (2) K   (3) A   (4) K   (5) C
4. (3)
5. (2)
6. (2)
7. (4)
8. (3)
9. (1)
10. (3)
11. (4)
12. (1)
13. (2)
14. (1) 기본통계량   (2) 95% 신뢰수준(구간)   (3) 연속형
15. (1) 비율차이   (2) H0: p1=p2   (3) H1: p1≠p2   (4) 1st
16. (1) 정규분포 아니다   (2) 평균=249.64
    (3) 표준편차=22.9   (4) (18.17, 30.97)
17. (1) 0.87   (2) LSL=-1, USL=1
    (3) 산포감소   (4) 정규성 검정, 관리상태 검정
18. (1) H0: μ=35, H1: μ≠35   (2) H0 채택   (3) (34.5576, 35.6355)
19. (1) Height=51.2+0.121*Weight   (2) 회귀식이 유의함
    (3) P-Value<0.05, R-sq의 크기   (4) H1: 회귀식이 유의하다

4부 2장 BB 모의고사 정답

1. O O O X X O X X
2. X O O X O X O O
3. (1) E (2) M (3) L (4) B (5) F
4. (1) Normal (2) Box-Cox 변환 (3) Non-normal (4) Binomial (5) Poisson
5. (4) 6. (1) 7. (3) 8. (2) 9. (4) 10. (1) 11. (4)
12. (4) 13. (2) 14. (4) 15. (4) 16. (4) 17. (4) 18. (4)
19. (1) 평균차이 (2) H0: Employ와 Health의 평균이 같다 (3) 동일
20. (1) 평균차이 있음 (2) 산포차이 있음 (3) 2 Variances, 2-Sample t
21. (1) 산포차이 (2) 동일 (3) P-Value=0.117 > 0.05 (4) H0: 분산이 동일하다
22. (1) Xbar-R (2) 점들이 관리한계선 내 분포 및 패턴 (3) LCL=0, UCL=12.77
23. (1) H0: μ=35, H1: $\mu \neq$ 35 (2) H0 채택 (3) (34.5576, 35.6355)
24. (1) Freshwater=239-0.304Marine (2) 회귀식이 유의함
    (3) 29.2% (4) H0: 회귀식이 유의하지 않다
25. (1) Quality Tools>Capability Analysis>Binomial (2) 0.7507
    (3) 22.64% (4) 관리이탈 (5) 샘플크기 변동
26. (1) 데이터 변환 (2) Control Charts>Box-Cox... (3) 0
    (4) 정규성 검정 (5) DPMO
27. (1) 산포차이 검증 (2) Basic Statistics>2 Variances (3) 산포 동일
    (4) H0: 분산이 동일하다 (5) Health
28. (1) Control Charts>Variables Charts for Individuals>I-MR (2) 연속형
    (3) 부분군이 없다(n=1) (4) LCL=336.2, UCL=530.2 (5) 관리상태

4부 3장 MBB 모의고사 정답

1. 산포 ↑ → 수율 ↓ (불량 ↑) → 시그마수준 ↓
2. 경영전략/목표로부터 실행과제로 전개하는 과정, BSC 관점 고려
3. 장기능력은 공정의 전체변동에 대해 계산되며, 단기능력은 군내변동만 고려한다. 단기능력이 장기능력보다 항상 높게 나온다.
4. 시간적 제약, 경제적 제한, 전수검사의 불능, 검사 오류 등
5. 귀무가설은 기존의 사실로 변화가 없다는 입장, 대립가설은 새로운 주장으로 변화가 발생했다는 입장
6. 직관적이고 빠른 해석을 제공
7. 브레인 스토밍, 브레인 라이팅, 6 Thinking Hats, Mind map 등
8. 관리는 공정을 안정화 시키는 것이고, 혁신은 공정의 수준을 한 단계 높이는 것이다. 관리와 혁신은 자전거의 수레바퀴처럼 동시에 진행되어야 한다.
9. O X X X X X O O
10. O X O O X X O X
11. (1) 랜덤 (2) 계통 (3) 지그재그 (4) 이단계 (5) 층별
12. (1) 군간 (2) 재현성 (3) 반복성 (4) 게이지 (5) 정확성
13. (4) 14. (1) 15. (3) 16. (2) 17. (2) 18. (4) 19. (4) 20. (3)
21. (1) 포아송분포의 공정능력 산정
    (2) 공정능력(Poisson) 실행 → 수율계산 → 확률(Z-value) 계산
    (3) 미니탭 명령어: Capability Analysis 〉 Poisson ; 평균 결함률: 0.2264 ; 관리상태 판정: 관리상태
    (4) 계산공식: y=expo(-DPU), 수율: 0.7974
    (5) 미니탭 명령어: Calc 〉 Probability Distributions 〉 Normal, Z-value: 0.83
22. (1) 평균차이 검정   (2) ANOVA〉One-Way(Unstacked)
    (3) H0 기각(평균차이가 있다) (4) Time   (5) H0: 4개의 평균이 같다

23. (1) 게이지 신뢰성 검증   (2) Gage Study⟩Gage R&R Study (Crossed)

    (3) 교호작용: 없음 ; 판단기준: Part*Operator의 P-Value=0.974 ⟩ 0.05 ;
    분석방법: Xbar-R Method

    (4) 판단지표: %Contribution=7.13⟨9, %Tolerance=18.35⟨30, NDC=5 ⟩= 5 ;
    결론: 합격 ; 판단지표 간 충돌 시: 가장 나쁜 지표 기준으로 판단

    (5) 작업표준 점검, 측정자 훈련 등

24. (1) Pulse1=86.5-0.0938*Weight   (2) 회귀식은 유의하지 않음

    (3) P-Value ⟨ 0.05, R-sq의 크기   (4) 4.1%   (5) H0: 회귀식이 유의하지 않다

25. (1) 선형방정식에서 최적조건의 설정   (2) 중요인자: A, 풀링대상: AB

    (3) 선형방정식: Y=7.5-1.5A-0.167B, H1: 효과차이가 있다

    (4) 최적조건: A(-1), B(-1), 최적값: y=9.1667

    (5) 최적조건에서 확인(재현) 실험

26. (1) Variables Charts for Subgroups⟩Xbar-R   (2) 연속형

    (3) 산포관리도 → 평균관리도   (4) LCL=0, UCL=12.77   (5) 관리상태

27. (1) 제어인자: Material, Diameter, Dimples, Thickness ; 잡음인자: Driver, Iron

    (2) 최적조건: Liquid, 118, 392, 0.06 ; 영향이 가장 큰 인자: Diameter

    (3) SN비: 46.7264 ; 최적조건의 예측값: 53.6844

    (4) SN비 개선: 6.958 ; 손실금액 개선: 4.96364배 개선

    (5) 276.263

1판 1쇄 인쇄 · 2011년 11월 30일
1판 1쇄 발행 · 2011년 12월 5일

지 은 이 · 유종관
발 행 인 · 박우건
발 행 처 · 한국생산성본부 정보문화원
　　　　　　서울시 종로구 사직로 57-1(적선동 122-1) 생산성빌딩
등록일자 · 1994. 9. 7
전　　화 · 02)738-2036(편집부)
　　　　　　02)738-4900(마케팅부)
F A X · 02)738-4902
홈페이지 · www.kpc-media.co.kr
E-mail · kskim@kpc.or.kr

정　　가 · 14,000원
I S B N · 978-89-8258-628-6 13530

※ 잘못된 책은 서점에서 즉시 교환하여 드립니다.